상상력공학 101

판타지 어떻게 설계할 것인가

강인태 지음

나무나무

책머리에

콘텐츠산업 컨설턴트에서 판타지 디자이너로

자신이 마초적이어야 한다는 강박관념에 사로잡힌 사람만 아니라면 영화를 보다가 눈물 흘리는 일은 흔히 있는 일이다. 하지만 전혀 슬프지 않은 영화에도 눈물이 흘러, 자막이 다 올라간 뒤에도 한참 동안 자리에 앉아 있었다면 그건 드문 경험이라 할 만하다. 내겐 이런 경험이 두 번 있었는데, 이 두 번의 경험이 결국 지금 이 순간 내가 이 작업, 수억 원의 연봉이 유혹하는 기업 임원이 아닌 판타지 디자이너로서의 작업을 하게 된 결정적인 계기가 되었다.

첫 번째 눈물은 스물다섯 살쯤에 만난 영화 〈내 친구의 집은 어디인가?〉가 끝난 뒤였다. 그 삭막한 환경을 배경으로 더 없이 일상적인 이야기를 그렇게 따뜻하고 해맑게 그려낸 압바스 키아로스타미의 재능에 압도되었고, 심지어 이후 벌어진 모든 축구 경기에서 난 한국보다도 오히려 이란을 열심히 응원하게 되었다. 당시 이란 국가 대표 선수 중 분데스리가 삼총사였던 다에이, 아지지, 바게리의 이름을 15년이 지난 지금도 기억하고 있을 정도다. 이전까지 나는 너무나도 무의미하고 재미없고 무기력하기까지 한 내 삶을 온통 사회의 탓으로 돌리며 한없이 가라앉고 있었는데, 이 눈물 이후로 많은 것이 바뀌게 되었다. 그 무력감을 남이 아닌 내 탓으로 돌릴 수 있었고, 무엇을 하고 살면 재미있을지에 대한 답만 찾으면 삶이 달라질 수 있을 거라는 확신이 들었다. 그렇게 답을 찾기 시작한 지 서너 달쯤 지났을 무렵 결국 내가 좋아하는 두 가지, 밤을 꼬박 새우며 해도 지치지 않는 일을 깨달았다. 하나는 게임을 하는 것, 그리고 또 하나는 글을 쓰는 것. 하지만 당시로는 두 가지 다 꽤 심각한 생활고를 각오하지 않으면 업으로 삼기 어려운 일이었고, 그런 삶을 사는 건 내가 바라는 바가 아니었다. 그래서 마흔 살이 되는 해까지 돈이 되는 글을 써서 나름 넉넉한 삶을 살 만큼의 재산을 마련하고, 그다음부터는 내가 쓰고 싶은 글을 쓰며 살기로 마음먹었다.

두 번째 눈물은 내가 어떤 글을 쓰고 살면 될지를 정하게 해주었는데, 첫 번째 눈물을 맛본 지 5년 정도 지나 팀 버튼의 영화 〈빅 피쉬〉를 본 어느 날이었다. 아버지가 아들에게 들려준 이야기들과 실제 상황과의 묘한 연결 고리를 통해, 부자간의 갈등과 이해를 보여준 영화였다. 팀 버튼의 영화 중 가장 조용하고 차분한 이 가족드라마를 보고 있는 내내 까닭 모를 답답함을 느꼈다. 그리고 영화가 끝날 무렵 그 답답함에 대한 답을 찾았고, 답을 찾은 데 대한 고마움에 눈물이 흘렀다. 막후에 영화관을 청소하는 분들의 눈치를 보고서야 자리를 떴다. 그 답답함으로 인해 나는 결국 내 인생의 미션을 정할 수 있었다. 그 답답함은 "왜 나는 어른들에게서 저런 이야기를 들으며 어린 시절을 보낼 수 없었던 걸까? 우리나라에서 자란, 혹은 자랄 누가 저런 경험을 할 수 있을까?" 하는 생각에서 시작된 것이었다. 결국 그 이유는 그렇게 자연스럽게 쏟아져 나올 이야기의 토대가 우리에겐 없기 때문이라는 생각에 이르렀다.

생각해보라. 유럽에는 그토록 잘 정리되고, 연구되어, 또다시 각색되는 그리스-로마 신화와 북구 신화가 있고, 미국에서는 역사는 짧지만 잘 설계된 서부 이야기(〈스타워즈〉 같은 SF물 역시 배경을 우주로 했을 뿐, 서부적 판타지와 궤를 같이 한다)와 〈던전 앤 드래곤〉의 세계관[1]을 기반으로 수많은 명작들이 탄생했다. 일본은 현대에 와서 새롭게 만든 메커닉 세계 속에 수없이 많은 작품들(〈아톰〉, 〈마징가 Z〉 등)을 탄생시키고 있으며, 중국의 무협 세계는 9대 문파, 정파와 사파, 명과 청이란 동일한 배경을 가진 수백만 가지의 이야기를 만들어냈다. 그런데 아직 우리에게는 잘 정리되고 체계화된 하나의 토대가 없다. 그 문화권의 사람이라면 누구나 다 이해하고, 그 위에서 수많은 이야기가 탄생할

---

[1]_ 좁게는 판타지 세계를 기반으로 한 게임을 만들기 위한 원칙들을 정리한 룰북(Rule-Book)이지만, 넓은 의미에서는 톨킨의 〈반지의 제왕〉에서 시작해, 유럽에서 아시아권의 신화까지 아우른 가상의 세계를 통칭하는 것으로 볼 수 있다. 지금 영미권에서 나오는 대부분의 판타지들이 이 세계를 기반으로 탄생했다고 봐도 무리가 없다.

수 있는 그런 가상의 세계가 우리에겐 없는 것이다. 다른 나라의 세계관을 빌어와 뛰어난 작품을 만드는 이들도 많이 있지만, 여전히 남의 옷을 빌려 입은 듯한 한계가 있을 수밖에 없다. 결국 우리 사회가 이렇게 삭막한 이유도 사람들이 꿈꿀 수 있는 우리만의 튼튼하고 넓은 토대가 없기 때문이라는 데까지 생각이 미쳤고, 사람들이 꿈꿀 수 있는 우리만의 고유한 토대를 만드는 것이야말로 마흔 살이 되어서부터 죽을 때까지 해야 할 내 인생의 미션이 되었다.

이 순간부터, 한때는 시간과 인생의 낭비라며 며칠 밤을 새우면서 컴퓨터에서 삭제하고, 심지어 플로피 디스크나 CD를 부숴버리기까지 했던, 수많은 게임들, 그것들로 보낸 그 후회의 수천 시간이 인생의 미션을 수행하기 위한 공부의 시간이 되었다. 아울러 글자를 알게 된 순간부터 손에서 놓은 적이 없었던 수많은 만화책들과 함께한 나날들이 더 없이 감사했다.

결국 그렇게 긍정적으로 변화한 자세로 '돈이 되는 글쓰기'라며 컨설턴트로 직장 생활을 시작했고, 조그만 컨설팅 회사의 대표와 꽤 큰 기업의 임원을 거치며 10년을 보냈다. 그리고 2012년 3월, 만으로 마흔 살(아직도 이렇게 말하는 것 자체가 고통스러운 숫자지만)이 되었고, 직장 생활을 정리할 명분과 서른 살에 목표했던 이후의 삶을 위한 돈과, 10년 동안 잃지 않고 지니고 있었던 마음을 모아서 판타지 디자이너로 변신을 시도하게 되었다. 하지만 한국만의 고유한 판타지 세계를 만드는 것은 단순히 소비자로서 수많은 작품을 즐겨온 경험만으로 진행할 수 없는 작업이라는 걸 금방 깨달았다. 꽤 오랫동안, 어쩌면 5년, 혹은 10년이 걸릴 공부가 필요하다는 생각에, 그 첫 번째 작업으로 지금까지 탄생한 판타지 세계들이 어떤 방식으로 만들어졌는지를 분석하고 정리하는 일을 하기로 마음먹었다. 판타지라는 것은 결국 인간이 가진 상상력이라는 재료를 하나의 세계와 이야기로 재가공한 것이다. 그래서 지금까지 영화, 책, 혹은 게임이란 포맷으로 사람들에게 호소했던 신화와 판타지들을 컨설턴트적인 시각으로 분석하고, 공학도적인 자세로 재구성한다면, 인간의 상상력이 어떤 식으로 탄생해서 재구성되는지를 체계화한 '상상력 공학'이란 개념이 가능할 것이란 생각에 이 책을 쓰게 되었다. 〈상상력 공학 101〉은 접하는 사람에 따라 가벼운 가이드북이 될 수도 있고, 다분히 진지한 학습서가 될 수도 있을 것이다. 쏟아지는 판타지(신화와 SF를 포함해서) 작품들이 여전히 생소한 이들을 위한 판타지 여행 안내서가 될 수 있을 것이다. 낯선 곳으로 여행을 떠나기 전에 그곳에 대한 가이드북을 읽는 마음으로 〈상상력 공학 101〉을 쓰-윽 훑어보면, 전세계의 수많은 사람들이 왜 그렇게 판타지에 열광하고 있는지를 이해하고, 보다 편안한 마음으로 판타지 작품들을 즐길 수 있을 것이다. 물론 판타지를 좋아하는 팬들이 조금 더 잘 즐기도록 도와주는 역할도 같이 할 것이다.

한편 판타지 작품들을 만들고 있거나, 혹은 만들어보고 싶은 사람들, 그리고 판타지의 팬들에게는 나름 진지한 학습서의 역할을 할 것이다. 학습서라는 것들이 다 그렇듯이 처음부터 잘근잘근 씹어나갈 수도 있겠지만, 책상 한켠에 두고 자기가 필요한 부분만 가끔씩 참고해도 좋을 것이다. 또 어디서부터 어떻게 시작해야 할지가 막막한 초보자들에겐 차근차근 읽어가다 단초를 찾는 순간 읽기를 중단해버려도 이미 이 책은 일정 수준 목표를 달성한 셈이다. 앞서 말한 것처럼 이 책을 만든 것은 고유의 판타지 세계를 만들기 위한 과정이다. 따라서 이 〈상상력 공학 101〉 역시 한 번의 작업으로 그치는 것이 아니라, 더 많은 경험과 분석이 얻어지는 데로 지속적으로 진화하는 텍스트가 되게 할 예정이다.

목차

책머리에 콘텐츠산업 컨설턴트에서 판타지 디자이너로 4

1부 판타지는 왜 설계되어야 하는가?
  판타지의 정의와 존재 이유 14
  판타지가 설계되어야 하는 이유 19
  판타지 세계의 구성 요소와 설계 프레임워크 30

2부 상상력의 무대 만들기
  공간이란 무엇인가? 52
  공간의 구성 요소 첫 번째, 세력의 배치 67
  역할에 따른 구성 요소의 공간 배치와 지도의 생성 80

3부 세력은 무엇으로 구성되는가?
  세력의 크기 98
  통치 체계와 권력 투쟁 120
  경제 체제, 사유재산, 그리고 계급 146
  통치 체계와 종교의 역할 160
  세력의 다원성과 교육 체계의 설계 167

4부 새로운 종족은 어떻게 탄생하는가?

생명은 반드시 태어나지 않아도 된다? 185
시각적 놀라움을 주기 위한 형태적 특성의 설정 202
눈에 보이지 않는 비가시적 특성의 설정 211
더불어 살기 위한 생태학적 특성의 부여 231

5부 상상력의 정수 '마이트 앤 매직'

마법 설계의 프레임워크 244
목적과 방법에 따른 마법의 설계 249
마법사의 형태를 결정짓는 마법의 원천 285
마법의 습득 방법 및 트레이드 오프 설계 300

맺음말 308

부록 311

판타지는
왜 설계되어야 하는가?

판타지의 정의와 존재 이유

꿈꾸고 싶어 하는 사람들의 산물

'두꺼운 뿔테 안경을 쓰고 9와 3/4플랫폼을 들어서는 꼬마(《해리포터》)'와 '물에 젖은 소매를 털자 그 물방울이 숲을 가로지르며 무수한 잎사귀에 구멍을 뚫는 미녀(《동방불패》)'는 수많은 사람들을 열광시켰다. 사람들은 왜 이 허망한, 결코 현실에서 자신이 체험하지 못할 것이라는 걸 너무나도 잘 알고 있는 판타지에 매력을 느끼는 걸까? 그리고 동서고금을 막론하고 수없이 많은 작품들이 소설, 만화, 영화, 그리고 게임이라는 포맷 아래 '판타지'라는 장르를 표방하며 쏟아져 나왔고, 지금도 나오고 있는 이유는 도대체 뭘까?

판타지의 원형이라고 할 수 있는 신화의 존재 이유에 대한 카를 융의 이야기에서 그 해답의 실마리를 찾을 수 있다. 융은 신화의 존재 이유에 대해서 이렇게 쓰고 있다.

신화는 사람들의 정신 건강을 위해서 꼭 필요하기 때문에, 장소와 시간을 가리지 않고 대부분의 문명에 보편적으로 존재하는 것이다. 통제할 수 없는 어떤 힘에 대한 반작용으로, 인간은 천성적으로 신화를 만들어낼 수밖에 없다.

다시 말해 인간은 자신이 이해할 수 없는 어떤 사물이나 현상을 설명하기 위해, 자신의 상상력을 동원해 신화를 만들어냈다는 뜻이다. 일견 꽤 설득력 있는 말이지만, 신화 속에 등장하는 여러 군상들이 만들어내는 드라마들을, 단순히 인간이 이해할 수 없는 힘에 대한 반작용으로 치부하는 것은 왠지 좀 불편하다. 인간을 지나치게 수동적인 존재로 분석하는 태도가 썩 달갑지만은 않기 때문이다. 게다가 통제할 수 없었던 많은 힘에 대해서 과학적 설명이 가능해지고, 그런 힘의 존재감이 약해진 지금에도 여전히 수없이 많은 신화(물론 그 이름은 '판타지'로 바뀌었다)들이 쏟아져 나오고 있는 이유는 어떻게 설명할 것인가?

따라서 신화의 존재 이유를 설명하기 위해서는 융이 말한 수동적인 이유를 넘어서 좀 더 능동적인 이유가 필요하다. 필자는 그것을 "인간은 현실을 직시하고 있을 때보다, 오히려 자신이 꿈꿀 수 있을 때 자신이 살아 있음을 더 강하게 느끼기 때문"이라고 설명하고 싶다.

다시 말해 인간은 자신이 끝없이 꿈꿀 수 있는 무대가 필요하며, 그 무대에서 펼쳐진 상상력의 발현이 바로 신화인 것이다. 그리고 그것이 현대에 와서는 판타지라고 이름 붙여진 장르 아래 수많은 작품들을 탄생시키고 있는 것이다.

그렇다면 판타지란 과연 무엇인가? 위키피디아에서는 판타지를 아래와 같이 정의하고 있다.

Fantasy is a genre of fiction that commonly uses magic and other supernatural phenomena as a primary element of plot, theme, or setting.

판타지는 일반적으로 마법이나 다른 초자연적인 현상을 이야기 구성이나 주제, 혹은 설정의 주요 요소로 사용하는 픽션의 한 장르이다.

간단히 말하면 허구의 이야기인데, 마법이나 초자연적인 현상이 자연스럽게 등장하는 허구의 이야기라는 것이다. 이 정의에 따르면 전 세계의 신화들은 당연히 판타지라는 장르에 포함되어야 할 것이다. 다시 말해 '신화는 신과 인간이 공존하는 까마득한 옛날을 배경으로, 오래전 탄생되어 글 혹은 구전으로 현재에 전해지는 고전 판타지'라고 정의해도 무방할 것이다.

신화와 SF, 그리고 판타지

그런데, 위키피디아의 판타지에 대한 위의 정의에 바로 이어서 등장하는 글이 있는데, 바로 판타지와 SF의 구분에 대한 내용이다.

Fantasy is generally distinguished from the genre of science fiction by the expectation that it steers clear of scientific themes, though there is a great deal of overlap between the two, both of which are subgenres of speculative fiction.

판타지는 SF와 마찬가지로 허구적 소설의 한 장르로서 아주 많은 부분에서 동일한 특성을 가지고 있지만, 과학적인 주제를 다루지 않는다는 점에서 SF와 구별된다

판타지와 SF를 구분 지으려 하지만 실상 잘 들여다보면, 상상력의 대상이 마법이냐 과학적 테마냐의 차이만 있을 뿐 두 장르는 굉장히 많이 닮아 있다는 것이 요지다. 그리고 실제로 꽤 많은 작품에서 두 장르는 서로의 경계를 오가며 이야기를 진행하는 경우가 많다. SF의 대명사 격인 〈스타워즈〉의 제다이를 가르치는 요다는 판타지에서의 마법사에 가깝고, 다른 외계 생명체들은 신화 속의 초자연적인 존재들과 크게 다르지 않다. 또 일본의 유명 판타지 게임인 〈파이널 판타지〉는 마법적인 능력을 가진 문명과 기계 공학에 기반한 무기 체계를 가진 문명이 한꺼번에 등장하기도 한다. 이야기를 만들어가는 과정에

서의 역할로 따지자면 미래에 등장할 만병통치약이나 캡슐 식품 같은 것들과 마법의 물약(Potion)은 거의 똑같은 개념이고, 미래의 기술 발전에 따른 신기한 능력과 마법 역시 마찬가지다. 따라서 SF 역시 현재 시점에서는 이루어지기 어려운 능력과 현상들을 꿈꾼다는 점에서 넓은 의미의 판타지라고 봐도 무방할 것이다. 결국 판타지란 '인간의 상상력을 기반으로, 현재 시점의 시공간상에서 체험하기 어려운 사물과 현상이 등장하는 허구의 이야기'라는, 신화와 SF를 포괄하는 넓은 개념으로 정의할 수 있을 것이다. 그리고 그것은 소설이라는 한 포맷의 하위 장르가 아니라, 영화, 드라마, 그리고 컴퓨터 게임이라는 다양한 포맷의 문화까지 확장된, 문화의 한 장르라고 해야 할 것이다.

판타지가 설계되어야 하는 이유

판타지라는 장르의 불행

판타지, 특히 우리나라의 판타지는 불행하다. 이 불행을 상징하는 숫자들을 한번 살펴보자.

"〈반지의 제왕〉 국내 관객 동원수 590만". 이 숫자는 서로 상반되는 두 부류의 사람들을 모두 의아하게 만들지도 모른다. 한 부류의 사람들은 "저런 비현실적이고 긴 이야기에 관객이 많이도 들었네"라며 의아해할 것이고, 또 다른 부류의 사람들은 "이렇게 멋진 영화가 천만 명도 동원하지 못했단 말이야?"라며 의아해할 것이다. 이 숫자만으로는 여전히 왜 불행하다고 하는지 잘 이해가 되지 않는다.

그러면 또 다른 숫자들을 한번 보자. 전 세계 역대 홍행 랭킹 50위[1]까지의 영화 중 무려 마흔세 개의 작품이 명백히 판타지라는 장르로 분류되는 것들이다. 〈아바타〉, 〈어벤져〉, 〈해리 포터〉, 〈반지의 제왕〉, 〈캐리비안의 해적〉, 〈베트맨〉, 〈스파이더맨〉 등등. 더욱 놀라운 것은 이 쉰 개의 영화 중 명백히 판타지로 분류되지 않는 작품은 단 네 개, 〈타이타닉〉, 〈포레스트 검프〉, 〈007스카이폴〉, 그리고 〈다빈치 코드〉밖에 없다는 사실이다. 〈인셉션〉, 〈니모를 찾아서〉, 〈업〉 같은 영화들은 넓게 보면 판타지라고 해도 무방하다. 이제 "저런 비현실적인 이야기에 590만 명이나 들었나?"라며 의아해하던 사람들이 스스로에게 반문해볼 차례다. "어? 내가 취향이 좀 독특한가? 아니면 너무 삭막해져버렸나?"라고. 마지막으로 하나의 숫자가 더 남아 있다. 한국의 역대 박스 오피스 10위권[2]의 영화들 중 판타지 장르로 분류될 수 있는 작품은 단 하나뿐이라는 것. 그것도 다분히 애국심에 힘입어 관객 동원에 성공한 심형래 감독의 〈디 워〉뿐이란 사실을 접하면, 이제 '판타지는 무엇인가'라는 질문을 넘어서 판타지와 관련된 보다 근원적인 사회학적 질문을 던지고 싶어진다.

왜 이런 현상이 생긴 걸까? 왜 한국에서는 판타지라는 장르가 보편

---

[1] Box Office Mojo, 2012년 12월 기준. 10위까지는 〈아바타〉, 〈타이타닉〉, 〈어벤져〉, 〈해리 포터 7 파트 2〉, 〈트랜스포머〉, 〈반지의 제왕〉, 〈다크 나이트〉, 〈캐리비안의 해적 3〉, 〈토이 스토리 3〉, 〈캐리비안의 해적 2〉 순.

[2] 영화진흥위원회, 2013년 3월 기준. 〈괴물〉, 〈도둑들〉, 〈광해〉, 〈왕의 남자〉, 〈태극기 휘날리며〉, 〈해운대〉, 〈실미도〉, 〈7번 방의 선물〉, 〈국가대표〉, 〈디 워〉 순.

성을 갖지 못하고, 소수의 마니아들을 위한 장르라는 인식에서 벗어나지 못하고 있는 걸까? 고전으로까지 자리잡은 해외의 판타지 작품들에 비해, 우리 판타지 작품들은 여전히 저급한 하류 문화로 치부되며, 심지어 어떤 부모들은 자식들의 손에서 빼앗아야 하는 물건으로 취급하기까지 한다. 한국 사회에서 이러한 판타지의 불행은 어디서 시작된 것일까?

기발한 상상력만의 한계

판타지는 상상력의 총아다. 당연히 온갖 기발한 상상력으로 시종하기 마련인데, 바로 여기에서 판타지의 불행이 시작된다. 그 기발한 상상력이 판타지가 가진 가장 큰 매력이지만, 그 기발함에 매몰되어 자칫 문화 상품으로서 갖추어야 할 다른 기본적인 요건들을 잃어버리기 쉽기 때문이다.

예전에 KBS1 TV의 명화극장 코너에서 방영되던 영화를 소개하던 고(故) 정영일 씨가 "왜 모든 영화를 좋다고 소개하느냐?"라는 질문에 대답한 인상적인 멘트가 있다. "어떤 영화든 세상에 나올 정도가 되면 칭찬해줄 만한 점 한두 가지가 없을 수가 있겠어요? 그걸 중심으로 소개를 하는 거죠. 정말 제가 권하는 작품인지는 마지막에 '놓치면 후회할 겁니다' 같은 멘트가 붙는지 아닌지를 보시면 됩니다." 판타지 작품도 마찬가지다. 잘 만들어졌건, 그렇지 않건 간에 기발한 상상력

몇 가지 정도는 있게 마련이다. 하지만 그런 상상력은 그것을 처음 접한 사람들의 눈과 귀를 잠시 즐겁게 해주기는 하지만, 그 이상도 그 이하도 아니다. 좋은 소설이 그렇듯이 판타지 역시 많은 사람들에게 호소력을 가지고, 감동을 주며, 긴 생명력을 갖기 위해서는, 훌륭한 이야기와 그것이 던져주는 삶에 대한 최소한의 진지한 고찰이 전제되어야만 하는 것이다.

생각해보자. 수많은 기발한 상상력의 덩어리인 〈찰리와 초콜릿 공장〉에서 초콜릿 공장과 바깥 세상의 관계, 윌리 웡카의 성격이 형성된 배경으로 엮어내는 멋진 이야기와 그것을 통해 던지는 메시지를 빼버린다면, 그것이 어떤 작품이 될 수 있을지. 아마도 여느 테마파크의 3D 체험관에서 상영되는 10분짜리 짤막한 동영상과 별반 다르지 않을 것이다. 변신 로봇들이 사는 외계의 한 행성이란 멋진 설정과 엄청난 영화적 테크닉으로 무장한 〈트랜스포머〉가 왜 30분 남짓 지나면 수많은 사람들을 졸게 했을까? 그리고 속편들의 흥행 성적이 전편에 비해서 왜 그렇게 곤두박질쳤는지를 생각해보면, 단순히 눈과 귀를 놀라게 하는 기발한 상상력만의 한계는 명확해진다. 아주 기발하고도 매력적인 상상력을 갖춘 판타지 작품 중 꽤 많은 것이 소수 마니아들을 위한 잔칫상에 그쳐버리거나, 혹은 처음 접한 짧은 시간 동안만 사람들의 눈과 귀, 혹은 뇌를 즐겁게 해주는 것으로 생명을 다하고 사라진다.

개연성을 갖추기 위한 설계의 필요성

좋은 작품이 되기 위해서 판타지 역시 소설, 영화, 게임 등이 갖추어야 할 요소들을 동일하게 갖추어야 한다는 것은 너무나도 당연하다. 그런데 그 요소들 중 특히 중요하지만, 판타지에서는 불행의 단초가 되는 것이 있는데, 그것은 바로 '개연성'이다. 개연성에 대해서 아리스토텔레스는 〈시학〉에서 이렇게 서술했다.

허구적 작품의 어떤 내용이 실제로 있다는 충분한 근거는 없지만, 현실화될 수 있거나 진짜가 될 수 있는 가능성을 개연성이라고 한다. 특히 문학에서 개연성을 가진 허구는 역사적 사실보다 더 철학적이고, 보편적이다.

즉, 개연성을 가지지 못한 작품이 보편적으로 많은 사람들에게 공감대를 형성하기는 어렵다는 뜻이다. 그런 이유로 논픽션이나, 역사적 사건을 재구성한 작품들이 그 현실성이란 무기를 가지고 지속적으로 탄생하고, 많은 사람들에게 사랑받고 있는 것이다. 그런데 불행히도 판타지는 상상력 덩어리 그 자체다. 따라서 그것은 비현실적이고 기발한 소재와 장치들로 구성되기 마련이다. 바로 이 비현실성이 판타지라는 장르가 가진 가장 큰 매력이기도 하지만, 동시에 많은 사람들이 애초에 마음을 닫아버리는 걸림돌이기도 한 것이다. 상상력 덩어리인 판타지는 그만큼 개연성을 갖추기가 어렵다. 그리고 바로 이것이 판타지를 '쓰는' 것보다 오히려 '설계해야' 하는 가장 큰 이유다.

　인간의 상상력만으로, 그것도 현실과 동떨어진 허구적 토대 위에 지어야 하는 만큼, 판타지는 어쩌면 사상누각이라고 할 수 있다. 하지만 원래 집을 지을 수 없는 모래 위에도 설계만 잘 하면, 두바이의 호텔처럼 백 층이 넘는 건물을 지을 수 있다. 판타지도 마찬가지다. 다른 장르의 작품들보다 더 논리적이고 정교한 설계가 전제되기만 하면, 그 기발한 상상력이 만들어내는 이야기가 무사히 터를 잡고, 그럴 듯한 개연성을 확보할 수 있다. 훌륭한 판타지를 만들어내는 사람들은 엄청난 몽상가이기 이전에, 오히려 뛰어난 설계자여야 한다. 자신이 만들어낼 세계의 권력 구조는 어떻게 되어 있는지, 그들이 가진 힘의 원천은 무엇인지, 그 세계에만 존재하는 생명체들은 어떤 이유로 그런 특성을 갖게 되었는지 등을 논리적이고 치밀하게 설계해야 한다. 뛰어난 판타지 작가들의 이력이 이야기꾼이라기보다는 학자에 가까운 경우가 많다는 사실은 이런 판타지의 특성을 반증하는 것이다. C. S. 루이스는 논리적인 신학자이자 비평가로 명성을 떨치다, 쉰 살이 넘어서야 〈나니아 연대기〉를 쓰기 시작했고, 톨킨은 문헌학자로 수많은 책들을 접하다, 예순이 넘어서 〈반지의 제왕〉을 펴냈다.

　이렇게 하나의 세계를 논리적으로 설계하는 것이 중요하다 보니, 많은 판타지 작품은 이야기뿐만 아니라, 이야기의 배경을 설명하는 데 많은 노력을 들인다. 여기에 한국 판타지가 가진 불행의 원인이 있다.

왜 엘프는 활만 쏘아대는 거야?
공감하는 데 필요한 고객의 학습 수준

고전들 중에 이야기가 길거나 그리 복잡하지 않은데도, 베개로 쓰기에도 너무 두꺼워 보이는 작품들이 종종 있다. 이 작품들의 두께가 늘어난 데는 세밀하고 정교한 장면과 심리 묘사 덕분인 경우도 있지만, 많은 경우는 이야기의 개연성을 부여하기 위해 주변 환경을 설명하는 데 많은 지면을 할애한 탓이다. 〈레미제라블〉에서는 장발장의 도망 경로인 파리의 하수구 시스템을 설명하는 데, 〈몬테크리스토 백작〉에서는 당시 당파 간의 정세를 설명하는 데 수십 장의 지면을 할애하는 것을 볼 수 있다. 고전적인 판타지 작품 역시 마찬가지다. 〈반지의 제왕〉에서 톨킨은 반지의 역사를 설명하는 데 꽤 많은 지면을 할애했을 뿐만 아니라, 중간계의 탄생과 구조를 설명하기 위한 별도의 안내 책자인 〈실마릴리온〉까지 출간했다. 2000년 이후 나온 판타지 게임의 매뉴얼은 조작법 정도만 담겨 있던 이전 것들과는 달리, 게임 내 세계를 설명하기 위해 수백 페이지를 넘기기 일쑤다. 어떤 작품을 제대로 즐기기 위해서는 그 작품을 둘러싼 상황들을 이해하기 위한 학습이 필요한 것이다.

하지만 아무리 뛰어난 작품이라도 그 학습 과정은 자칫 고객(책이라면 독자일 것이고, 영화라면 관객, 게임이라면 게이머나 유저라고 매체마다 다르게 불리므로, 이 셋을 아울러서 고객이라고 부르기로 한다)들을 지루하게 만들기 쉽고, 이야기 전개가 배경 설명에 묻히기 쉽다. 특히 짧으면 한 시간 반,

길어야 서너 시간가량의 러닝타임을 가지고 있는 영화에 이르면 이런 고민은 더 깊어진다. 설명에 많은 시간을 할애하자니 작품이 지루해지고, 빼자니 개연성이 떨어지는 것이다(이런 고민 때문에 영화가 시작하기 전 내레이션으로 배경을 설명하려고 한 작품들은 졸작이 된 경우가 많다). 러닝타임이 조금 더 자유로운 드라마로 제작되는 경우도 크게 다르지 않다. 따라서 판타지를 만드는 사람은 고객의 학습 수준을 감안하여 정말 꼭 필요한 설명만 남겨두고 생략하거나, 이야기 속에 설명을 자연스럽게 녹여 넣을 수 있을 수 있는 최적의 배합을 찾게 된다. 그런데 문제는 고객의 학습 수준이 문화권에 따라 천양지차라는 점이다. 〈레미제라블〉을 둘러싼 정황에 대한 프랑스 사람과 우리나라 사람의 이해 수준이 같을 수가 없는 것이다. 마찬가지로 미국인이나 유럽인들에게는 엘프가 무엇인지 따로 설명하지 않아도, 그들은 엘프가 사람보다 오래 살고, 귀가 뾰족한 편이며, 빠른 몸놀림을 기반으로 가벼운 칼이나 활을 주로 사용한다는 것을 알고 있다. 어려서부터 수많은 경험을 통해서 자연스럽게 인지하고 있는 것이다. 심지어 어느 정도 판타지 작품을 접한 사람들은 엘프가 인간의 자연 파괴에 대해서 탐탁지 않아 하며, 그것으로 인해 인간들과 종종 갈등을 겪기도 한다는 것까지도 알고 있을 수 있다.

하지만 그것이 멀리 우리나라에 오면 상황이 달라진다. 게임 등의 경험을 통해 익히 알고 있는 소수의 사람들에게는 자연스럽게 다가오는 설정이, 경험이 없는 대부분의 사람에게는 굉장히 어색하고 이해가 되지 않는 지루한 것이 되어버린다. 왜 다른 이들은 힘겹게 뛰어다니

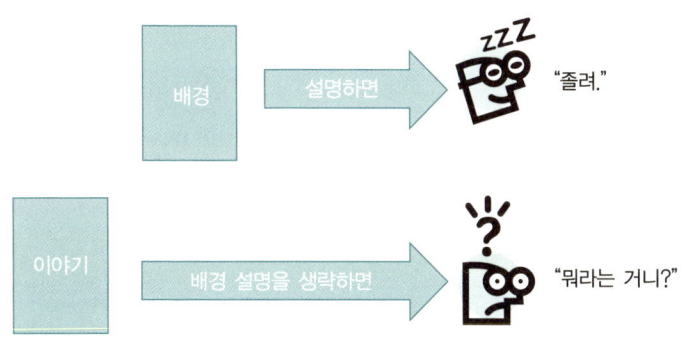

〈그림 1〉 판타지 설계자의 딜레마

며 지쳐가는데, 하얀 얼굴에 뾰족 귀를 한 캐릭터는 쉴 새 없이 뛰어다니며 화살을 날려대는지, 조그만 키에 뚱뚱한 몸매를 가진 드워프가 왜 자기가 최강의 전사라는 자부심을 갖고 있는지 도저히 이해가 안 되는 것이다. 그렇다고 〈반지의 제왕〉에서 피터 잭슨 감독이 이것들을 다 설명하기 위해 그들의 탄생 배경과 생활상, 그리고 신체적 특징을 일일이 설명했다면, 이 3부작은 9~10시간이 아니라, 90~100시간의 러닝타임이 필요했을 것이다.

그런데 서양의 경우 대부분의 사람들은 어려서부터 자신들의 판타지 세계(그리스 로마 신화, 북유럽 신화, 〈던전 앤 드래곤〉에 기반한 작품들)를 경험하며 꾸준히 학습해왔다. 중국은 무협이라는 그들만의 가상 세계와 함께 〈서유기〉, 〈봉신연의〉, 〈요재지이〉 등의 고전들을 기반으로 한 신화적 토대에 익숙해져 있다. 그리고 다른 많은 지역의 사람들은 그들만의 고유한 가상 세계를 가지고 있고, 그것은 그들의 오랜 역사와 전통이라는 토대 위에 구축되어 있다. 따라서 해당 문화권의 판타지 설계자들은 이렇게 갖추어진 토대 위에서, 좀 더 진화한 구조에 대한 짧은 설명과 함께 긴장감 넘치는 스토리를 구축하기만 하면 된다.

그래서 판타지는 설계되어야 한다

하지만 우린 어떤가? 우리도 꽤 많은 판타지 작품들을 쏟아냈다. 하지만 대부분 다소 성급한 마음에 다른 나라의 세계관을 빌려와서 그 위에 이야기를 펼친 것들이다. 그들의 세계관에 익숙해진 소수의 사람들에게는 공감대를 불러일으키겠지만, 그렇지 못한 대부분의 사람들에게는 아무래도 낯선 경험일 수밖에 없다. 그러다 보니 좀 더 보편적인 장르가 되지 못하고 일부 마니아를 위한 장르로 남을 수밖에 없었다. 또 남의 세계관을 기초로 해서 이야기를 만들다 보니 뭔가 맞지 않은 옷을 입은 듯한 어색함이 묻어날 수밖에 없다.

이런 현상을 극복할 방법은 딱 하나뿐이다. 어딘가 우리에게 익숙한 듯한, 우리만의 세계를 잘 설계하고, 그 위에 멋진 이야기를 만들어나가면서 사람들의 학습 수준을 조금씩 조금씩 높여나가는 수밖에 없다. 판타지는 이야기를 쓰기 전에 그 세계를 잘 설계해야 한다. 특히나 우리처럼 새로운 세계를 만들어가야 하는 입장에서는 더 논리적으로, 보다 더 정교하게 설계해야 한다. 아마도 꽤나 많은 시간이 필요한 장기적인 과제일 것이다. 하지만 우리 사회가 조금 덜 삭막해지기 위해서 반드시 필요한 과정이기도 하다. 그 긴 과정에 이 책이 조금이라도 도움이 되기를 바란다.

판타지 세계의 구성 요소와 설계 프레임워크

시간과 공간의 이동을 통한 현실 세계와 거리 두기

　판타지에서 사실성이라는 건 오히려 이야기의 현실감을 떨어뜨린다. 앞서 말한 것처럼 판타지는 인간의 상상력에 기반하고 있기 때문에, 당연히 그 세계는 당장 눈으로 보고, 귀로 듣고, 손으로 만질 수 없는 무언가로 이루어지게 마련이다. 그런데 이런 것들이 우리가 살고 있는 이 시간, 이 공간 속에서 일어나고 있다는 건 오히려 더 부자연스럽고, 이야기가 그럴듯해지기 어렵다. 생각해보라. 지금 당신 거실의 창밖으로 용을 타고 출퇴근하는 사람들로 붐빈다면 얼마나 황당한 망상처럼 들리겠는지. 그래서 판타지가 현실감을 갖기 위해서는,

오히려 현실 세계와 일정 수준 거리 두기가 필요하다. 그러면 판타지 설계자들은 자신이 만드는 판타지 세계에 개연성을 부여하기 위한 거리 두기를 어떻게 하는 걸까?

현실과의 거리 두기 방법 중 우리에게 아주 익숙한 장치가 있다. 바로 "옛날 옛적 호랑이 담배 피던 시절에"라든가, "저 바다 건너 까마득히 먼 곳에 한 나라가 있었는데"라는 식의 전래 동화들의 도입부다. 즉 "지금 당신이 직접 체험할 수는 없지만 까마득히 먼 옛날이나, 어느 먼 곳에서는 이런 일이 없으란 법도 없지 않느냐"라는 것이다. 이렇게 시작하면 조금은 허황되게 느껴지기도 하고, 내게 지금 당장 일어날 것 같진 않지만, 그냥 그러려니 하고 그 이야기에 집중할 수 있게 된다.

판타지 설계자들 역시 이런 현실 세계와의 거리 두기를 시간과 공간 이동(Shift)을 통해서 시작한다. 즉 고객이 직접 가볼 수 없는 공간을 상정하거나, 고객이 직접 경험할 수 없는 시간을 상정하는 것이다. 공간의 이동은 그리스 신화의 '올림푸스'처럼 어떤 조건을 가진 특정한 존재만 갈 수 있는 곳으로 설정되기도 하고, 〈이상한 나라의 앨리스〉처럼 눈에 띄지 않는 비밀 통로를 통해서 이동할 수 있는 겹쳐진 세계로 그려지기도 하며, 존재한다는 것은 알지만 실제로 갈 수는 없는 외계(〈스타워즈〉)나 심해(〈해저 2만 리〉)로 그려지기도 한다. 물론 〈해리 포터〉의 마법 세계처럼 여러 조건이 복합적으로 작용하는 공간이 탄생하기도 한다.

시간 이동은 작품을 접하는 독자나 사용자가 경험할 수 없는 시간

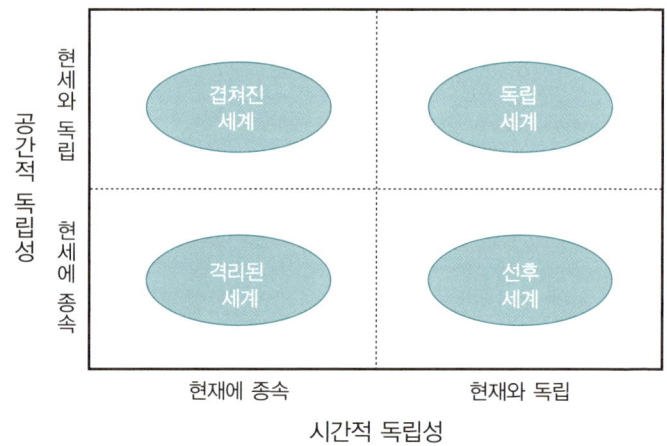

〈그림 2〉 시공간의 독립성에 따른 판타지 세계의 종류

을 작품의 배경으로 설정함으로써, 판타지 세계 내에서 일어나는 일에 현실감을 부여하는 것이다. 그것은 신화나 전설에서처럼 고대나 중세의 먼 과거가 될 수도 있고, 혹은 많은 SF 작품에서처럼 먼 미래가 될 수도 있다. 아니면 살아 있는 존재가 경험할 수 없는 사후의 시간대가 될 수도 있고, 아예 우리가 살아왔고 살아갈 현실 세계의 시간축과는 전혀 다른 새로운 시간축을 설정하기도 한다. 이렇게 공간과 시간의 이동을 판타지 설계자가 어떻게 이용하느냐에 따라 그 세계는 몇 가지 전형적인 유형으로 나뉜다. 즉, 현재의 시공간을 그대로 이용하되 따로 떨어진 세계를 배경으로 하는 격리된 세계(Isolated World), 현실 공간을 이용하지만 현재가 아닌 시간대를 이용하는 선후 세계(Trajectory World), 시간으로는 현재지만 우리 눈에 보이지 않는 새로운

공간을 가정하는 겹쳐진 세계(Superimposed World), 그리고 현재의 시공간과 아무런 상관이 없는, 새롭게 탄생한 시간과 공간을 이용하는 독립 세계(Independent World)가 그것이다.

A. 선후 세계 – 전래 동화와 SF의 무대

"옛날 옛적 호랑이 담배 피던 시절" 혹은 "Once upon a time in". 전 세계 전래 동화는 으레 이렇게 시작하기 마련이다. 결국 어제나 오늘 일어났다고 하면 잘 믿기지 않을 이야기를 실제로 일어난 것 같은 느낌을 주기 위해 먼 과거의 시간을 배경으로 하는 것이다. 대부분의 신화나 전설, 전래 동화들이 이런 시간을 설정하고 있다. 그리스 신화나 〈아라비안 나이트〉는 인간의 역사가 시작되기도 전인 고대의 시간을 바탕으로 하고 있으며, 대부분의 중국 무협 작품들은 수백 년 전의 명청 시대를 배경으로 하고 있다. 플라톤은 아틀란티스 대륙의 신화를 이야기하면서 기원전 9천 년이란, 아주 명확하지만 전혀 상상조차 하기 힘든 시간대를 가정하고 있다. 이렇게 초기 판타지 설계자들은 과거로 과거로 흘러간 세계를 가정하고, 그 위에 자신의 상상력을 펼쳤다. 하지만 이렇게 과거를 가정해서 만들어내는 상상력에는 한계가 있었는지, 판타지 설계자들은 이제 시간을 아직 겪어보지 못한 미래로 이동시켰다. H. G. 웰즈가 〈타임머신〉이나 〈우주전쟁〉, 〈투명인간〉 등의 작품을 통해서 미래의 시간을 배경으로 한 판타지들을 선보인 것을 필두로, 가까운 미래나 아주 먼 미래를 배경으로 한 수많은 SF물들이 탄생하게 되었다(물론 몇몇 SF물들은 현재는 폐기되었지만, 과거에 있었을 것으로 가정한 어떤 과학적 지식을 소재로 삼기도 한다. 어느 것에나 예외는 있게 마련이니). 이렇게 현실의 공간은 그대로 두고 적어도 현재의 사람은 직접 겪어보지 못한 과거나, 명백히 예단할 수 없는 미래를 상정한 시간적 선후 세계는 판타지 설계자들이 가장 자연스럽게 사용하는 설정이다.

그런데 한 가지 재미있는 현상은 미래를 배경으로 한 SF물들 중, 〈스타워즈〉처럼 현재의 시간과 거의 단절되다시피 한 아주 먼 미래를 배경으로 한 작품들일수록, 대체로 더 먼 과거를 배경으로 한 신화의 속성들을 더 닮아 있다는 사실이다. 즉, 보지도 듣지도 못한 다양한 새로운 생물들이 등장하고, 등장인물들은 마법에 가까운 능력을 사용하는 것이다. 당연히 작품에 등장하는 인간은 여러 다양한 지적 존재들 중 하나일 뿐이다. 그에 반해 가까운 미래를 설정한 〈터미네이터〉 같은 작품들일수록 가까운 과거를 가정한 중세 기사들의 전설이나 중국 무협과 더 닮아 있다. 이런 작품들은 주로 보통의 수준을 조금 뛰어넘는 능력을 가진 인간 혹은 인간의 산출물에 관한 이야기인 경우가 많다. 이런 현상은 좀 더 자유롭고 다채로운 상상력의 전개를 위해서는 과거든 미래든 현재의 시간과 더 멀어질 수밖에 없고, 판타지에 조금 더 사실감을 더하기 위해서는 현재의 어떤 상황을 재해석하면서 근미래나 근과거를 배경으로 하는 것이 더 바람직하다고 판단한 설계자들의 선택일 것이다.

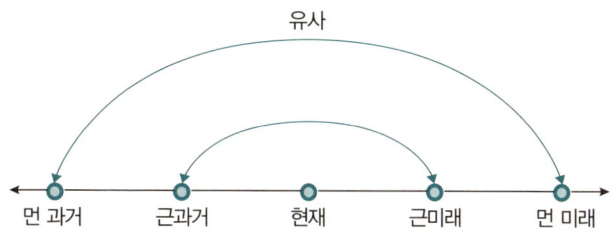

〈그림 3〉 선후 세계에서 설정된 시간에 따른 유사도

그런데 선후 세계를 배경으로 한 판타지를 설계할 때는, 작품의 개연성 확보를 위해 반드시 필요한 장치가 있다. 선후 세계는 시간의 흐름에 있어서 현재라는 시간과 동일한 궤적(Trajectory)상에 있기 때문에, 현재와 다르긴 하지만 현재에서 완전히 자유로울 수는 없다. 따라서 작품을 접하는 고객이 작품 속의 세계가 현재 세계가 변해왔거나, 변해갈 궤적 위에 있다는 것을 자연스럽게 인지하도록 하는 장치가 필요하다.

예를 들어 과거를 배경으로 한 세계에서는 이런 장치로 주로 두 가지 유형이 사용된다. 첫 번째는 현재에 어떤 것이 존재하는 이유, 즉 유(有)에 대한 설명을 사용하는 것이다. 즉 현재 시간에 존재하는 어떤 사물이나 현상으로 과거의 이야기에 개연성을 부과하는 것이다. 이런 설정은 많은 전설이나 신화에서 쉽게 접할 수 있다. 제주도 돌하르방의 전설처럼 "그렇게 해서 저렇게 생긴 바위가 여기 있게 된 것"이라든가, 그리스 신화에서 북아프리카 일대가 사막이 된 이유를 아폴론의 아들 파에톤의 이야기를 통해서 설명하는 것이 전형적인 예가 될 수 있다.

또 반대로 무(無)를 설명하는 것을 통해서 현재와 과거의 연결성을 찾기도 한다. 이야기에 등장했던 것들이 이제 더 이상 현재의 시간에서는 찾아볼 수 없게 된 그럴듯한 이유를 만드는 것이다. 공룡이 사라지게 된 이유에 대한 수많은 주장들이나, 아틀란티스 대륙이 사라진 이유에 대한 설명 같은 것들이 전형적인 예가 될 수 있다. 2012년에 개봉한 애니메이션 〈가디언즈〉 같은 작품에서는, 예전에 사람들 사이에 자연스럽게 존재했던 산타클로스나 요정들이 이제 더 이상 사람들 눈에 보이지 않게 된 이유에 대한 설명을 작품의 골격으로 삼고 있다.

미래를 배경으로 할 경우 역시 마찬가지 방법을 사용한다. 미래에 어떤 일이 일어나거나, 어떤 새로운 생명체가 생겨나게 된 '유에 대한 이유'를 현재의 상황에서 찾거나, 미래에 무언가가 사라져버린 '무에 대한 이유'를 제시해야만 사람들이 그 작품에 대해 좀 더 많이 공감할 수 있는 것이다. 〈터미네이터〉에서는 로봇 군단이 탄생한 배경과 현재의 상황을 계속해서 교차시키고 있고, 〈인간 종말 리포트〉에서는

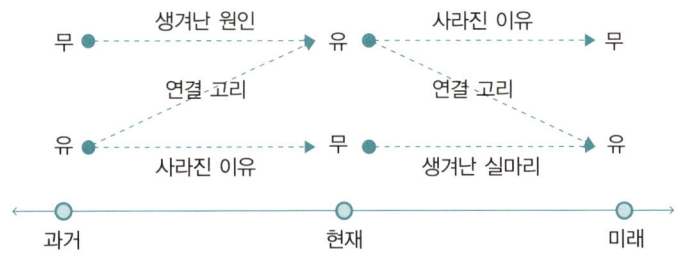

〈그림 4〉 선후 세계의 개연성 부여 패턴

인간이 누리던 많은 혜택들, 예를 들어 커피나 건축 자재 같은 것들이 사라져버린 이유를 설명하기 위해 먼 미래와 조금 더 가까운 미래를 교차시키는 방법을 사용하고 있다. 〈혹성 탈출〉에서는 사라져버린 인간 문명 위에 쓰러져 있는 자유의 여신상의 잔해를 통해서, 과거의 지구와 미래의 지구를 연결시키며 충격적인 반전을 선사하기도 했다.

B. 격리된 세계 – 공포 혹은 미스터리 판타지의 주무대

시간적인 이동이 자유로운 상상력을 펼치기에 손쉽긴 하지만, 현실감이라는 측면에서는 아무래도 지금 현재 일어나는 사건에 비해서 다소 매력이 떨어지는 것은 어쩔 수가 없다. 판타지 설계자들 입장에서도 뭔가 좀 더 현실감을 주기 위해서 현재의 시간대를 가정한 이야기를 만들어내고 싶어지는 것은 당연한 일이다. 그렇다고 그냥 창을 내다보면 빗자루를 타고 마녀들이 날아다닌다는 설정을 사용하기에는 이야기가 너무 허황되게 흘러가버릴 것만 같다. 이런 고민을 하던 판타지 설계자들에게 한 가지 아이디어가 떠올랐는데, 그것은 대부분의 사람들이 몇 번쯤 겪었을 만한 보편적인 경험을 이용하는 것이었다. 사람들은 자신이 한 번쯤 상상해봤던 어떤 것을 접하면, 마치 그것이 자신이 경험했거나 경험하고 있는 듯한 착각에 좀 더 쉽게 빠지는 법이다.

길을 가다 외딴 집이나 건물을 보고, "저기 들어가 보면 귀신을 만나거나, 뭔가 이상한 일이 벌어지지는 않을까?" 하는 생각에 사로잡힌 경험이 있을 것이다. 바로 이렇게 우리가 일반적으로 생활하는 공간과 외떨어진 격리된 세계에 대한 다소 엉뚱한 상상들을 판타지 설계자들은 놓치지 않았다. 격리된 장소를 우리의 상식을 지배하는 물리 법칙이나 제도적 장치가 전혀 통하지 않는 상상력의 무대로 만든 것이다. 특히 이런 격리된 세계는 복잡한 정치적인 세력을 등장시킬 필요도 없고, 다채로운 이야기를 등장시킬 필요도 없다. 격리되었다는 심리적 압박감이 아주 큰 장치로 기능하기 때문에, 자신의 기발한 상상력을 설계해 넣기가 손쉽다는 장점도 있다. 그래서인지 특히 판타지를 기반으로 한 공포 영화나 스릴러물에서 많이 애용되어 왔다. 〈오페라의 유령〉의 극장이나, 〈쥬라기 공원〉의 섬, 〈서스페리아〉의 학원, 수많은 공포 영화에서 등장한 외딴 숙소나 캠핑장 등이 이런 격리된 세계의 전형적인 예라고 할 수 있다.

격리된 세계는 그것을 어떻게 일상 공간에서 격리시킬 것인가 하는 방법론에 있어서 몇 가지 전형적인 유형들이 등장한다. 가장 쉽게 생각할 수 있는 것이, 그야말로 인적이 드문 외딴 곳에 그것을 배치시키는 것이다. E. A. 포의 〈어셔가의 몰락〉이나 히치콕의 〈사이코〉에서 그런 공간의 원형이 선보여졌고, 이후 수많은 공포 영화가 이런 장소들을 무대로 삼았다. 두 번째는 사람들이 오가기 어려운 어떤 장벽을 배치하는 것이다. 헤엄쳐서 건너기에는 너무 깊고 넓은 물, 길을 잃기 쉬운 빽빽한 숲, 까마득한 절벽 등의 자연 지형이나, 고압 전류가 흐르는 담벼락 같은 인공물까지 다양하게 등장한다. 〈쥬라기 공원〉을

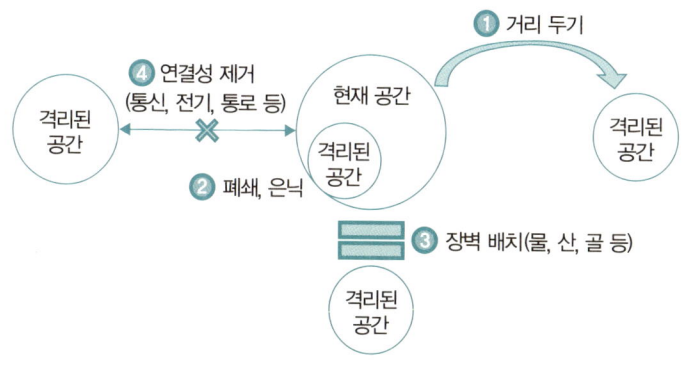

〈그림 5〉 공간의 격리 유형

비롯한 여러 작품에서 섬이 배경으로 등장하는 것은 아주 당연한 결과였을 것이다. 섬은 격리된 세계의 전형을 보여주는 천혜의 보고인 셈이다. 그리고 〈오페라의 유령〉이나 〈큐브〉에서처럼 지리적으로 동떨어지지는 않았지만, 폐쇄적인 한 공간을 가정하는 경우도 많다. 그리고 문명의 이기가 점점 발달하면서, 해당 공간을 격리시키는 데는 외부인의 진출입을 어렵게 하는 것 외에도 여러 가지 장치들이 추가로 배치되었다. 이런 방식은 외부와의 연결을 상징하는 것들(전기, 통신 수단, 방송, 교통편 등)을 제거함으로써, 그 공간이 격리되었음을 더 강조하면서 개연성을 높이는 방법으로 자주 이용된다.

격리된 세계는 비교적 논리적인 구성이 쉽고, 자신의 기발한 상상력에 어울리는 공간을 연역적으로 설계하는 것이 아니라 귀납적으로 찾을 수도 있다는 측면에서 매력적이다. 하지만 이렇게 특화되어서 탄생한 격리된 세계는 대부분 하나의 이야기를 담고 나면, 그 그릇 속에 또 다른 이야기를 담아내기가 사실상 어렵다는 단점도 가지고 있다. 그래서 하나의 멋진 이야기가 탄생하긴 하지만, 그 세계를 차용한 다른 작품들이 다채롭게 탄생할 수 있는 토대가 되기는 어렵다는 아쉬운 점이 있다.

C. 겹쳐진 세계 – 우리 사이에 존재하는 또 다른 세상

격리된 세계는 여러 가지 장점이 있지만, 그 공간이 협소한 탓에 스케일이 크고 복합적인 이야기의 무대로 삼기에는 좀 무리가 있다. 그래서 판타지 설계자들에겐 훨씬 더 다채로운 이야기를 펼칠 수 있는 더 큰 무대가 필요했다. 그래서 탄생한 것이 우리가 겪고 있는 시간과 공간에 같이 존재하지만, 일반적으로는 우리 눈에 띄지 않는 또 다른 세계(Another World)다. 이 다른 세계는 우리의 공간에 있지만, 격리된 세계처럼 작고 협소한 것이 아니라, 우리가 살고 있는 공간만큼 혹은 그 이상으로 충분히 큰, 또 하나의 세계라는 점에서 격리된 세계와는 다르다. 그 공간에는 하나 혹은 그 이상의 정치적인 세력을 배치시키고, 또 그들 간의 복잡한 이해관계를 부여할 수 있다는 점에서, 격리된 세계보다 훨씬 더 복합적인 이야기를 만들어낼 수 있고, 또 그 무대를 배경으로 다양한 이야기들을 재탄생시킬 수도 있다.

문제는 이 세계가 그냥 옆에 있다고 하면 사람들이 이런 질문을 해 댈 게 뻔하다는 것이다. "왜 아무도 가본 사람이 없느냐?"라든가, "어떻게 갈 수 있느냐?"는 등의 질문들. 그래서 판타지 설계자들은 자신들이 만들어낸 이 세계와 고객들이 살고 있는 현실 세계를 오가기 위한 조건들을 만들어내야만 했다. 그리고 그 첫 번째는 쉽게 발견할 수 없는 특별한 통로나 문을 가정하는 것이었다. 〈이상한 나라의 앨리스〉는 토끼 굴을 통해서 이상한 나라에 가게 되고, 또 〈잃어버린 지평선〉에서처럼 어떤 이들은 험준한 산길을 헤매다 우연히 지상 낙원 샹그릴라에 도착하기도 한다. 하지만 이렇게 찾기 힘든 통로만 가정해두면, 그곳에 갔다 온 사람들의 경험이 퍼져 그 통로가 널리 알려져야 하는 것 아니냐고 따지는 이들이 생기게 마련이다. 그래서 판타지 설계자들은 두 번째 장치를 마련한다. 즉 그 통로를 발견하거나 통과할 수 있는 또 다른 조건을 가정하는 것이다. 그 조건은 〈황금 나침반〉의 2부에 등장하는 마법의 칼처럼 열쇠 역할을 하는 특정한 도구를 가지고 있어야 하는 것일 수도 있고, 〈나니아 연대기〉의 삼남매처럼 순수성을 잃지 않은 어린이나 처녀여야 하는 것처럼 특정 자질일 수도 있다. 또 〈아라비안 나이트〉에서는 엄청난 폭풍우를 만나 어딘지도 모르는 곳으로 떠밀려간 후에야 그 세계로 갈 수 있다는 목숨을 건 위험이 조건으로 등장한다. 다시 말해 고객이 그런 조건이 아니라고 해버리거나, 혹은 고객 스스로 그런 조건이고 싶지 않은 상태를 가정하는 것이다. 이렇게 다른 세계로 가기 위한 어떤 조건을 엄격하게 설정하는 것만으로 성에 차지 않는 몇몇 설계자들은 거기에 더해서 사후적인 장치까지 설정하기도 한다. 즉, 그곳에 갔다가 돌아온 이가 우리에게 직접 체험담을 말해줄 수 없는 이유까지 만드는 것이다. 무릉

도원의 전설에서처럼 그곳에서 하루 머물고 왔더니 원래의 세계에서는 백 년이 흘러가버렸다든가, 돌아오는 순간 그곳에서 경험했던 모든 기억이 지워진다거나, 그곳을 떠나는 순간 어떤 변화로 인해 통로가 영원히 막혀버려서 두 세계가 영원히 분리되었다든가 하는 장치들이 예가 될 수 있다.

이렇게 두 세계 사이의 왕래에 대한 문제들을 해결하고 나자, 판타지 설계자들은 또 다른 고민에 부딪히게 된다. 자신들의 상상력을 더 많이 부여할수록 또 다른 세계가 점점 더 커져버렸는데, 이렇게 커져버린 세계를 우리의 지도 중 어딘가에 배치를 하기가 곤란해져버린 것이다. 특히나 교통수단이 점점 발달하고, 지구 곳곳을 샅샅이 파헤쳐가는 상황에서, 그렇게 커져버린 공간이 이 세상 어딘가에 감추어져 있다는 설정이 왠지 설득력이 없어 보이는 것이다. 그래서 탄생한 세 번째 장치가 바로 두 세계, 혹은 더 많은 수의 세계가 서로 겹쳐져 있다는 설정이다. 바로 옆에 존재하지만 오감으로 느낄 수는 없고, 특정한 출입구를 통하거나 특수한 자질을 가진 자들만이 왕래할 수 있는 곳으로 설정하는 것이다. 〈해리 포터〉에서 마법사들만이 9와 3/4 플랫폼을 통해서 호그와트행 기차를 탈 수 있는 것처럼. 9와 3/4플랫폼은 9플랫폼과 10플랫폼 사이의 공간에 존재하지만, 일반인들의 눈에는 보이지 않고, 출입이 허용되지도 않는 것이다.

이렇게 시간적으로 동일한 시간대에 있고, 우리가 살고 있는 공간 속에 있지만, 우리가 보거나 갈 수 없는 또 다른 세계를 통틀어 겹쳐진 세계라고 부를 수 있을 것이다. 판타지 설계자들은 비록 우리 눈에

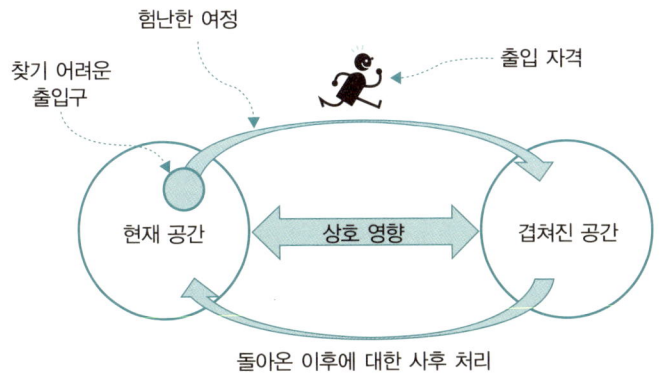

〈그림 6〉 겹쳐진 세계의 개연성 부여 패턴

보이진 않지만, 우리가 살고 있는 공간과 겹쳐져 있는 이 매력적인 세계에 현실감을 부여하기 위해서 또 하나의 장치를 마련했다. 그것은 바로 두 세계가 서로에게 직/간접적으로 영향을 미치고 있다는 설정이다. 이쪽 세계에 갑자기 원인 모를 전염병이 도는 것은, 저쪽 세계의 무언가가 잘못되었기 때문이라거나, 혹은 이쪽 세계의 자연 파괴가 그쪽 세계를 병들게 하고 있기 때문에 그쪽 사람들이 이쪽으로 목숨을 걸고 찾아왔다라는 설정인 것이다. 60~70년대에 태어난 우리나라 사람들에게 아주 익숙한 일본 애니메이션인 〈이상한 나라의 폴〉에서는, 이쪽 세계의 주인공인 폴이 요정인 팻큰(찌찌)의 도움으로 저쪽 세계로 건너가 여러 문제들을 해결함으로써, 두 세계가 모두 안전해진다는 설정을 이용하고 있다.

D. 독립 세계

사람의 욕심은 끝이 없어서, 판타지 설계자들에게는 자신의 상상력을 좀 더 다채롭게, 그리고 자유롭게 펼칠 수 있는 세계가 필요해졌다. 우리가 살고 있는 세계의 기본적인 가치관이나, 선입견들까지 뒤집을 수 있는 자유 공간을 갈구하게 된 것이다. 특히 이야기뿐만 아니라 작품과 고객 간의 인터액션(Interaction)이 중요한 요소인 컴퓨터 게임이 판타지를 주요 포맷으로 받아들이면서 이런 필요성은 더 커졌다. 게임에서는 고객의 선택에 따른 결과의 차이가 필수적인데, 이런 결과의 차이가 작품 속에서 자연스럽게 설계되기 위해서는 기존의 시간 개념이나 역사적인 배경에서 자유로워질 필요가 있다.

이런 필요성에 따라 판타지 설계자들은 현재 우리가 살고 있는 세계와 시간적으로나 공간적으로 아무런 상관이 없는 독립 세계를 만들어냈다. 독립 세계의 시공간에는 인간 이외의 다양한 지적 생명체를 등장시킬 수 있고, 어떤 사건이든 일어날 수 있다는 점에서 많은 장점이 있다. 반면에 이런 자유로 인해 이 세계가 정교하게 잘 설계되지 않을 경우, 아무리 매력적인 이야기를 그 위에 펼치더라도 고객들을 공감시키지 못할 가능성이 크다. 그래서 독립 세계는 그 세계를 논리적으로 그럴듯하게 설계해내는 데 많은 시간과 노력이 투입되어야 한다. 하지만 독립 세계는 잘 설계되었다고 해도, 우리가 살고 있는 현실 세계와는 이질적일 수밖에 없다. 따라서 그 세계에서 펼쳐지는 이야기에 고객들이 공감하기 위해서는 그 세계 자체에 대한 최소한의 학습이 필요하다. 따라서 독립 세계를 만드는 판타지 설계자에게는 설계 능력도 중요하지만, 그것을 어떤 식으로 고객에게 학습시킬 것인지, 그 방법을 고안해내는 역량도 같이 요구된다. 그 과정이 어렵거나 지겹지 않게 이야기 속에 자연스럽게 잘 스며들게 하는 것은 결코 만만한 작업이 아니다. 하지만 이런 어려움을 잘 극복해서 고객에게 전달된 독립 세계는 약간의 변형(새로운 종족이나 정치 세력을 등장시키거나, 혹은 그 세계에서 또 시간이 흘러 다음 세대가 주역이 되었다거나, 그 세계 속에 존재하는 미지의 장소가 발견되었다는 설정 등등)을 통해 수많은 이야기를 만들 수 있다는 점에서 매우 매력적인 작업이기도 하다.

톨킨은 〈반지의 제왕〉에서 지구, 혹은 우주 어디와도 상관없는 하나의 독립된 공간 '아르다'를 만들고, 그 속에 중간계를 배치시켰다. 그리고 현재의 시간적 흐름과 무관한 시간축을 상정해 호빗이나 앨프 족들의 수백 년에 달하는 긴 수명을 어색하지 않게 했다. 톨킨은 자신이 만들어낸 세계의 개연성을 보강하기 위해서 그 공간 속에 수천 년에 이르는 가상의 역사를 덧씌워 〈반지의 제왕〉뿐만 아니라, 그 이전의 이야기인 〈호빗〉과 두 작품의 배경이 된 세계가 어떻게 탄생했고, 무엇으로 구성되어 있는지를 설명하는 설정집 〈실마릴리온〉까지 펴냈다. 톨킨이 만들어낸 이 세계관은 이후 쏟아져 나온 〈던전 앤 드래곤〉 스타일의 수많은 게임들, 힘과 마법을 주제로 한 수많은 판타지 작품에서 차용되기도 했다. 유명한 게임 회사인 블리자드사(社)는 신세계인 아제로스를 중심으로 한 〈워크래프트〉의 세계관을 만들어내고는, 이후 무려 스물세 개의 크고 작은 이야기들을 탄생시켰고, 뉴월

드컴퓨팅사(社)의 〈마이트 앤 매직〉의 세계에서는 열여섯 개의 시리즈 게임을 통해 백 개가 훨씬 넘는 이야기들이 쏟아져 나왔다. 물론 이들 회사의 세계 역시 톨킨이 만들어낸 세계에 유럽의 다양한 신화들의 요소가 접목되고, 그 위에 그들만의 독특한 상상력이 가미되어서 탄생한 것들이다.

선후 세계, 겹쳐진 세계, 격리된 세계의 구성은 독립 세계의 구성 요소 중 어디까지를 현실의 것으로 반영하고, 어디까지를 상상의 산물로 할 것이냐의 차이가 있을 뿐이다. 다시 말해 독립 세계의 전체 구성 요소는 다른 세계의 구성 요소의 합집합이라고 할 수 있다. 판타지 설계 프레임워크(Framework)는 이 독립 세계의 설계 방법론을 중심으로 설명해나갈 것이다.

판타지 세계의 구성 요소와 설계 프로세스

어떤 시공간에 이야기를 펼쳐나갈지를 결정했다면, 이제 본격적으로 자신의 판타지 세계를 설계할 준비가 되었다. 하나의 잘 설계된 세계 속에서 수많은 변수에 따른 다양한 이야기가 등장하는 가장 대표적인 포맷이 게임이다. 그것이 야구나 축구 같은 스포츠 경기든, 바둑이나 장기, 체스 같은 보드 게임이든, 〈스타크래프트〉나 〈커맨드 앤 컨커〉 같은 컴퓨터 게임이든 비슷한 양상을 띤다. 이들 게임을 설계하는 데 있어서 가장 먼저 해야 할 일은 경기장을 설계하는 것이다. 야구라면 우선은 경기장을 설계해야 할 것이다. 크기는 얼마로 하고 1루, 2루, 3루 베이스는 어떻게 설치할지 등등 이야기가 펼쳐질 무대를 만드는 것이다. 그러고 나면 그 속에 몇 개의 팀을 배치시킬지를 결정해야 한다. 당장 경기를 맞붙는 것은 두 팀으로 하고, 리그 내에는 여섯 팀으로 할지, 열 팀으로 할지, 몇 개의 리그로 나누어야 할지 등을 결정하는 것이다. 리그가 여섯 팀인 경우의 드라마와 열 팀인 경우의 드라마가 얼마나 다를지, 혹은 한 경기에 세 팀이 한꺼번에 참여한다면 이야기의 양상이 얼마나 많이 바뀔지 한번 생각해보면 이것이 얼마나 중요한 설계 작업인지 알 수 있을 것이다. 그러고 나면 각 팀은 몇 개의 역할로 경기를 할지를 결정해야 한다. 투수와 포수, 내야수와 외야수, 타자 등은 몇 명으로 하고, 그들의 역할은 무엇으로 할지를 설계하는 것이다. 그것이 다 이루어지고 나면 각 포지션이 요구하는 능력치에 따라 선수들을 배치하고, 그들의 능력을 어떤 지표로 평가할지를 결정해야 한다. 그러고 나면 시합 개시를 알리는 심판의 외침과 함께 새로운 하나의 이야기가 쓰이는 것이다. 판타지 세계를 설계하는 과정도 이와 비슷하다. 일단은 이야기의 무대가 될 공간의 설계부터 시작해서, 그 공간 내에 몇 개의 세력을 배치하고, 그 세력들의 특성은 무엇으로 할지를 정의하게 된다. 그러고 나면 개별 세력을 구성하는 종족을 정의하고, 마지막으로 종족 내 개체들의 역량 체계를 만드는 것으로 마무리하는 단계를 거치게 된다.

첫 번째, 공간을 설계하는 것은 일종의 지도 만들기라고 할 수 있다. 우선은 지도의 전체적인 크기와 특성을 결정해야 한다. 탁구와 야구는 경기장의 크기와 공간의 개방성 정도만으로도 굉장히 큰 이야기의 차이를 가져온다. 판타지도 마찬가지다. 얼마나 큰 공간인지, 그리고 그 공간이 개방적인지 폐쇄적인지에 따라 전혀 다른 이야기가 탄생할 수 있다. 그러고 나면 지도를 구성할 요소들을 결정하고 배치시켜야 한다. 이 구성 요소에는 크게 세 가지가 있는데, 산, 강, 평지 같은 자연 지형, 그 자연 지형들 사이를 잇고 나누는 길과 경계가 되는 인공적[1]인 요소들, 그리고 그것들을 차지하고 있는 세력(지도로 치자면 국가 혹은 시, 도에 해당한다)이 있다.

두 번째 단계는 배치된 세력의 특성을 결정하는 것이다. 앞선 단계인 세력의 배치에서 결정된 것들, 즉 이야기에 등장시킨 세력의 개수에 따라, 배치된 각 세력의 크기나 세력 간의 이해관계 등의 외적인 특성에 각 세력에 적합한 통치 형태, 종족 구성, 종교, 경제, 교육 체계 등의 내적인 특성을 부여하는 과정이다.

세 번째 단계는 세력 내에 혹은 세력에 속하지 않은 지역에 존재할 종족들을 정의해야 한다. 지금까지 탄생한 판타지물에서의 종족은 대체로 인간과의 유사성을 중심으로 인간, 유사 인간, 비(非)인간 등으로 나뉘어 큰 차별적 특성을 가지는 것이 일반적이다. 어차피 판타지

---

[1] 사실 판타지 세계에는 인간만 존재하는 것이 아니기 때문에 이런 경우 인공적이란 단어가 적절하지 않다. 하지만 더 적합한 다른 단어를 찾기가 어렵기도 하고, 그런 경우마다 낯선 단어들을 사용할 경우, 오히려 개념적으로 더 혼란스러운 측면도 있다. 그래서 앞으로도 지적 능력을 가진 존재에 의해 이루어지는 행위나 그 산출물에 대해서는, 그런 존재의 대명사로서 인(人)이란 접두사나 접미사가 붙은 단어들을 그냥 사용하기로 한다.

공간 설계	세력, 자연 지형, 그리고 인공물 등 구성 요소의 배치와 역할에 맞는 특성 부여
세력 설계	세력의 크기와 세력 간 이해관계에 따른 세력의 내적 특성 부여
종족 설계	종족의 종류와 역할에 맞는 형태적/비형태적 특성 부여
역량 설계	마법을 비롯한 초월적 역량 체계의 설계

〈그림 7〉 판타지 설계 프로세스

작품은 인간이 만들어내고, 인간이 소비할 산물이므로 인간을 중심으로 다른 종족들의 차별성을 부각시키는 것이, 새롭게 만들어진 종족의 특성을 사용자에게 이해시키는 가장 효과적인 방법일 것이다. 개별 종족의 설계는 우선적으로 번창 수준이나 다른 종과의 관계 등을 정의하고, 거기에 맞게 키나 신체 부위의 비례 등의 형태적 특성과 지적 수준이나 특수한 능력 등의 비형태적 특성을 부여하는 과정을 거친다.

세력과 종족이 정의되고 나면 그에 따른 개체의 역량을 설계해야 한다. 한 개체의 역량은 그가 가진 개인적 자질 이외에도 부, 계급과 지위, 인적 네트워크 등으로 이루어진 사회적 역량이 더 중요한 요소일 수 있다. 하지만 한 개체의 사회적 역량은 그가 속한 세력의 배경에 의해 탄생하기 때문에, 사회적 역량에 대한 설계는 오히려 세력의 여러 가지 제도적 설계에 의해 결정된다. 따라서 판타지 설계의 네 번째 단계로서의 개인 역량의 설계는 판타지만이 가진 가장 큰 매력인 초월적 역량에 대한 설계에 국한해도 무방하다.

  판타지 설계는 이와 같은 4단계 프로세스를 거치면서 이루어지지만, 이 프로세스가 반드시 순차적으로 이루어지는 것은 아니다. 세력의 특성을 설계하다 보면 이전에 구축해둔 공간 설계에서 미처 고려하지 못한 요소나, 변경해야 할 특성들이 나오게 마련이다. 다른 단계들도 마찬가지로 이후 단계의 설계에 따라 이전 단계에서 설계한 요소를 변경하거나, 새로 추가하거나, 심지어 들어내야 하는 경우까지도 생길 수 있다. 따라서 이 프로세스들은 순차적 흐름이 아니라, 계속해서 상호 영향을 주는 반복적이고 가역적인 흐름이어야 한다. 이제 2부에서 5부까지 4단계 프로세스 각각에 대해서 보다 상세히 살펴보도록 하자.

상상력의 무대 만들기

판타지 세계의 지도 설계

공간이란
무엇인가?

상상력의 공간과 이야기의 관계

판타지의 세계에도 이야기가 펼쳐질 하나의 공간이 필요하다. 그런데 이 가상적인 이야기가 펼쳐질 공간의 설계는 현실 세계의 상황과는 조금 다르다. 실제 상황에서는 어떤 공간이 하나의 무대로 주어지고, 거기에 맞춰서 사건이 전개되게 되어 있다. 예를 들어 군대에서 작전을 짠다고 가정해보자. 제일 먼저 할 일은 전투가 벌어진 지역의 지형을 파악하고, 길과 엄폐물 등을 고려해서 전략과 전술을 짜는 것이다. 하지만 상상력을 기반으로 이야기를 풀어나갈 판타지의 공간을 설계하는 것은 오히려 그것과는 반대다. 판타지의 공간에서는 오히려 설계자가 자신의 만들어갈 이야기에 맞는 공간을 만들어가는 것이다. 우리가 살고 있는 현실 공간을 그대로 차용하는 경우라고 해도, 그 공간이나 공간 내의 구성 요소에 대한 재해석이 뒤따라야 한다. 즉 자신이 만들고 싶은 이야기의 시놉시스를 만들고, 그다음에 이에 적합한 공간을 설계해야 하는 것이다. 가령 〈반지의 제왕〉에서 프로도가 반지를 영원히 없애는 이야기를 하고 싶다면, 거기에 맞도록 큰 화산이 존재해야 하는 것이다. 거기다 이야기의 극적인 효과를 위해서, 화산의 위치는 호빗의 거주지에서 사우론의 세력권을 지나가야만 하는 곳에 잡아야 한다. 만약 호빗의 거주지에서 사우론의 세력권과 반대 방향 가까운 곳에 화산이 있다면 이 대하드라마가 얼마나 싱겁게 끝날지 상상만 해도 끔찍하다.

이렇게 이야기를 가장 그럴듯하게 만들어줄 구성 요소들을 찾고, 그것들을 공간상에 배치하는 작업은 한 번의 작업으로 끝나지 않는다. 공간의 배치가 어느 정도 되고 나면, 이제 구성된 공간에 맞춰서 이야기를 다시 전개시켜 보면서 구성 요소들을 재배치하거나 혹은 이야기를 재구성해나가는 과정을 반복하면서 이야기와 공간이 서로 더 잘 어울리도록 재설계해나가야 한다. 그런데 판타지의 마술은 공간 설계가 어느 정도 진행된 이후에 시작되는데 공간 자체가 또 다른 상상력을, 그리고 새로운 이야기를 탄생시킬 수 있다는 것이다. 소림사가 있는 숭산은 그 속에 은거하고 있는 절대 고수와 그의 무림비급을 둘러싼 이야기를 재탄생시킬 수 있으며, 〈반지의 제왕〉에 등장한 드워프들의 지하제국은 〈월드 오브 워크래프트〉에서 아제로스 대륙의

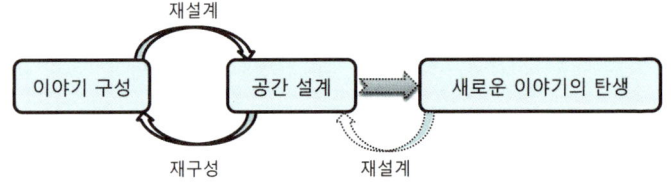

〈그림 1〉 이야기와 공간의 관계

드워프 지역으로 재탄생해서 그들의 광산과 그곳에서 캐낸 광물, 그리고 그것을 제련할 도구들에 대한 수많은 에피소드들을 낳을 수 있는 것이다. 물론 그렇게 다른 이야기를 만드는 과정에서 공간의 디테일이 다시 설계되어야 한다는 것은 너무나도 당연하다.

공간의 정의

앞서 말한 것처럼 판타지 세계의 공간을 설계하는 것은 지도를 만드는 과정과 흡사하다. 그러면 자신이 지도를 만들거나 산다고 한번 생각해보자. 아마도 가장 먼저 해야 할 것이 어느 지역의 어떤 범위의 지도인지부터 결정해야 할 것이다. 우리 동네의 지도를 만들 것인지, 한국의 전도를 만들 것인지, 아니면 세계 지도를 만들 것인지를 결정해야 하는 것이다. 판타지의 무대 설계도 마찬가지다. 내가 만들 이야기가 얼마나 넓은 공간을 배경으로 할 것인지를 결정해야 한다. 좁게는 어떤 방 하나가 될 수도 있고, 건물이나 한 외딴 동네가 될 수도 있다. 또 크게는 한 나라나 대륙, 심지어 은하계나 우주 전체를 배경으로 할 수도 있을 것이다. 아니면 반대로 아주 미시적인 세계로 들어가서 사람의 몸속을 배경으로 할 수도 있다. 이렇게 수없이 다양한 크기와 형태의 공간을 배경으로 하는 판타지에서 공간의 설계를 어디서부터 시작할지 막막할 수 있는데, 우선은 공간을 정의하는 것부터 시작해보자. 무엇이든 만들기 위해서는 만들 것에 대한 명확한 정의부터 필요한 법이다. 판타지에서의 공간을 정의하기에 앞서, 공간이란 단어의 사전적 정의부터 살펴보자. 우선 우리말 사전에는 이렇게 정의되어 있다.

어떤 물질이나 물체가 존재할 수 있거나, 어떤 일이 일어날 수 있는 자리.

그야말로 어떤 이야기의 무대를 정의한 것 같은 느낌이다. 하지만 공간이란 개념을 정의하기에 너무 추상적인 단어들로만 표현되어 있어 여전히 막막한 느낌이다. 조금 더 구체적인 정의를 위해서 공간이란 단어에 대응되는 영어 단어인 'Space'와 'Room'에 대한 정의를 살펴보자. 위키피디아에서는 'Space'라는 단어를 다음과 같이 정의하고 있다.

Space is the boundless, three-dimensional extent in which objects and events occur and have relative position and direction.

Space는 3차원의 경계가 없는 범위로서, 어떤 물체나 사건이 그 속에서 상대적인 위치와 방향을 가지고 있다.

어떤 사물이 존재하거나 어떤 사건이 일어나는 것은 똑같지만, 물체와 사건이 상대적인 위치와 방향을 가지고 있는 3차원의 열린 공간이라는 점에서 조금 더 구체화된다. 이 정의에서 중요한 두 가지 개념이 등장하는데, 하나는 상대적인 위치와 방향을 가지고 있다는 것이며, 다른 하나는 열린 공간이라는 점이다. 즉, 판타지 세계의 공간을 설계한다는 것은, 그 속에 존재하는 구성 요소들의 상대적인 위치와 방향을 이야기에서 역할에 맞게 적절히 정해주는 것을 포함하는 것이다. 공간의 개방성은 이야기가 펼쳐질 공간의 크기와도 관계되어 있지만, 개방된 공간이냐 폐쇄적 공간이냐에 따라 이야기의 전개 방식 자체가 크게 달라질 수 있는 중요한 요소다.

개방적 공간과 폐쇄적 공간

사전적으로 공간의 영어 단어인 'Space'는 경계가 없는 무한한 것으로 정의되지만, 상상력을 펼칠 무대로서의 공간은 일정한 한계가 있을 수밖에 없다. 무한히 펼쳐진 우주 만물을 인위적으로 설계하는 것 자체가 불가능할뿐더러, 그러한 세계를 고객에게 이해시키기란 더더욱 어려운 일이기 때문이다. 따라서 판타지를 설계하는 데 있어서

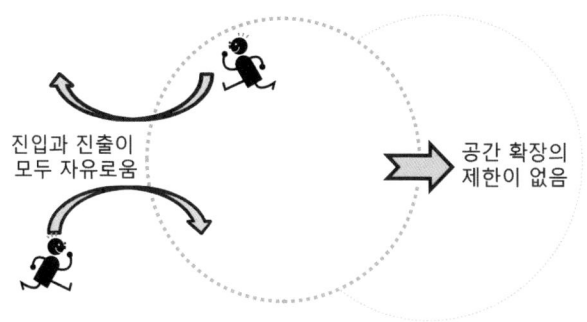

〈그림 2〉 개방적 공간(Open Space)

공간이란 일정 수준의 한계를 가지는데, 그 한계가 물리적인 경계가 되어서 공간을 가두어버리는 폐쇄적인 것일 수 있다. 반면 그냥 더 이상 설계할 수 없거나 필요가 없어서 일단 범위를 한정했지만, 실제로 그 경계가 닫혀 있지도 않으며, 필요할 때 언제든 확장할 수 있는 개방적인 것일 수도 있다.

공간의 개방성과 폐쇄성을 좀 더 명확히 하기 위해서 폐쇄적인 공간을 의미하는 영어 단어인 'Room'의 정의를 한번 보자. 위키피디아에서 'Room'은 이렇게 정의되어 있다.

A room is any distinguishable space within a structure. Usually, a room is separated from other spaces or passageways by interior walls; moreover, it is separated from outdoor areas by an exterior wall, sometimes with a door.

Room은 어떤 구조물 내에서 구분 가능한 공간을 의미한다. 일반적으로 룸은 다른 공간이나 통로와 내벽에 의해서 구별되어 있으며, 바깥 지역과 외벽이나 문으로 구분되어 있다.

사전적으로 'Room'은 그 크기에 상관없이 물리적인 벽으로 외부 공간이나 길과 구별되는 건축물 내부의 장소를 뜻한다. 하지만 우리말로 '방'이란 개념에 대응되는 이 정의를 그대로 판타지 세계에서의 폐쇄적 공간의 개념으로 사용하기에는 의미가 너무 축소되는 측면이 있다. 그래서 폐쇄성이란 것을 이렇게 정의하고자 한다.

물리적인 경계로 인해 해당 공간을 벗어나는 것이 불가능하거나, 특정한 조건을 만족해야만 벗어날 수 있는 유한한 공간.

물리적인 경계란 해당 공간 내에 존재하는 생명체가 자신의 의지와 상관없이 그 공간을 벗어날 수 없도록 하는 어떤 장치를 의미한다. 따라서 그것은 눈에 보이는 높이 솟은 담벼락이나 동굴의 벽, 천길 낭떠러지 같은 것들뿐만 아니라, 눈에 보이지 않는 장치들, 마법에 의한 결계라든가, 강한 전류가 흐르는 가상의 벽 같은 것들까지 포함한다. 예를 들어 판타지의 배경이 하나의 국가라고 해도, 그 국경이라는 것이 철책으로 둘러쳐져 있어 국경을 넘는 것이 불가능하거나, 혹은 특정한 조건을 만족시켜야만 넘을 수 있다면 그것은 폐쇄적 공간이라고 봐야 한다. 반면에 그 배경이 하나의 방에 국한되는

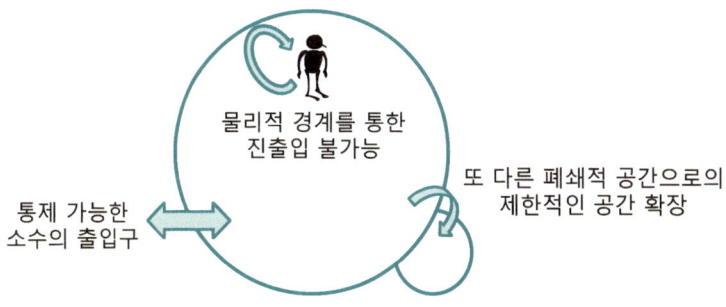

〈그림 3〉 폐쇄적 공간(Closed Space)

것이라 할지라도, 문이 열려 있고, 그 바깥도 아주 평화로운 상태라서, 방과 바깥 공간 사이의 진출입이 자유롭다면 그것은 개방적 공간이 되는 것이다. 즉, 폐쇄적 공간은 출입구가 아예 없거나, 혹은 통제 가능한 수준의 소수의 출입구를 가지고 있어야만 한다. 당연한 말이겠지만 공간의 확장이란 측면에서, 폐쇄적 공간은 지극히 제한적일 수밖에 없다. 대부분의 경우 확장 자체가 불가능하지만, 가끔씩 공간이 확장되더라도 그것은 또 다른 폐쇄적 공간으로의 확장인 경우가 대부분이다. 예를 들어 어떤 건물에 갇힌 일행이 탈출구를 찾아 헤매다 그 건물에 숨겨진 비밀 공간에 이르게 된다든가 하는 설정이 그렇다.

폐쇄적 공간과 바깥 공간의 관계

상상력을 펼칠 무대를 폐쇄적 공간으로 상정한다면, 그다음 고민은 자연스럽게 그 공간의 바깥을 어떻게 설계할 것인가에 대한 고민으로 이어진다. 기록은 깨지라고 있는 것이고, 폐쇄된 공간은 탈출하라고 있는 것이기 때문이다. 폐쇄적 공간에서의 이야기는 해당 공간에서의 탈출이라는 결론으로 이어질 때가 많기 때문에, 폐쇄된 공간을 둘러싸고 있는 바깥 공간을 무엇으로 규정할 것이냐는 아주 중요한 문제가 된다.

우선은 주어진 폐쇄된 공간의 바깥에는 아무것도 없는 무(無)의 상태를 가정할 수 있을 것이다. 이 무의 상태라는 것이 실제로 아무것도 없을 수도 있지만, 대부분 어떤 특별한 이유로 해당 공간 이외의 바깥 공간으로의 진출입이 완전히 차단된 것을 가정한다. 방사능 오염이라든가, 극심한 기후 변화 등으로 주어진 공간 이외의 공간에서는 생명 유지 자체가 불가능하다는 설정인 것이다. 이런 공간을 배경으로 이야기를 만들어갈 경우, 공간을 벗어나는 탈출이란 것이 아무런 의미가 없기 때문에, 탈출이라는 것이 이야기의 큰 줄기를 형성하기는 어렵다. 따라서 대부분의 경우는 그 공간 내에 새로운 질서를 만들어내는 것을 플롯으로 하는 경우가 많다. 예를 들어 야만 세력에 의해 무질서하게 지배되거나, 혹은 약육강식의 법칙만 적용되는 공간에서 새로운 정치 세력을 형성한다거나, 단일 세력에 의해 지배되는 억압적인 상태에 대항하는 새로운 세력에 의해 구 세력이 전복된다는 형태

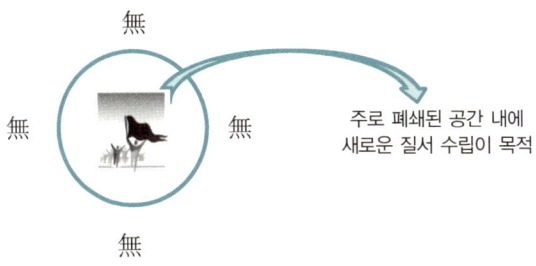

〈그림 4〉 바깥이 없는 폐쇄 공간

로 이야기가 진행되는 것이 일반적이다. 〈헝거 게임〉은 이런 폐쇄된 공간에서의 억압과 그에 대한 저항의 이야기를 아주 멋지게 엮어낸 전형적인 예라고 할 수 있다. 〈헝거 게임〉에서는 전쟁에 따른 오염으로 아주 제한적인 지역에서만 사람들이 살아갈 수 있는 폐쇄적인 공간을 가정하고, 그곳을 엄격한 계급 사회로 통제하는 캐피톨과 나머지 12구역 사람들 간의 대립을 그려낸다. 〈헝거 게임〉에서는 캐피톨과 12구역을 제외하면 사람이 근본적으로 살아가기 어려운 곳으로 가정되어 있기 때문에, 캐피톨의 압제는 전복하거나 순응해야 할 대상이지, 탈출은 목적이 될 수 없는 것이다.

두 번째는 상상력이 펼쳐지는 주무대는 폐쇄된 공간이지만, 그곳을 벗어난 바깥은 일상 공간인 경우다. 이 일상 공간은 반드시 우리가 살아가고 있는 현실 세계일 필요는 없다. 하지만 적어도 이야기의 주인공에게는 일상의 생활이 이루어지던 익숙한 곳이어야 한다. 따라서 이야기 속 주인공이 살고 있는 시공간과 동일한 시공간 속에 배치되지만, 그 세계에서의 상식이 통하지 않는 비정상적인 어떤 일이 벌어지고 있는 격리된 공간을 무대로 하고 있는 경우가 많다. 이런 설정은 그 공간을 탈출해서 자신이 원래 알고 있던 익숙한 공간으로 돌아오는 것 자체가 목적인 이야기에서 흔히 도입된다. 이런 공간의 설계에서 한 가지 주의할 점은 탈출 자체가 일상으로의 복귀를 의미하기 때문에, 폐쇄된 공간의 존재나 그 속에서 일어난 현상들이 바깥의 일상 공간에 영향을 주어서는 안 된다는 것이다. 즉, 폐쇄된 공간에 존재하는 세력의 영향력은 폐쇄된 공간 내부로 한정되어야만 일상 공간이 일상 공간으로서의 의미를 갖는 것이다. 이런 구성은 비교적 협소한 폐쇄 공간에서의 탈출 과정을 통해 공포나 스릴감을 주는 것을 목적으로 한 수많은 공포 영화에서 매우 자주 등장한다. 〈큐브〉에서는 기묘한 상자를 탈출하는 것이, 〈나이트메어〉 같은 작품에서는 꿈이라는 공간에서 깨어나면서 현실의 공간으로 탈출하는 것이 이야기의 주된 구조를 이룬다. 또한 이런 폐쇄된 공간의 전체 이야기의 배경뿐만 아니라, 작품의 일부 에피소드를 구성하기 위한 작은 장치로 이용되기도 한다. 하지만 여전히 그 공간에 들어갈 때의 목적이나 마음가짐과는 달리, 일단 발을 들여놓고 나면 그 공간에서의 탈출이 가장 중요한 목적으로 자리잡는 것이 일반적이다. 〈인디애나 존스〉 같은 작품에서는 시리즈의 매 편마다 이런 폐쇄된 공간에서의 탈출극을 양념처럼 배치시킨다.

세 번째는 주무대인 폐쇄된 공간에서 벗어난 공간이 존재하지만, 폐쇄된 공간 속에서 살아가는 생명체 대부분은 그곳이 어떤 곳인지

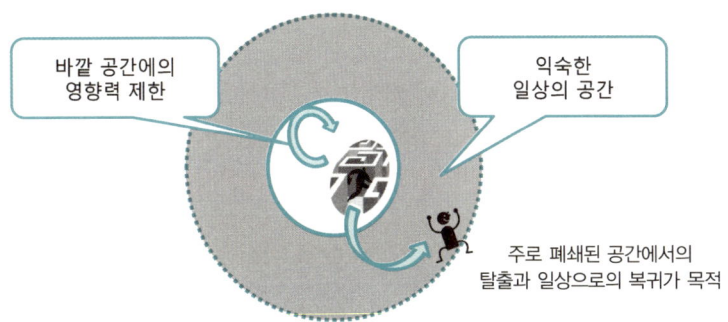

〈그림 5〉 익숙한 공간 내에 배치된 폐쇄 공간

알지 못하는 미지의 공간을 바깥으로 설정할 수 있다. 당연히 이야기 구조에 따라 경중의 차이는 있겠지만, 미지의 바깥 공간에 대한 최소한의 설계가 필요하며, 폐쇄된 공간을 지배하고 있는 세력의 영향이 바깥 공간에서도 일정 수준 발휘되도록 하는 것이 보통이다. 이런 공간의 경우는 탈출 자체가 일차적인 목적이긴 하지만, 그 후 불확실한 환경 속에서 이차적인 목적이 다시 주어지는 경우가 일반적이다. 이차적인 목적은 미지의 공간에 있는 무언가를 파악하는 것이 될 수도 있고, 새로운 문명을 건설하기 위한 모험의 시작일 수 있다. 그리고 폐쇄된 공간을 지배하는 세력 역시 바깥의 미지의 세계로 나올 수 있고, 또 어쩌면 탈출한 존재들보다 더 많은 정보를 가지고 있을 수 있기 때문에, 바깥 공간에도 그 지배 세력의 영향이 미칠 수 있다. 따라서 바깥의 미지의 공간에서의 이차적인 목적이 무엇이든, 폐쇄된 공간을 지배하는 세력으로부터의 도망과 반격이라는 테마를 가질 때가

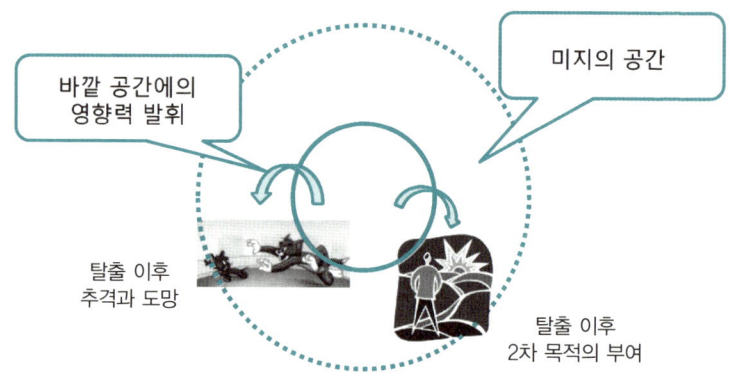

〈그림 6〉 미지의 공간 내에 배치된 폐쇄 공간

많다. 〈혹성 탈출〉에서는 생존과 함께 원숭이 지배권 바깥에 있는 또 다른 문명의 존재 여부에 대한 파악이 탈출 이후의 또 다른 목적으로 주어진다. 〈트루먼 쇼〉에서는 주인공이 자기가 살고 있는 공간이 가상으로 만들어진 폐쇄적인 공간임을 깨닫고, 다른 사람들에게는 일상 공간이지만 자기로서는 미지의 공간인 바깥 세계로 발을 내딛는 과정을 흥미진진하게 그려내기도 했다. 하지만 영화를 본 사람이라면 누구나 그렇게 바깥 세상으로 알을 깨고 나온 주인공이 어떻게 바깥 공간에 적응해나갈까 하는 생각을 하며 극장을 나설 수밖에 없을 것이다.

네 번째는 폐쇄된 공간 이외의 공간이 존재하지만, 그 공간 역시 폐쇄된 공간인 경우다. 새로운 폐쇄된 공간은 원래의 공간과는 별도로 존재하는 별개의 공간일 수도 있고, 그 공간을 둘러싼 바깥일 수

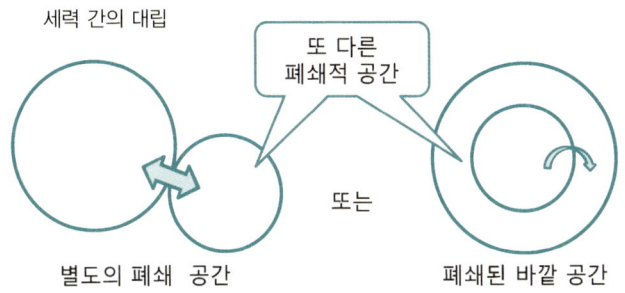

〈그림 7〉 다른 폐쇄된 공간과 병렬적으로 배치된 폐쇄 공간

도 있다. 이런 공간을 상정한 이야기들은 주로 폐쇄된 공간에 맞서는 또 다른 세력을 등장시키기 위한 은밀한 공간으로서 폐쇄적 공간을 설정하기도 하고, 끝없는 탈출을 통해 다음 이야기를 이어가기 위한 공간[1]으로 폐쇄적 공간을 설정하기도 한다. 프랑스 영화 〈델리카트슨 사람들〉에서는 황폐해진 미래의 폐쇄적인 마을의 지배자인 푸줏간 주인과 그에 대항하는 지하인들의 또 다른 폐쇄 공간인 하수구를 대비시키며 이야기를 이끌어간다. 또 〈이블 데드〉 같은 작품에서는 천신만고 끝에 저주받은 오두막을 떠나지만, 그곳은 아예 시간까지 왜곡되어버린 또 다른 낯선 세계라는 설정으로 시리즈를 이어가기도 했다.

---

[1]_ 〈이블 데드〉 3부작에서 이런 구조를 볼 수 있다.

공간의 선택

자신의 이야기를 어떤 공간에서 풀어나갈 것인가는 전적으로 판타지 설계자의 선택의 몫이다. 조금 더 복합적인 이야기를 만들어가고 싶다면 일반적으로 개방적인 공간을 선택할 것이고, 이야기 자체는 단순하지만 고객을 사로잡는 긴장감 넘치는 작품이나, 극단적인 상황에서 본질적인 인간성을 논하고 싶다면 폐쇄적인 공간을 선택하는 것이 보통이다. 물론 개방적인 공간 내에 작은 폐쇄적인 공간을 배치하고, 복합적인 이야기 속에 작은 긴장감을 부여할 수도 있을 것이다.

똑같이 폐쇄적 공간을 배경으로 하더라도 〈쥬라기 공원〉처럼 탈출이라는 단순한 플롯을 적용시킬 수도 있고, 〈헝거 게임〉처럼 저항과 새로운 질서 구현이라는 복합적인 플롯을 적용시킬 수도 있다. 물론 두 경우 모두 그 목적이 달성되고 나서 새로운 이야기를 출발시키려면 다분히 억지스런 설정이 가미될 수밖에 없긴 하다. 반면 개방적인 공간에서 상상력을 펼치는 〈반지의 제왕〉이나 〈나니아 연대기〉는 복합적인 정치 세력의 존재로 인해 그 이후에 이런저런 이야기들을 동일한 공간에서 만들어내거나 응용해내는 것이 비교적 용이하다. 하지만 그만큼 이야기의 긴장감은 조금 떨어질 수밖에 없고, 고객들에게 그 공간을 이해시키는 데 꽤 어려운 과정을 겪으면서 자칫 지루함을 유발할 가능성도 동시에 안고 있다.

공간의 구성 요소 첫 번째,
세력의 배치

세상 이야기의 대부분은 갈등이 만들어지고 그것이 해소되는 과정을 통해 진행된다. 그리고 그 갈등은 대개의 경우 관계에서부터 생겨나게 마련이다. 그것이 지극히 개인적인 관계이든, 집단적인 것이든. 그런데, 개인적인 관계에서 발생하는 갈등의 경우에도 대부분 그 개인을 둘러싼 집단의 관계가 전제되는 것이 일반적이다. 로미오와 줄리엣의 갈등은 몬테규가와 캐플릿가라는 집안의 관계, 더 나아가서 베로나 지역의 겔프당과 기벨린당이라는 정파 간 분쟁이 전제됨으로써 극의 개연성을 더 높여준다. 또한 많은 중국 무협은 개인 간의 갈등 위에 화산이나 무당 같은 문파 간의 관계에 따른 갈등이, 더 나아가서는 명나라와 청나라의 갈등이 전체 이야기를 지배하고 있다. 결국 크든 작든 세력 간의 이해관계라는 것은 이야기를 만들어가는 가장 중요한 요소가 될 수 있다. 이렇게 어떤 이야기의 무대를 마련하는 데 있어서, 무대 위에 몇 개의 세력이 서로 어떤 관계를 형성하고 있는지를 결정하는 세력의 배치는 그 무대 위에 놓여질 모든 구성 요소와 그 무대를 배경으로 펼쳐질 사건에 막대한 영향을 미친다. 즉 하나의 무협 이야기를 완성도 있게 펼치기 위해서는 9대 문파 중 어떤 세력이 가장 큰 영향력을 가지고 있는지, 문파 간의 이해관계는 어떠한지, 또 9대 문파 전체가 공적으로 삼고 있는 사파 세력을 등장시킬지 말지를 결정하는 일부터 시작해야 하는 것이다.

따라서 판타지의 배경이 될 공간의 구성 요소 중 가장 먼저 고려해야 할 것은 세력이다. 실제 우리가 사는 현실 세계에서는 자연 지형의 조건에 따라 세력의 영역이나 특성이 결정되지만, 가상의 공간인 판타지의 세계에서는 오히려 이야기에 가장 큰 영향을 미치는 세력의 배치에 따라, 그것에 알맞게 자연적인 구성 요소나 인공적인 구성 요소들이 배치되어야 한다. 즉, 서로 왕래가 거의 없는 세력들이라면, 그 사이에 왕래를 가로막는 높은 산이나 깊은 물을 배치해야 하는 것이다. 또 어떤 세력들 간에 분쟁이 있다면 그 이유가 되는 곡창지대나 자원의 보고를 배치해야 한다. 즉, 공간의 설계는 세력의 배치와 맞물려 돌아가야 한다.

세력이란 무엇인가? – 용 한 마리도 세력일 수 있다

우선 세력이라는 단어의 사전적 정의는 "어떤 힘이나 속성을 가진 집단"이라고 되어 있다. 결국 세력을 정의하기 위해서는 힘에 대한 명확한 정의가 필요하다. 힘을 뜻하는 영어 단어인 'Power'의 사전적 정의(위키피디아)는 다음과 같다.

The ability to influence the behavior of others with or without resistance.
다른 사람의 저항이 있든 없든 그들의 행동에 영향을 줄 수 있는 능력.

다른 사람이 반항을 하든 하지 않든, 즉 그 사람의 자유의지와 상관없이 그의 행동에 영향을 미칠 수 있는 능력이란 뜻이다. 그렇다면 세력은 다음과 같이 정의할 수 있을 것 같다.

다른 사람의 자유의지와 상관없이, 그의 행동에 영향을 줄 수 있는 존재.

현실 세계에서 세력이라고 하면 정부, 당, 기업, 노조, 시민 단체 같은 집단들이 쉽게 머릿속에 떠오른다. 하지만 판타지에서의 세력은 이렇게 현실 속에서 떠오르는 것들과는 조금 다를 수 있다. 판타지에서의 세력은 반드시 집단일 필요가 없다. 〈미녀와 야수〉에서는 야수의 성이 마법에서 풀리기 전까지는, 벨의 행동에 영향을 미칠 수 있는 그 성의 세력은 야수 단 한 명이다. 또 일본 만화 〈플루토〉에서는 세상 전체를 공포에 몰아넣고 있는 정체불명의 세력은 '고지(아브라)'라는 로봇 하나뿐이다. 이렇게 개인이 하나의 세력을 형성하기 위해서는 비교적 협소한 폐쇄적 공간 내에서의 이야기이거나, 개방된 공간이라면 그 개인은 혼자의 의지로 세상을 파괴할 수 있을 만큼의 강력한 힘을 가지고 있는 경우가 보통이다. 그래서 서양의 많은 판타지물에서 아주 강대한 힘을 가진 생명체로 자주 등장하는 드래곤의 경우, 멸종 위기에 처해 있는 소수의 생명체지만 세상 전체를 파괴할 수 있는 존재로서 다른 세력들의 공적으로 등장하곤 한다. 또한 판타지에서의 세력은 지적인 존재나 생명체가 아닐 수도 있다. 자신의 영역을 침범한 생명체들을 무차별적으로 공격하는 포식자가 어느 산속이나 동굴 속에서, 혹은 망망대해에서 길을 잃은 일행들을 쫓는 설정은 너무나도 많은 이야기에 등장한다. 이런 경우 그 지역의 세력은 한 짐승이나 괴물이 될 수 있다. 예를 들어 〈캐리비안의 해적〉에 등장하는 크라켄은 단 한 마리지만 해군조차도 감당하기 어려운 하나의 세력인 것이다. 또한 〈인디애나 존스〉에서는 이미 수천 년 전에 무덤을 설계한 이가 만들어놓은 각종 장치들과의 사투가 펼쳐지는데 이런 경우라면 그 무덤에 서려 있는 설계자의 의도 자체가 하나의 세력이 되는 것이다. 결국 세력이 보유하고 있는 힘, 즉 개인의 의지에 반해서 강요할 수 있는 능력은, 다수 생명체의 협동 속에서 생겨나는 정치적인 것일 수도 있고, 단순한 약육강식의 법칙에 따르는 개별 생명체의 초월적인 역량일 수도 있는 것이다.

몇 개의 세력을 배치할 것인가?

한 세력이 있으면, 그 세력 내에서 권력을 다투는 하위 세력이 또 등장하게 마련이라, 세력을 배치하는 것만으로도 굉장히 복잡하고 어려운 과정일 수 있다. 하지만 하위 세력을 구성하는 것은 한 세력을 배치한 이후, 그 세력의 영역을 하나의 세계로 보고, 다시 설계하는 과정을 거치면 되기 때문에, 처음부터 지나치게 계층적으로 복잡한 세력 설계를 염두에 둘 필요는 없다. 따라서 선택된 공간에 가장 상위의 세력을 몇 개 배치할지를 결정하는 것에 집중한 후, 각 세력의 하위 세력은 다시 그 세력의 영역 내에서 최상위 세력을 배치하는 과정을 되풀이하는 것이 오히려 복잡한 세력 설계를 조금이나마 단순화할 수 있다.

우선은 공간에 몇 개의 세력을 배치할 것인지를 결정해야 한다. 서로 다양한 이해관계를 맺고 있는 주 세력이 몇 개냐에 따라 이야기의 양상이 완전히 달라질 수 있기 때문이다. 만약 〈삼국지〉가 위, 촉, 오의 세 나라가 아니라, 위와 촉 두 나라 간의 대결이었다면 얼마나 다른 작품이 되었겠는가. 똑같이 중국의 역사를 다룬 작품이지만, 초와 한, 두 나라 간의 대결을 다룬 〈초한지〉의 갈등 구조는 〈삼국지〉의 그것과 전혀 다른 양상을 보인다. 세력의 수가 적으면 이야기의 구조는 단순해지지만, 스토리의 힘을 고객에게 전달하기 쉽고, 세력의 수가 많아지면 복합적인 이야기를 만들 수는 있지만, 스토리를 만들기가 쉽지 않고 고객에게 스토리를 쉽게 전달하기 어렵다는 단점이 있다. 열 개가 넘는 세력들의 이해관계가 대립하던 춘추전국 시대를 다룬

〈열국지〉는 중국의 역사를 알아가는 의미와 에피소드들이 주는 작은 재미가 쏠쏠하지만, 아무래도 〈삼국지〉나 〈초한지〉가 주는 드라마틱한 매력은 떨어질 수밖에 없는 것이다.

몇 개의 세력을 배치할 것이냐란 문제에 있어서, 우선적으로 생각할 수 있는 것은 하나의 단일한 세력이 정치적인 체계와 제도를 가지고 공간 전체를 지배하고 있는 경우다. 이런 경우 갈등의 양상은 세력의 전복을 목표로 한 대립과 집단적 탈출이라는 두 가지 양상으로 전개된다. 정치적 지배 세력이 존재하는 만큼, 공간의 크기는 일정 수준 이상이 되어야 하지만, 그 경계를 왕래하는 자유는 엄격히 제한되는 폐쇄성을 갖는 경우가 대부분이다. 이런 경우 지배 세력과 대립할 수 있는 다른 세력이 최소한의 방어와 개별적인 행동을 할 수 있는 또 다른 폐쇄적인 공간을 공간 내에 배치하는 것이 필요하다. 〈헝거 게임〉에서는 이런 공간으로 멸망한 것으로 알려진 13구역을 이용한다. 반면 〈십계〉에서 모세가 가나안을 찾아가는 것과 같이 갈등의 양상이 탈출인 경우에는 폐쇄된 공간 바깥의 공간을 어떻게 설계할 것이냐가 중요한 과제가 된다.

두 번째는 다수의 세력이 서로 경쟁하거나, 협동하고 있는 공간을 상정하는 것인데, 이런 경우 대부분 개방적인 공간을 상정하게 된다. 폐쇄된 공간 내에 두 개 이상의 세력을 배치시킬 경우, 세력들 간의 지속적인 대립이나 협력에 대한 설명이 어려워지는 측면이 있기 때문이다. 간혹 폐쇄된 공간에 다수의 세력을 배치시키더라도 대부분 두 개의 세력에 그치게 된다. 이런 설정을 사용할 때도 대부분 지배적인 하나의 세력에 반해 다른 한 세력은 은밀하게 그 세력을 전복시킬 힘을 키우는 것이 일반적이다. 이런 설정은 사실상 단일 세력이 있는 것과 같다고 보아도 무방하다. 따라서 다수의 세력이 존재하며, 힘의 관계에 변화는 있지만 세력들이 지속적으로 유지되는 경우에는 대부분 개방적인 공간을 설계해야 한다. 이렇게 개방적인 공간에 다수의 세력을 배치하면, 작품 초반을 주로 이끌어가던 세력 간의 이해관계에 또 다른 영향을 미칠 수 있는 새로운 세력을 등장시키기 용이하다는 장점도 있다. 이렇게 여러 세력을 배치할 경우에는 무엇보다도 그들 간의 관계를 잘 정의하는 것이 필요하다. 여기에 대해서는 다음 절에서 세력 간 관계 설정에서 좀 더 자세히 살펴보기로 하자.

그리고 또 하나, 제도적인 힘을 갖추지 않은 야만 세력만 존재하는 공간을 설계하는 경우가 있을 수 있다. 이런 공간은 약육강식의 단순한 법칙에 의해 지배되는데 해당 공간에서의 갈등은 주로 그 속에서 살아남는 게 목적인 서바이벌 게임의 형태로 표출된다. 서바이벌 게임의 기본은 공간을 한정시키는 것이다. 아무런 제약 없이 바깥으로 계속해서 도망칠 수 있다면 서바이벌 게임 자체가 의미가 없기 때문이다. 따라서 이런 야만 세력만 존재하는 경우는 대부분 폐쇄적인 공간을 상정하기 마련이다. 서바이벌 게임의 결과가 살아남아서 공간을 탈출하는 경우라면 더욱 작고, 폐소 공포증을 느낄 만큼 더 잘 폐쇄된 공간을 가정해야 하며, 살아남아서 정치 집단화 되고 새로운 질서를 세우는 것이라면 좀 더 큰 공간의 설계가 필요하다. 하지만 어떤 경우에도 공간 자체가 엄밀한 폐쇄성을 갖추어야 하는 것만은 변함이 없다.

세력 간의 관계

어떤 공간이든 생명체, 혹은 그에 준하는 무언가가 존재하는 이상 세력이 생겨나게 마련이며, 세력이 생겨나면 세력들 간의 이해관계가 발생하기 마련이다. 이 세력들 간의 관계를 개념화하기 이전에, 우선 〈삼국지〉에서의 세력들 간의 관계를 예로 들어보자. 물론 〈삼국지〉는 워낙 방대한 작품이라 세력 간의 관계를 설명하는 것만으로도 책 한 권을 다 할당해야 하겠지만, 여기서는 세력 간의 관계를 이해하기 위해서 적벽대전을 전후한 주요 관계들만 아주 간단히 도식화해보기로 한다.

먼저 관계 중 가장 쉽게 떠오르는 것이 대립적인 관계다. 즉, 어떤 세력이 힘을 발휘하기 시작하면서 주(主) 세력으로 떠오르면, 그 힘을 견제하는 반(反) 세력이 생겨나기 마련이다. 완고한 아버지가 있는 집 안에서는 인자한 어머니가 반 세력으로 등장할 수도 있고, 머리가 굵어져버린 딸이 반항을 하며 나타날 수도 있는 것이다. 〈삼국지〉에서는 조조가 북쪽을 평정하고 남쪽으로 눈을 돌리자, 이에 대항하는 반 세력인 오가 나타난다. 이렇게 적대적인 관계는 서로 대립된다는 뜻에서 양쪽 끝에 화살표가 있는 선으로 표시하기로 한다.

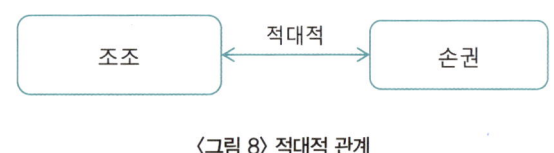

〈그림 8〉 적대적 관계

강대한 두 세력이 대립을 하면 나머지 세력들은 해당 세력에 줄을 서면서 우호 관계를 맺게 되는데, 그것이 지나치면 종속적인 관계로 발전하게 된다. 유표의 아들 유종은 조조의 위세에 눌려 형주를 바치며 종속적인 관계를 형성하고, 조조의 위세에 대항해야 하지만 한 왕실 부흥의 대의명분을 저버릴 수 없는 유비는 오와 동등한 입장에서 동맹을 맺게 된다. 적벽대전 당시의 손권과 유비처럼 서로 대등한 입장에서 우호적인 경우는 양쪽 끝이 원으로 되어 있는 선으로 표시하고, 유종처럼 한 세력이 다른 세력에 종속되어 있는 경우는 한쪽 끝만 화살표인 선으로 표시하기로 한다.

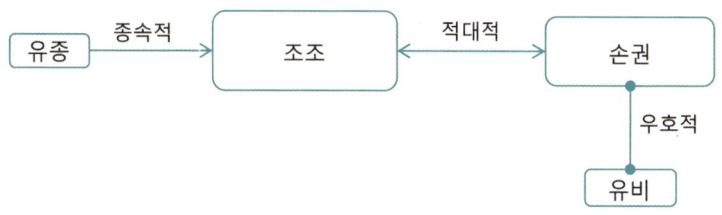

〈그림 9〉 우호적 관계와 종속적 관계

하지만 일시적으로 손권과 손을 잡았지만 동맹 관계가 지속되지 않을 것이란 걸 아는 유비와 제갈량으로서는, 세력의 확장을 위해 새로운 세력과 손을 잡아야만 했다. 이런 세력으로 그동안 중립적이었던 유장이 등장하게 된다. 그리고 유장의 뒤에는 중원에 잘 알려지지 않은 남만의 맹획이 있다. 이것이 적벽대전 직전에 제갈량이 파악한 대략의 세력 판세였다. 유장처럼 다른 세력에 대해 중립적인 관계는 별도로 끝이 없는 실선으로 표시하기로 하고, 맹획처럼 교류가 없는 번외 세력은 다른 세력과의 연결선 없이 놔두기로 한다.

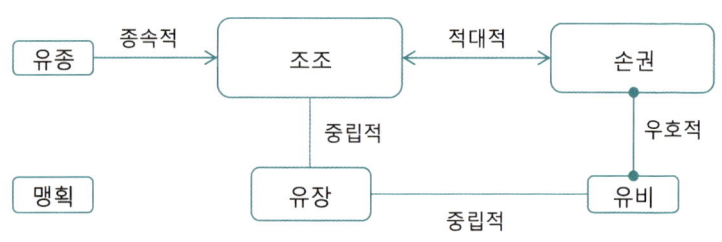

〈그림 10〉 중립적 관계와 번외 세력

하지만 이야기가 진행되기 위해서는 현재의 판세만으로는 부족하다. 지금의 판세가 어떻게 바뀔지에 대한 앞으로의 청사진이 필요한 것이다. 즉, 제갈량의 입장에서는 이 관계가 적벽대전을 계기로 위, 촉, 오라는 세 개 세력이 솥발처럼 서로 균형을 맞춰서 당분간 평화를 유지하는 판세가 필요했다. 실제 작품에서 적벽대전 전에 조조의 세력이었던 유종의 형주와 중립적이었던 유장의 세력이 모두 유비의 것이 되고, 남만의 번외 세력인 맹획은 세력을 유지하기는 하지만 유비에게 종속적인 관계가 된다. 이렇게 기존 세력 간의 관계가 어떻게 변화하는지에 대해서 적절한 명분과 이유, 그 과정에서의 여러 장치들을 배치시키면서 적벽대전을 전후한 대서사시가 만들어지는 것이다.

이렇게 세력 간의 관계는 크게 보면 적대, 우호, 종속, 중립의 네

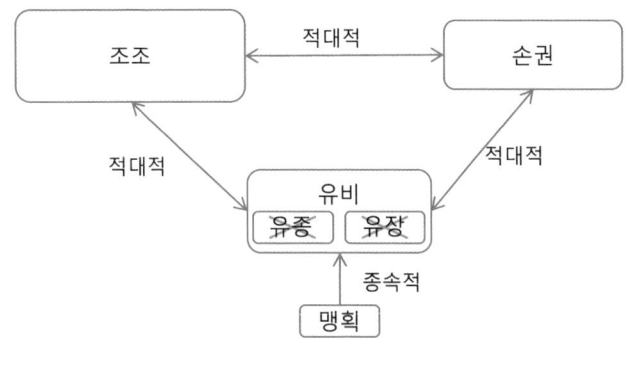

〈그림 11〉 세력 판도의 변화

가지로 분류되며, 그 속에서도 정도의 차이에 따라 다양한 관계가 성립된다. 먼저 적대적인 관계의 경우에도 두 세력이 현재 전쟁 중일 수도 있고, 과거사나 혹은 다른 이유로 인해 전쟁 중은 아니지만 감정이 좋지 않을 수도 있다. 아니면 겉으로는 우호적인 척하지만 실상 속으로는 적대적인 감정을 품고 있을 수도 있다. 따라서 관계를 나타내는 선 위에는 현재의 상태를 표시해줄 수 있다. 또한 번외 세력의 경우, 어떤 세력에 어느 정도로 인지되어 있는지에 대한 설정이 중요하다. 비밀스러운 세력인지, 존재는 널리 알려져 있지만 지리적인 이유 등으로 교류가 별로 없는 세력인지, 아니면 일정 수준 교류가 있지만 중심 세력들의 관심에서 벗어나 있을 뿐인지 등에 대해서 설정을 해야 하는 것이다. 예를 들어 세력 A, B, C, D, E, F, 그리고 번외 세력 Z까지 모두 일곱 개의 세력을 등장시켜보자. 그중에서 서로 적대적인 관계에 있는 A와 B는 가장 강성한 세력으로서 작품의 주요 갈등을 일으키며, 나머지 세력들은 자신들의 이해관계에 따라 이 두 집단과 우호적, 중립적, 종속적 관계를 맺으며, 아래 그림과 같은 외교적 관계를 유지하고 있다고 가정해보자.

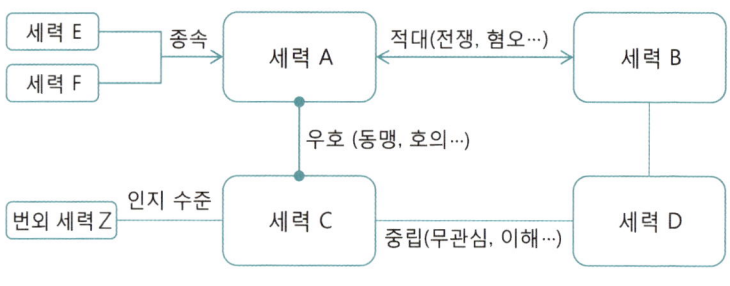

〈그림 12〉 일반적인 세력 관계도

이렇게 세력 구도를 정하고 나면 이 구도를 기반으로 다음과 같은 〈홍당무의 모험〉의 일차적인 시놉시스를 만들 준비가 된 셈이다.

겉으로는 세력 A와 동맹 관계를 맺고 있지만, 사실상 지배당하고 있던 것과 마찬가지인 세력 C는 호시탐탐 세력 A의 영향권에서 벗어나거나 관계를 역전시킬 기회를 노리며 국력을 키워오고 있었다. 마침 세력 A와 세력 B가 50년이 넘게 끌어온 전쟁으로 세력이 약화되었고, 이 틈에 세력 C는 세력 A에 전쟁을 선포하는 것에 대해 극비리에 논의하고 있는 중이다. 하지만 세력 A와 전쟁이 벌어질 경우, 뒤가 허술한 틈을 타 세력 D가 세력 B를 등에 업고 쳐들어올 가능성에 대비해야만 했다. 세력 C는 다른 세력들이 잘 모르지만 강력한 군대를 가진 번외 세력 Z를 동맹군으로 끌어들여 세력 D를 견제하고, 세력 A와의 전쟁에 집중하기 위해서 주인공 홍당무를 번외 세력 Z로 파견하면서, 주인공의 모험과 다른 정치 세력들의 권모술수가 펼쳐진다.

역할에 따른 구성 요소의 공간 배치와 지도의 생성

등장시킬 세력 간의 구도가 결정됐다면, 이제 공간 내에 구성 요소들을 배치할 차례다. 공간을 구성하는 요소는 산이나 바다 같은 큰 지형지물부터 책상이나 의자, 길가에 놓여 있는 돌멩이까지 도저히 다 열거할 수 없을 만큼 너무나도 많다. 이 수많은 요소들을 설계하는 것에 대한 왕도를 말하는 것은 불가능할 뿐만 아니라 지나친 각론으로 별로 큰 의미도 없을 것이다. 이 책에서는 영화의 미장센(mise-en-scène)처럼 구성 요소 하나하나, 특히 외부 공간과 벽으로 독립된 내부 공간에 대한 상세한 설계보다는, 개방적인 공간의 전체적인 지형에 대한 설계 원칙을 말하고자 한다.

우선 공간의 큰 구성 요소는 세력 이외에, 하늘, 산, 평지, 물, 지하, 그리고 공간 내의 또 다른 독립된 공간인 이계(異界, Another World) 등 자연적인 지형물과 그 사이를 잇고 나누는 길과 경계(장벽이나 성, 도시 등) 등 인공물이 있다. 앞서 언급한 것처럼 이 구성 요소들을 배치할 때는 구성물의 역할을 먼저 설정한 후 그것에 맞게 위치를 결정하고, 구성 요소의 특성들을 부여해야 한다. 구성 요소들의 역할은 크게 식량/광물/목재 등 세력의 생활을 가능하게 하는 리소스 공급, 사람들의 출입을 어렵게 하거나 혹은 가능하게 하는 경계와 통로의 역할, 그리고 은신처나 마법의 원천과 같은 특수 역할 등으로 나눌 수 있다.

리소스의 공급

구성 요소의 첫 번째 역할은 리소스 공급이다. 어떤 세력이 세력으로서 존재하기 위해서는 그에 걸맞은 인구가 모인 이유가 필요한데, 인구는 식량과 돈을 중심으로 형성되어서 점점 그 세력을 넓혀나가기 마련이다. 따라서 각 세력은 식량과 자원의 공급처로서의 공간이 필요하다. 식량을 얻기 위해서는 수렵과 농사가 필요한데, 일반적인 사냥만으로는 세력, 특히 정치적 체계를 갖춘 주 세력을 형성하기 위한 인구를 감당해내기 어렵기 때문에 농업이나 어업을 생계 수단으로 가정해야 한다. 그렇다면 세력권 내에 평지나 강, 혹은 바다가 존재해야 한다. 만약 식량을 자급자족하지 않는 세력이라면, 식량으로 교환할 수 있는 등가의 리소스가 필요하며, 그것은 목재나 광물 같은 것들이 될 수 있다. 이런 세력은 주로 산, 그것도 일정 규모 이상의 큰 산을 끼고 있어야 한다. 또한 이런 세력은 자신의 자원으로 식량을 교환할 수 있는 또 다른 세력이 그리 멀지 않은 곳에 존재해야만 한다.

앞선 〈그림 12〉의 전형적인 세력 분포를 예로 든다면, 세력 A는 강성한 세력을 형성하는 많은 인구를 거느리기 위해 넓은 평야와 호수를 세력권 내에 배치시킬 수 있을 것이다. 그리고 그 많은 인구와 식량을 바탕으로 세력 E와 F를 휘하에 거느리고 있는 것이다. 세력 E는 야산을 기반으로 한 목축업으로 생산되는 식량을 세력 A에 공급하면서 세력 A의 비호 혹은 지배를 받고, 세력 F는 산에서 캐낸 광물을 세력 A에 공급하는 역할을 하고 있다. 세력 B는 강과 바다를 기반으로 한 어업을 통해 식량을 확보하고 있으며, 전쟁 준비를 위해 필요한 광물은 세력 D와의 교역을 통해서, 부족한 농산물은 바다 너머 세력과의 교역을 통해서 보충하고 있는 것으로 설정할 수 있다. 세력 D는 식량의 자급자족이 되지 않는 지형이지만 자신의 산을 기반으로 한 풍부한 광물을 바탕으로, 세력 B 및 C와의 교역을 통해 식량을 확보하고 있는 것이다.

이렇게 세력에 리소스를 공급해주는 구성 요소는 세력의 형성과 유지에 있어 보조적인 역할뿐만 아니라, 때로는 세력 간의 다툼을 일으키는 원인으로 작용할 수도 있다. 〈그림 13〉을 예로 든다면, 세력 B는 어업을 기반으로 식량을 자급하고 있지만, 농산물을 공급해줄 평

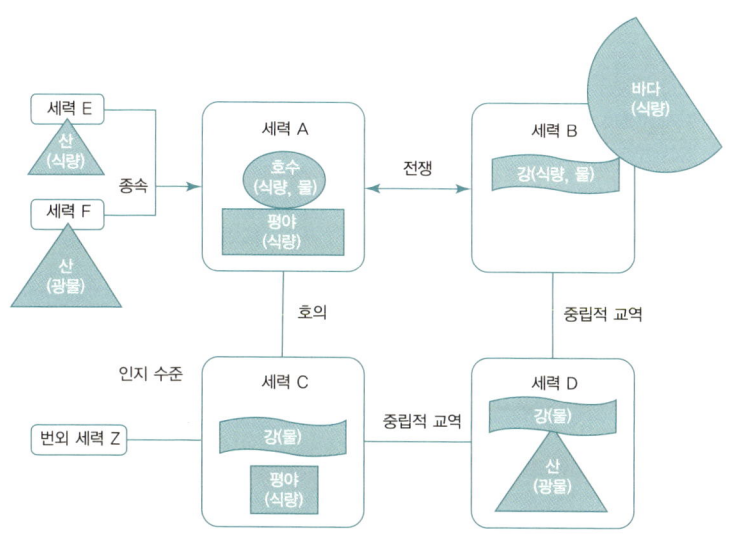

〈그림 13〉 리소스 공급을 위한 구성 요소의 배치

야가 부족한 실정이다. 따라서 부족한 농산물의 안정적인 확보를 위한 평야를 획득하기 위해 세력 A와 수십 년째 국지적인 영토 분쟁 중이며, 언제든지 전면전으로 확전될 가능성이 있는 것으로 설정할 수 있다. 또한 세력 D는 식량이 부족하지만 세력 B와 세력 C 사이의 힘의 균형을 빌미로 자신의 지역에서 생산되는 광물을 양 세력과 교역하면서 독자적이며, 중립적인 세력을 유지하고 있는 것이다. 하지만 세력 A, B, C 사이의 힘의 균형이 무너지면 중립적인 상황을 계속 유지하기 어려운 상황에 처해 있다고 할 수 있다. 식량의 자급자족은 세력의 독립성에 큰 영향을 주는 법이다. 세력 C는 적당히 자급자족이 가능하여, 일정 수준 교역 가능한 식량을 생산하며 독자적인 세력을 만들어왔지만, 강대국인 세력 A와 경계를 마주하고 있다. 따라서 세력 A와의 외교 관계가 자신들의 존폐에 영향을 줄 수 있으므로, 세력 A와 호의적인 상태를 유지하고 있는 것이다. 이렇게 판타지 세계에서 리소스 공급 역할을 하는 공간 구성 요소의 배치는 단순한 삶의 터전이 아니라, 세력 간의 현재 관계나 향후의 관계 변화 가능성, 각 세력의 영향력 등에 개연성을 부여하는 장치로 사용될 수 있으므로, 논리적으로 잘 설계된 배치가 필요하다.

경계와 통로

중국의 양쯔강은 그 강남과 강북의 문화적 차이를 가져오는 경계의 역할을 하기도 하지만, 동시에 물자를 강 상류와 하류 사이로 이동시키는 통로의 역할도 한다. 파미르 고원이 어떤 사람들에게는 생활의 터전이지만, 서역으로 가야 하는 혜초 스님에겐 뱀이 이빨을 드러내고 있는 듯한 얼음으로 뒤덮인 장벽이었다. 이렇게 공간의 구성 요소는 누군가의 이동을 막는 경계가 되기도 하고, 통로가 되기도 한다. 높고 거대한 산은 어떤 세력과 세력 사이의 교류를 막는 요소로 작용할 수 있고, 반대로 잔잔히 흐르는 강은 세력 사이의 교류를 활발하게 해주는 역할을 할 수도 있다. 앞서의 예를 계속해서 발전시켜서 〈그림 14〉와 같이 설계했다고 가정해보자.

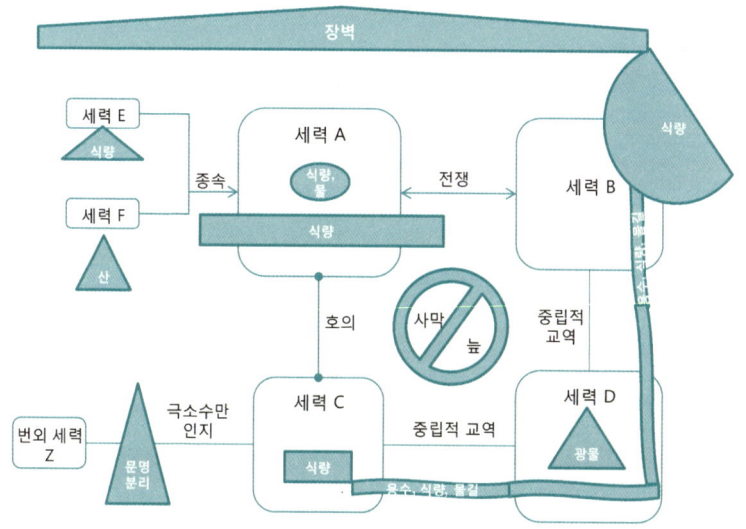

〈그림 14〉 경계와 통로 역할을 하는 구성 요소

　세력 Z가 중심 세력들에게 별로 인지되지 않은 번외 세력이 되기 위해서는 세력 Z와 나머지 세력 간의 교류를 어렵게 하는 장벽이 있어야만 한다. 예를 들면 넘기 아주 힘든 높은 산이 존재해야 하는 것이다. 또한 세력 C, D, B 간의 교역을 활발하게 해줄 수 있는 통로 역할을 하는 강을 바다로 흘러가도록 배치시킬 수 있을 것이다. 그리고 세력 D가 광물이 풍부함에도 세력 A로부터 자유롭고, 서로 간의 교역도 활발하지 못한 이유를 만들기 위해서 네 개의 세력 한가운데는 자유로운 왕래가 어려운 밀림이나 사막 같은 장애물을 설정할 수 있다.

이런 경계와 통로의 역할을 하는 것은 자연 지형뿐만 아니다. 파나마 운하나 수에즈 운하처럼 인공적으로 만들어진 것들이 될 수도 있다. 성곽이나 도로가 그런 역할을 하는 것은 물론이고, 때로는 어떤 미지의 세력의 침입을 막거나 혹은 다른 차원의 세계와의 경계가 되는 거대한 장벽이 설치되기도 한다. 영화로 소개되었던 〈스타더스트〉에서는 눈에 보이진 않지만 왕래를 할 수 없는 장벽을 통해 현재의 세계와 마법의 세계를 나누었고, 미국 드라마 〈왕좌의 게임〉으로 잘 알려진 〈얼음과 불의 노래〉에서는, 중국의 만리장성을 연상시키는 거대한 장벽(The Wall)을 설치해서, 그 너머의 야만족인 와이들링과 정체불명의 생명체들이 살고 있는 북쪽 지역과의 경계로 삼고 있다. 이런 경계는 경계 너머에 대한 호기심을 자아내며 새로운 이야기를 기대하게 할 수도 있고, 너무 넓게 펼쳐질 수 있는 이야기를 일정 수준으로 한정 지어 보다 짜임새 있게 만든다. 예로 들고 있는 그림의 세력 분포도에서도 세력 A와 B의 위쪽으로 다른 세력에 대한 이야기까지 너무 크게 펼쳐지지 않게 하고, 또 한 이야기가 진전된 이후 또 다른 이야기를 진행하기 위한 수단으로 인위적으로 거대한 장벽을 설정할 수 있을 것이다.

생크추어리, 아지트, 그리고 마법의 원천

어떤 이야기든 예상 가능하게 순리대로 밋밋하게 진행되면 매력이 반감되기 마련이다. 따라서 작가들은 크든 작든 이야기의 흐름을 바꾸어놓을 반전을 준비하는 법인데, 판타지 설계자 역시 이야기에 반전을 제공하기 위한 장치를 설계 단계에서 미리 배치해둘 필요가 있다. 공간의 구성 요소 역시 이런 반전을 위한 장치로 활용될 수 있는데, 예를 들면 각종 무협물에서는 주인공의 실력을 일취월장시켜주는 고수가 은신하고 있는 깊은 산중의 동굴이 자주 등장한다. 이렇게 공간의 구성물은 어떤 인물이나 세력이 적의 공격에서 안전하게 몸을 숨길 수 있는 생크추어리(Sanctuary)를 제공하거나, 은신하며 자신의 역량이나 세력을 키울 수 있는 아지트(Agit)를 제공하는 역할을 할 수도 있다.

앞선 그림의 지도를 이런 요소들로 조금 더 발전시켜보자. 가령 세력 A의 과거 실력자가 세력 F의 지배권에 있는 산 근처에 은신하고 있는 것으로 설정하고, 네 개 세력의 한가운데 위치한 사막에 엄청난 비밀이나 힘이 담겨 있는 유물이 은닉되어 있는 성소를 배치할 수 있을 것이다. 또한 세력 C와 세력 Z를 분리하는 거대한 산 근처에는 세력 C 내부의 반란 세력의 아지트를 배치할 수도 있다.

또한 판타지의 세계에서 생명체들이 살아가고 세력을 키우기 위해서는 식량이나 자원과 같은 물질적인 리소스뿐만 아니라, 마법 에너지라든가 다른 차원에서 소환되는 생명체 같은 정신적인 것들이 필요할 수 있다. 이런 정신적인 리소스의 원천은 작은 물건이나, 초월적인 역량을 보유한 사람일 수도 있지만, 공간 내의 특정한 구성 요소가 되는 경우도 여러 작품에서 등장한다. 예를 들면 거대한 고목이 이런 역

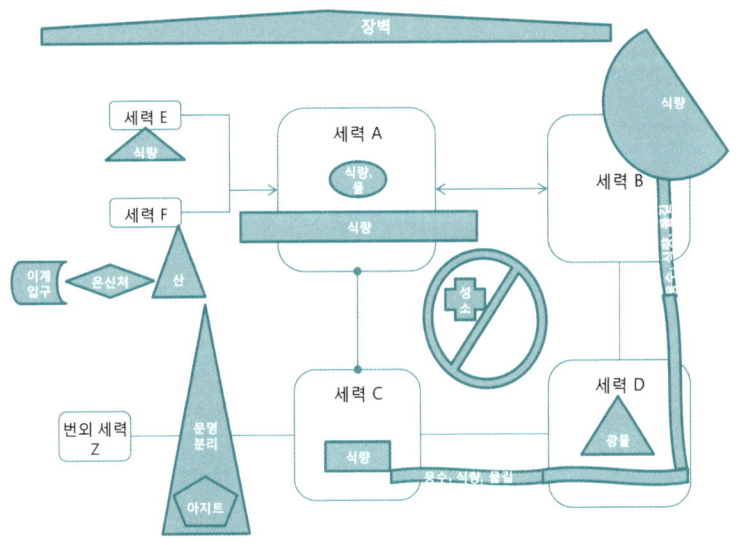

<그림 15> 공간 구성 요소 - 생크추어리, 아지트, 그리고 마법의 원천

할을 할 수도 있고, 특이한 암석으로 이루어진 동굴 같은 것이 될 수도 있을 것이다. 또 일본 만화 〈베르세르크〉에서처럼 공간에 겹쳐져 있는 또 다른 세상인 이계를 설정할 수도 있다. 또 이런 이계는 소환만 가능할 뿐 왕래가 불가능한 것이 일반적이지만, 특정한 입구가 있고, 그것이 강력한 힘으로 봉인되어 있다고 설정하는 경우도 종종 있다. 아래 그림에서는 세력 F의 산에 은거한 세력 A의 실력자가 사실은 그 은신처에 봉인되어 있는 이계의 입구를 지키고 있는 것으로 설정해보기로 한다.

지도의 생성과 이야기의 시작

자, 이제 예를 들며 만든 지도의 구성 요소들이 다 배치되었다. 이제 판타지 설계자는 대략의 지도를 구성하고 발전시킬 수 있는 준비가 된 것이다. 지금까지 예를 들며 발전시킨 공간의 구성을 토대로 판타지의 세계를 펼칠 지도를 구성한다면, 아래 그림과 같이 될 수 있다. 북쪽은 얼어붙은 동토로 첫 번째 이야기에서 논외로 하고, 남쪽과 서쪽은 거대한 고원지대로, 동쪽은 바다로 경계가 지어진 하나의 땅

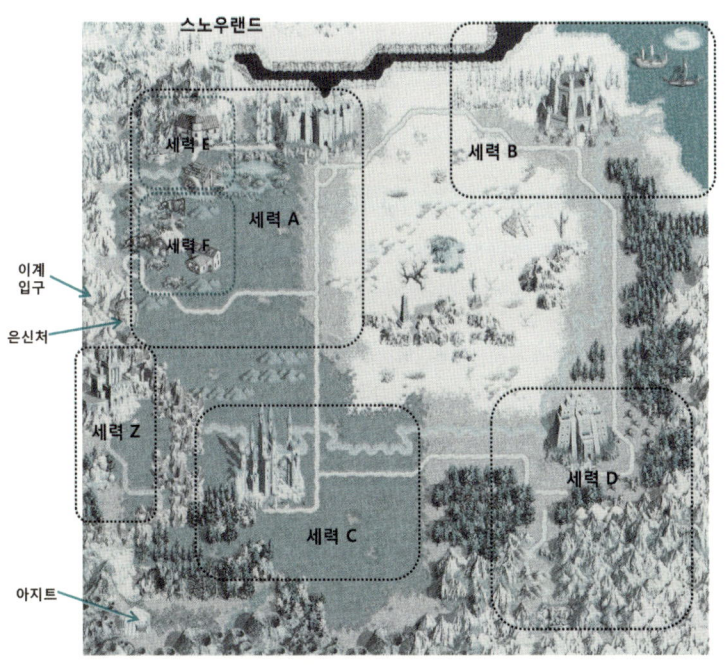

〈그림 16〉 이야기의 시작을 위한 지도의 생성 예시

덩어리 위에 일곱 개의 세력을 배치했다. 이제 이야기를 만들어나갈 준비 과정을 마친 것이다.

그리고 처음에 구상했던 단순한 시놉시스를 조금 더 복합적인 것으로 만들어낼 수 있을 것이다. 앞서 예로 든 〈홍당무의 모험〉을 이제는 다음과 같은 시놉시스로 진화시킬 수 있다. 물론 이 배치를 활용하거나, 배치를 조금씩 바꾸어가며 여러 가지 시놉시스를 만들어볼 수도 있을 것이다.

겉으로는 세력 A와 동맹 관계를 맺고 있지만, 사실상 지배당하고 있는 것과 마찬가지인 세력 C는 호시탐탐 세력 A의 영향권에서 벗어나거나 관계를 역전시킬 기회를 노리며 국력을 키워오고 있었다. 농산물 부족에 늘 시달리던 세력 B가 세력 A의 평야를 노리고 시작한 전쟁이 50년이란 긴 시간을 끌어온 탓에 세력 A의 국력이 많이 약화되었고, 이 틈에 세력 C는 세력 A에 전쟁을 선포하는 것에 대해 극비리에 논의하고 있는 중이다. 하지만 세력 D 역시 부족한 식량 자원에 대한 갈증을 해소하기 위해 호시탐탐 세력 C를 노리고 있었고, 만약 세력 A와 전쟁이 벌어질 경우, 뒤가 허술한 틈을 타 세력 D가 세력 B를 등에 업고 쳐들어올 가능성에 대비해야만 했다. 세력 C는 다른 세력들이 잘 모르지만 강력한 마법 군대를 가진 번외 세력 Z를 동맹군으로 끌어들여 세력 D를 견제하고, 세력 A와의 전쟁에 집중하기 위해서 주인공 홍당무를 번외 세력 Z로 파견한다. 번외 세력 Z와 접촉한 홍당무는 번외 세력을 끌어들이기 위해서는 미들샌드 지역에 있는 고대 종족의 무덤에서 지팡이를 가져다 주어야 한다는 것을 알게 된다. 그는 이제 아무도 감히 발을 들여놓지 못한 사막으로의 여정을 동료들과 떠난다. 그리고 지팡이를 회수한 홍당무가 세력 Z를 설득했고, 이에 세력 C의 공격에 세력 A는 굴복하고 만다.
To be continued.

그리고 이 지도에 새롭게 추가된 이계의 입구와 은신처, 아지트 등의 구성 요소에 따라 다음과 같은 〈홍당무의 모험 2권〉이라는 새로운 이야기가 추가될 수도 있다.

세력 A가 무너질 때, 힘겹게 성을 탈출한 세력 A의 왕자 흑태자 일당은 세력 C를 다시 무찌르고, 나아가 다른 세력들까지 없애버리기 위해서 이계의 생명체들을 소환하기로 마음먹는다. 이를 위해서는 이계의 입구를 막고 있는 봉인을 해제해야 하는데, 이계 입구 근처의 은신처에 은거하고 있던 집단은 사실 이 봉인을 지키는 임무를 맡은 여러 세력의 도사들이 모여 있는 곳이었다. 도사들의 강력한 마법을 이길 수 없는 흑태자는 그들을 설득해보지만 실패한다. 하지만 흑태자의 계략으로 도사들 대부분은 독살되고, 결국 봉인은 해제되고 만다. 이제 세상은 이계 생명체들의 공격으로 피폐 상황. 세력 A를 제외한 나머지 세력의 살아남은 자들은 모두 세력 C의 남부에 있던, 이계 생명체들이 들어올 수 없는 용암 지대 안의 아지트에 모여들었다. 홍당무는 이계 생명체에 맞설 수 있는 힘을 찾기 위해 북쪽 장벽 너머 스노우랜드로 모험을 떠나야 했다. 흑태자 일당과 이계 생명체들의 위협을 뚫고 스노우랜드에 도착할 수 있을 것인가?
To be continued.

기후의 설정

　공간 설계에 있어서 빠트릴 수 없는 부분이 기후에 대한 설정이다. 실제로 〈어둠의 왼손〉 같은 작품에서 배경이 되는 행성의 가혹한 기후는 등장 인물들의 성격과 행동 양식에 막대한 영향을 줄 뿐만 아니라, 전체적인 스토리 전개에서의 긴장감을 주는 역할까지 해낸다. 또한 〈지금 만나러 갑니다〉 같은 영화에서도 장마라는 일본 특유의 기후가 영화 전반의 배경에 자리잡음에 따라 영화의 매력을 한층 돋보이게 한다. 이렇게 기후와 날씨는 사막이나 밀림과 같은 공간의 특성을 규정할 수도 있고, 대홍수에 관련된 신화처럼 그 공간에 존재하는 생명체에게 시련을 줄 수도 있으며, 〈이방인〉의 뫼르소에게서 볼 수 있는 것처럼 어떤 사건의 트리거(Trigger)로 작동할 수도 있다. 또 때로는 〈더 로드〉나 〈2012〉처럼 기후 변화 그 자체가 이야기의 출발점이 될 수도 있다.

　이야기를 전개시켜나가는 데 있어서, 하나의 트리거가 될 수 있는 매일 매일의 날씨는 개별 이야기에 맞게 설정해야 하는 것이라 설계라는 단어가 어울리지 않는 작업일 것이다. 하지만 그 날씨를 가능하게 하는 전반적인 기후에 대한 설정은 본격적으로 이야기를 진행시키기 전에 잘 설계되어 있어야만 하는, 공간의 중요한 특성이다. 특히 판타지 공간의 설계에 있어서 특정 영역의 기후는 그 영역의 역할이 개연성을 가질 수 있도록 설정되어야 한다. 예를 들어 〈반지의 제왕〉에서 반지 원정대가 넘어가야 하는 산악 지대에는 눈보라가 휘몰아치

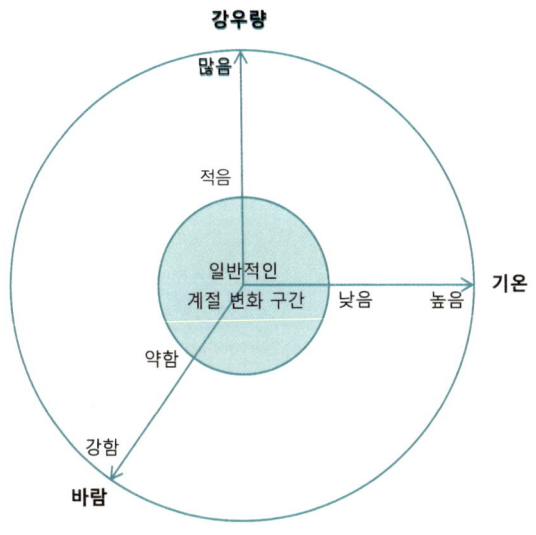

〈그림 17〉 기후 설정을 위한 세 가지 요소

는 가혹한 기후를 설정해야지, 따뜻하고 온화한 지역이라 아주 즐겁게 넘어갈 수 있다면 이야기의 진행이 어색해지는 것이다.

기후는 일반적으로 세 가지 구성 요소, 기온, 강우량, 바람의 정도에 의해서 결정된다. 이 세 가지 요소의 결합에 따라 그림과 같이 다양한 기후가 탄생할 수 있다. 일단 기후를 설정하는 데 있어서 먼저 결정되어야 하는 것은 기후의 항상성이다. 일반적으로 우리에게 가장 익숙한 사계절의 변화가 있는 기후는 정도의 차이가 약간씩 있겠지만, 그냥 하나의 기후로 취급해도 무방하다. 오히려 판타지 세계의 공간 설정에서 더 중요한 것은 항상성이 있는 기후다. 다시 말해 항상 춥다든가, 늘 바람이 분다든가, 절대 비가 오지 않는다든가

〈그림 18〉 기후 설정 예시

하는 기후를 어떻게 배치하느냐가 설계에 있어서 더욱 중요한 요소가 된다.

판타지 설계자는 공간을 기후가 구분될 필요가 있는 영역에 따라 분할하는 작업을 먼저 진행한 후, 거기에 적절한 기후를 선택하게 된다. 앞서 예로 든 그림의 지도에서는 북쪽의 스노우랜드, 세력 B 지역, 가운데 사막 지역, 세력 C 밑의 아지트 지역, 번외 세력 Z의 지역

등이 서로 다른 특이한 기후를 필요로 하고 있다. 또한 나머지 세력 A, C, D 지역에 대해서는 일반적인 사계절이 있는 기후를 상정해도 큰 상관이 없으며, 이야기를 전개하는 과정에서 필요한 수준에 맞게 적절히 기후를 조정할 수도 있을 것이다. 예를 들면 주 세력들이 잘 개척하지 못하는 북부의 스노우랜드는, 언제나 눈에 덮여 있는 가혹한 기후 때문에 일반적인 종족들이 살아가기 힘들게 설정되어야만, 북쪽으로의 세력 확장에 힘쓰지 않는 설정이 설득력을 얻을 수 있다. 또한 강력한 힘을 가진 유물이 숨겨져 있는 성역이 있는 중앙의 사막 지대는 비 한 방울 오지 않는 메마른 땅에, 낮에는 너무 덥고, 밤에는 너무나도 추운 기온이어서 그 땅에 발을 들여놓은 사람은 살아남을 확률이 매우 낮아야만 한다. 안 그러면 그 땅의 유물은 벌써 누군가의 소유가 되어 있을 것이다. 또한 세력 B의 세력 A에 대한 침공을 보다 개연성 있는 것으로 만들기 위해서는 해안 지역에 어울리게 지나친 바람으로 인해 땅을 개척해 농사를 짓기 어려운 환경을 설정해야 하는 것이다. 이렇게 기후를 배치하고 나면 세력 B와 사막 사이에는 서로 다른 대기층이 만나 비가 자주 내릴 확률이 높아질 수 있다. 이럴 경우, 그로 인한 국지적인 늪지대라는 구성 요소를 새롭게 배치할 수도 있다.

판타지 설계에서는 자연적인 개연성 외에도 세력이나 종족의 신비감이나 비현실성을 강조하기 위해서도 기후를 활용할 수 있는데, 예를 들어 번외 세력 Z의 신비감을 고조시키기 위해 그 지역을 이상향에 가까운 기후, 즉 1년 내내 살기 좋은 적당한 온도와 습도를 갖춘 지역으로 설정할 수 있다. 또한 기후 자체를 이야기의 출발점으로 삼아서 새로운 이야기 〈홍당무 4세의 모험〉을 탄생시킬 수도 있다.

홍당무 덕분에 안정을 되찾은 세상은 백 년간 평화로운 시간이 계속되지만, 어느 날 남쪽의 화산이 폭발한다. 이로 인해 남부 지역은 급작스런 기온 상승과 가뭄이 계속되고, 조상의 이름을 그대로 물려받은 홍당무 4세는 군대를 이끌고 새로운 삶의 터전을 개척하고자, 북쪽 장벽을 열고 스노우랜드로 향하게 된다.

To be continued.

세력은 무엇으로 구성되는가?

판타지 세계의 세력 설계

세력의 크기

　세력이 앞서 정의한 것처럼 "다른 사람의 자유의지와 상관없이, 그의 행동에 영향을 줄 수 있는 존재"를 의미한다면, 세력은 너무나도 많은 형태를 띨 수 있다. 작게는 한 가족 내에서 아들과 딸에게 명령을 할 수 있는 아버지나 어머니가 될 수도 있고, 반대로 아버지나 어머니가 죽도록 일해서 돈을 벌어와야 먹여살릴 수 있는 딸과 아들이 세력이라고 할 수도 있을 것이다. 시골 마을에서는 이장이나 혹은 연장자 간의 권력 다툼이 있을 수 있고, 중동 지역에서는 중동의 패자(覇者)를 주장하며 이라크 세력과 이란 세력이 충돌할 수도 있으며, 미국 드라마 〈프리즌 브레이크〉에서처럼 음모론자들이 좋아하는 컴퍼니와 같은 형태일 수도 있다. 자신이 하고자 하는 이야기에 따라 다양한 형태의 세력이 등장할 수 있는데, 이 모든 것들에 대한 일반적인 설계 방법론을 찾는 것은 어쩌면 무의미한 일일 것이다. 하지만 어떤 세력을 설계하든 그 원칙은 비슷하게 적용될 수 있다. 따라서 3부에서는 많은 작품들에서 최상위 세력을 형성하는 국가 레벨의 세력 설계 방법에 대해서 이야기하고자 한다. 국가 레벨의 세력에 국가가 포함되는 것은 당연한 일이며, 해당 국가의 권력을 직접 잡지 않더라도 그 국가의 존망을 좌지우지할 수 있는 힘을 가진 존재라면, 그것이 한 개체든 혹은 음모 집단이든 국가 레벨의 세력이라고 할 수 있을 것이다.

 세력을 설계하는 데 있어서 가장 중요한 요소는 무엇일까? 세력 설계에 있어서 고려해야 할 중요한 요소는 그 힘이 얼마나 큰지, 또 그 힘이 발휘될 수 있는 원천은 무엇인지, 그리고 그 힘이 발휘되는 방법은 무엇인지 등이다. 그것은 곧 그 세력의 영토, 인구, 자원 그리고 통치/경제/교육 등 그 세력을 지탱하는 사회적 체계 등과 깊은 연관을 가지고 있다.

상대적 세력 크기의 설정

 세력이 강하다는 건 무엇을 의미하는 것일까? 칭기즈칸은 자신의 세력을 넓히기 위해서 중원 땅을 넘어 유럽까지 휘하에 두려고 했고, 알렉산더 대왕 역시 그리스로는 만족 못 해 아시아로 넘어와 인도를 넘보기도 했다. 이렇게 세력의 크기는 그 세력이 영향력을 펼치고 있는 영역의 넓이에 비례하는 경우가 많다. 하지만 역사적으로 증명된 것처럼 지나치게 넓은 면적을 차지할 경우, 그에 맞는 인구를 관리하고 그 인구의 마음을 얻을 수 있는 통치 체계가 뒤따르지 않으면 세력이 쇠퇴하는 것은 한순간이다. 즉, 세력의 크기를 유지하기 위해서는 영향권에 속한 사람들의 마음을 얻는 것이 중요하고, 그 마음을 얻기 위한 기반은 부와 안전에 대한 보장이다. 실제 세계에서 영토와 인구수, 그리고 부와 군사력 등 세력의 크기에 영향을 미치는 요소는 아주 많을 것이다. 하지만 판타지 세계에서는 세력의 크기를 규정하는 방식이 실제 세계와는 조금 달라질 필요가 있다. 어차피 일반적인 판타지 세계는 현재 우리가 살고 있는 시공간과는 다른 별도의 것을 가정하기 때문에, 세력의 크기는 절대적인 어떤 수치보다는 누가 다른 세력에 비해서 그 크기가 얼마나 더 크냐 하는, 상대적인 크기가 훨씬 더 중요하다. 실제 세계에서는 중국이 15억 인구를 바탕으로 매우 강성한 세력을 형성하고 있다고 할 수 있지만, 판타지 세계에서는 다른 나라들의 평균 인구수를 150억 명으로 하고 15억의 인구를 가진 세력은 변방의 조그만 세력으로 치부해버릴 수도 있고, 반대로 전 세계의 인구가 백 명이라고 가정한다면 어떤 세력이 50명의 인구만 확보해도 가장 강성한 세력이 되는 것이다. 따라서 판타지 설계에 있어서 세력의 크기는 배치된 세력의 상대적인 크기를 결정한 다음, 그 상대적 크기를 그럴듯하게 만들 수 있는 절대적인 수치를 부여하는 방식으로 설계되어야 한다.

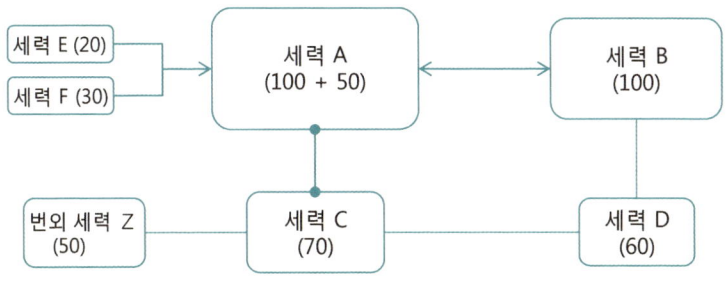

〈그림 1〉 세력의 크기 설계(예시)

　세력의 상대적인 크기를 설정하기 위해서는, 기준이 되는 세력의 크기를 백이라고 놓고 다른 세력들의 크기를 규정하는 방법을 사용할 수 있을 것이다. 2부에서 구성했던 세력 관계의 예를 들어보자. 세력 A를 침공해야 하는 세력 B의 크기를 백이라고 놓고, 나머지 세력들의 크기를 규정하는 것이다. 겨루어야 하는 세력 간에는 비슷한 크기를 부여해야 하며, 나머지 세력들은 그들의 역할에 따라 세력의 크기가 결정되어야 한다. 또한 세력 A는 자체적인 세력의 크기는 백이지만, 속국으로 거느리고 있는 세력 E와 F의 크기를 합치면 150 크기의 강성한 세력이 되는 것으로 설정할 수도 있을 것이다.

　그런데 이렇게 세력의 크기를 갈등 관계와 공간의 구성에 따라 부여하다 보면, 판타지 설계자로서는 한 가지 난관에 부딪히게 된다. 세력 B가 세력 A를 침공하기 위해서는 오히려 더 큰 힘을 가져야 하는데, 공간 설계상 세력 B가 세력 A보다 강성해질 개연성을 마련하기가 어렵다. 무역을 통해서 세를 확보한다고 하려면 바다 건너의 새로운 세력을 설계에 추가해야 하는데, 아직은 그렇게까지 이야기를 확대시킬 단계가 아니다. 뭔가 해결책이 필요한 순간이다. 우선 세력 B가 세력 A를 침공하기 위해서는 세력 C와 손을 잡는 것이 먼저 떠오르지만, 세력 B와 세력 C는 지리적 위치 때문에 사실 긴밀한 협조 관계를 구축하기가 어렵다. 따라서 세력 B로서는 세력 E와 F가 세력 A를 등지거나, 혹은 적어도 A를 적극적으로 돕지 못하게 하는 것이 필요한 것이다. 따라서 시놉시스에 이런 설정을 추가할 수 있을 것이다.

> 세력 B의 참모로 급부상한 제갈모략은 세력 E와 F에게 세력 A에게 바치고 있는 공물의 양을 절반으로 줄이고, 정치적인 독립성을 보장해주겠다는 당근을 제시했다. 이와 함께, 세력 A의 철없는 왕자 김프린에게 첩자를 심어 그가 세력 F의 왕자의 약혼녀를 강제로 빼앗아 첩으로 삼게 만들어, 양국의 관계를 악화시켰다. 이제 세력 F는 세력 B의 침공을 돕기로 결정했는데…….

이렇게 모든 설계 과정은 자신이 만들어갈 이야기와 끊임없이 상호작용을 해나가야 한다.

세력의 크기 = 군사력

우리는 세력이 큰 나라를 가리킬 때, 흔히 군사대국이니 경제대국이니 하는 말을 사용한다. 거기다 요즘처럼 '문화 마케팅'이란 캐치프레이즈에서 알 수 있듯이 문화가 여느 상품처럼 마케팅의 대상이 되고 부를 창출해야 하는 상황을 생각한다면, 문화적 역량과 경제적 역량의 상관관계도 무시하긴 어려울 듯하다.

판타지 설계에 있어서도 세력의 크기를 설명하는 데 군사력과 경제력을 가장 중요한 요소로 꼽을 수밖에 없을 것이다. 그중에서도 판타지에서의 세력의 크기는 군사력에 의해 좌우되고, 경제력은 그 군사력을 뒷받침하는 보조적인 것으로 설정하는 것이 설계상 편리하다. 현실 세계와는 다른 시공간을 설정하는 판타지에서 지나치게 많고 복잡한 변수들을 모두 고려하는 것은 고객에게 사실감을 주기보다는 오히려 혼란만 가중시키기 쉽다. 따라서 설계의 편의성과 고객 학습의 용이성을 고려해서 세력의 크기는 일단 군사력만으로 일차적인 수준을 결정하고, 이후 다른 여러 요소들을 반영하며 조금씩 조정해나가는 것이 적절할 것이다.

군사력 하면 대부분의 남성들에게는 예비군 훈련 때면 항상 듣는 북한의 정규군이 몇백만이라든가, 신식 화력무기의 보유 정도라든가 하는 것들이 가장 먼저 떠오를 것이다. 실제로 어떤 나라의 군사력을 결정짓는 것은 인구를 기반으로 한 정규군의 머릿수와 그 군인들의 전투력을 뒷받침할 무기의 화력이 될 수 있다. 무기의 화력은 개별 군인들의 평균적인 전투력을 향상시킨다고 볼 수 있다. 따라서 일반적으로 군사력에 기반한 세력의 크기는 이렇게 공식화할 수 있을 것이다.

(일반적인) 군사력 = 1인당 평균 전투력 × 머릿수

하지만 판타지 세계에서는 이런 군사력의 상식이 통하기도 하지만, 전혀 다른 양상을 보일 때가 많다. 헤라클레스 같은 엄청난 물리적 힘의 소유자가 한 명 있는 것만으로 상대 군사의 머릿수가 웬만큼 많은 것은 무시될 수도 있고, 또 이런 물리적 힘을 가진 영웅이 상대방의 마법이나 계략으로 죽어버림으로써 한순간에 전세가 역전될 수도 있다. 또 〈반지의 제왕〉처럼 강력한 힘을 가진 어떤 유물에 의해 전세가 좌우될 수도 있고, 멀린 같은 대마법사가 군사력의 수준을 뒤바꿔놓을 수도 있다. 한마디로 일당백이든, 만인적이든 상식을 뛰어넘는 초월적 존재에 따라 군사력 자체가 달라질 수 있다는 것이다. 따라서 판타지 설계에 있어서 군사력을 상정할 때는 상식을 뛰어넘는 능력을 가진 영웅이나, 엄청난 힘을 제공해주는 어떤 물건 등의 초월적 존재를 빼놓을 수 없다. 판타지 세계에서의 세력의 크기는 다음과 같이 공식화할 수 있다.

(판타지에서의) 세력의 크기 = 1인당 평균 전투력 × 머릿수 + 초월적 존재의 역량

군사력의 형태와 힘의 균형

전투 장면을 한번 떠올려보라고 하면, 어떤 사람들은 〈지옥의 묵시록〉의 해변 폭격 장면을 떠올릴 것이고, 또 어떤 사람들은 〈반지의 제왕〉에서 대규모 군단이 부딪히는 협곡 전투를, 또 어떤 사람은 〈람보〉

나 〈코만도〉의 원맨쇼를 생각할지도 모른다. 또 게임에 익숙한 사람들은 〈스타크래프트〉의 하이템플러가 저글링을 녹이는 장면을 떠올릴 것이다. 이렇게 어떤 세력의 군사력은 머릿수를 기반으로 한 대규모 조직을 만드는 것에 역점을 둘 수도 있고, 일당백의 능력을 가진 소수의 군인들을 양성하는 데 초점을 맞출 수도 있다. 따라서 군사력에 따라서 세력의 크기가 정의되고 나면, 한 세력의 군사력이 어떤 패턴을 따르는지를 결정하는 것이 이야기의 흐름에 큰 영향을 미친다. 판타지 세계에서 군사력은 크게 세 가지 유형으로 나뉠 수 있는데, 첫 번째는 한 명당 전투력이 높은 '소수 정예형'이고, 두 번째는 많은 인구를 바탕으로 대규모 머릿수를 기반으로 하는 '다수 군단형'이다. 마지막으로 어떤 초월적 존재의 힘에 의존하는 '초월형' 군사력을 보유하는 것이다.

   물론 한 세력이 어떤 군단은 소수 정예형으로, 또 어떤 군단은 다수 군단형으로, 또 어떤 특수부대는 초월형으로 된 복합적인 군사력을 가질 수도 있을 것이다. 얼핏 이런 복합적인 군사력의 형태가 가장 일반적일 것이라고 생각될 수도 있지만, 판타지라는 상상력의 세계에서는 적절한 개연성만 부여한다면 그 선택은 순전히 설계자의 몫이다. 일본 만화 〈원피스〉에서 밀집 모자 루피 일당은 기껏해야 열 명도 채 되지 않는 해적 집단이지만, 그들이 수천, 수만 명의 또 다른 해적이나, 정부군을 상대로 승리를 거두는 것이 전혀 어색하지 않다. 물론 이 소수의 집단이 수많은 머릿수의 적들을 이기는 데 최소한의 개연성을 부여하기 위해서, 작가는 '악마의 열매'라는 설정을 작품 속에

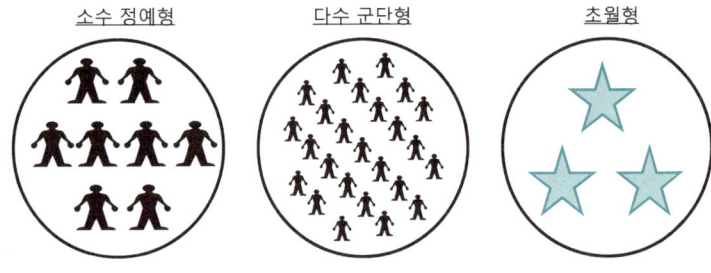

〈그림 2〉 머릿수에 따른 군사력 형태

집어넣는 센스를 발휘했다. 그런데 이렇게 초월적 존재를 가정하려면 그들이 일당백 혹은 만인적이 될 수 있는 수퍼 파워를 가진 것에 대한 그럴듯한 설정을 해주는 것이 좋다. 그래야만 초월자가 적절한 수준의 소수인 상태를 유지하기 좋으며, 그래야만 전체적인 이야기가 좀 더 설득력을 가질 수 있다. 이런 설정은 반신반인의 그리스 신화 영웅들처럼 태생적인 것일 수도 있고, 〈원피스〉나 〈베르세르크〉의 베헤리트[1]같이 어떤 아이템을 손에 넣는 기연을 통한 초월적인 능력 획득, 게임으로 유명한 폴란드 판타지 작품인 〈위처〉나 각종 무협지의 자객들처럼 인간의 한계를 뛰어넘는 훈련을 통한 양성 등 다양한 형식을 취할 수 있다.

소수 정예형의 경우에도 초월형과 마찬가지로 왜 일인당 전투력이

---

[1] 베헤리트는 이계의 힘을 자기 것으로 만든 자, 즉 소유자가 초월자가 될 수 있게 해주는 매개체 역할을 한다.

높은지에 대한 적절한 설정이 필요하다. 예를 들어 과학 기술의 발전에 따른 신식 무기 체계를 도입하는 설정은 일반인들의 개별 전투력이 향상되는 수단으로 가장 흔하게 도입되어온 것이다. 칼과 창을 든 세력에게 총과 탱크를 들이미는 식이다. 혹은 선천적 능력의 차이(그것이 초월적인 수준은 아니라 할지라도)를 도입할 수도 있을 것이다. 〈워크래프트〉를 비롯한 많은 판타지 게임에서 오우거 종족의 힘은 선천적으로 인간보다 훨씬 더 센 것으로 설정되어 있다.

어떤 형태의 군사력을 보유하고 있더라도 지휘 체계는 있어야 하고, 그 지휘를 맡을 리더가 필요하다. 대부분의 경우 리더는 비슷한 속성을 가진 병사들 중 좀 더 역량이 뛰어난 자가 맡는 것이 일반적이다. 다시 말해 초월적 존재가 다수 군단형의 리더를 맡는 것보다는, 다수 군단형에 속한 사람들 중 누군가가 리더가 되는 것이다. 소수 정예형 군대의 리더는 소수 정예원 중 한 명이, 초월적 존재들로 구성된 군대는 그들 중 하나가 리더를 맡는 것이 일반적인 것이다. 따라서 복합형의 경우에는 일반인들 중 뛰어난 자가 군대를 장악하고, 초월적 존재는 그들끼리 힘을 발휘하는 설정을 취할 때가 많다. 이런 설정을 많이 이용하는 이유는 세력 간의 갈등 양상도 재미를 주는 요소지만, 그에 못지않게 세력 내 권력의 갈등 양상도 중요한 요소가 되기 때문이다. 세력 내에서 갈등 양상이 벌어지려면 힘의 균형이 맞아야 하고, 그러기 위해서는 초월자는 소수로, 일반인의 지휘자는 다수를 거느린 존재로 그려지는 것이 좋다. 그래서 〈반지의 제왕〉에서도 군대를 이끄는 것은 인간의 왕인 아라곤에게 맡겨지며, 간달프는 홀로 혹은 소수의 추종자들과 행동하는 것으로 그려진다. 그런데 초월자는 때로 〈위처〉의 게럴트나 〈엑스맨〉의 돌연변이들처럼 다수를 차지하는 일반인들로부터 배척받는 것으로 그려지기도 한다.

    이런 군사력의 형태 역시 세력을 어떤 공간에 배치했느냐에 따라 영향을 주고 받으며, 공간 배치의 개연성을 확보해야 하는 것은 물론이다. 예로 들고 있는 그림에서처럼 세력 배치를 가정한다면, 농사를 지을 수 있는 땅을 기반으로 풍부한 식량의 확보가 가능한 세력 A는 다수 군단형이나 복합형의 군대를 갖는 것이 적절할 것이다. 반면 바다를 기반으로 한 B의 경우, 풍부한 식량을 필요로 하는 많은 인구를 가지는 것은 어딘가 부적절할 수밖에 없다. 따라서 세력 B는 부족한 인구에도 불구하고 꽤 큰 군사력을 가져야 하므로, 소수 정예형에 가까운 형태를 띠어야 한다. 또한 번외 세력 Z는 지역적으로도 고립된 작은 영역을 차지하고 있으며, 번외 세력이라는 점에서 약간의 신비감을 줄 필요가 있다. 이런 경우는 세력 Z의 군사력은 소수 정예형이나 초월형으로 설정하는 것이 바람직할 것이다. 이렇게 공간의 배치를 고려해서 다음의 그림과 같이 각 세력의 군사력 형태를 설정할 수 있을 것이다.

군사력의 속성

이렇게 머릿수에 따른 군사력 형태를 결정하고 나면, 이제 그 군사

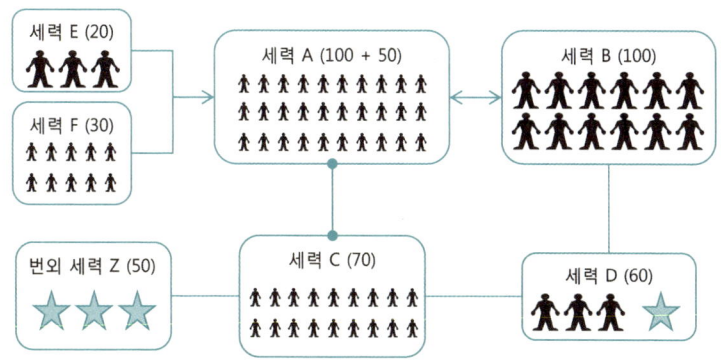

〈그림 3〉 세력이 배치된 공간 특성에 따른 군사력 형태의 결정(예시)

력의 속성을 결정할 차례다. 판타지 작품에서의 전투 장면들을 한번 떠올려보면 쉽게 이해할 수 있다. 〈반지의 제왕〉에서의 협곡 전투나, 〈리니지〉에서의 공성전, 혹은 〈스타워즈〉의 전투 장면들을 머릿속에 그려보자. 마법이 난무하고, 엄청난 힘을 가진 생명체들 간의 격돌이나 전사들의 칼부림, 쏟아지는 화살이나 투석기에서 날아오는 바위들. 그 공격들을 막아내는 방패나 마법의 방어막. 쓰러져가는 동료들을 살리기 위한 각종 마법과 물약들. 어떤 세력은 일당백의 강맹한 군사들을 중심으로, 또 어떤 세력은 마법사들의 마법을 중심으로 자신의 세를 과시한다. 또 어떤 세력은 〈삼국지〉의 제갈량처럼 뛰어난 지략가를 통해서 부족한 머릿수를 극복할 수도 있고, 또 뛰어난 과학자가 효과적인 무기를 생산해서 강력한 힘을 발휘할 수도 있을 것이다. 이렇게 어떤 세력의 군사력은 다양한 요소들이 복합적으로 작용하여 결정된다.

군사력의 속성은 정말 다양한 요소들에 의해 결정되겠지만, 크게 보면 네 가지 주요한 요소에 의해서 그 특성이 나뉜다. 흔히 인간의 덕목을 결정지을 때 말하는 지(智), 덕(德), 체(體) 등 세 가지 요소와 판타지에서 빼놓을 수 없는 요소, 즉 마법이나 초능력을 상징하는 마(魔)가 그것들이다. 물론 이 네 가지 속성들의 결합 역시 그리 간단히 결정되는 것은 아니다. '지'라는 요소만 놓고 보더라도 뛰어난 지략으로 전략 전술의 우위를 가지는 쪽으로 진행할 수도 있지만, 그를 바탕으로 무기의 발명과 개량을 통해 개별 전투 요원의 능력을 향상시키는 쪽으로 작용할 수도 있다. '마' 역시 그것이 불덩이를 날리고, 상대를 얼려버리는 직접적인 공격의 양상으로 나타날 수도 있지만, 유명한 프랑스 만화 〈아스테릭스〉처럼 마법 물약의 힘을 빌어 군사들의 역량을 향상시킴으로써 세력을 강화할 수도 있는 것이다.

  우선 '체'라는 요소가 군사력에 어떻게 영향을 주는지부터 살펴보자. 체는 어떤 개체의 신체 일부 혹은 신체의 일부가 다루고 있는 무기로 직접적인 타격을 가하거나, 방어를 하는 능력을 가지고 있는 것이다. 따라서 체는 1인당 평균 전투력에 영향을 미치며, 초월적 존재의 역량이 체에 기반한 것이라면, 초월적 존재는 직접 전투에 가담하여 일당백, 만인적의 역량을 과시함으로써 결과적으로는 머릿수를 늘려주는 것과 마찬가지의 효과를 가져온다.

  '마'는 체에 비해 세력의 크기에 영향을 미치는 양상이 좀 더 다채롭다. 우선은 마법을 통한 직접적인 공격, 예를 들어 불덩어리를 날리거나 상대를 얼려버리는 공격을 가하는 것을 생각해볼 수 있다. 〈해리

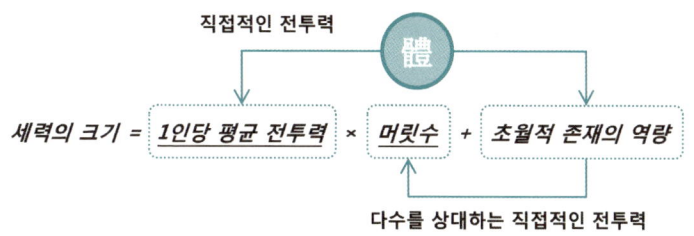

〈그림 4〉 군사력에 있어서 '체'의 역할

포터〉의 마지막 전투 장면에서 볼드모트 진영이 호그와트를 공격하는 장면이 전형적인 예다. 또 마는 이계에서 새로운 생명체를 소환하거나, 혹은 지적 생명체가 아닌 존재, 즉 동물이나 석상 같은 것들을 조정해서 전쟁에 참여시키는 방식으로 세력 크기를 결정짓는 머릿수에 영향을 줄 수도 있다. 예를 들어 〈반지의 제왕〉에서 사우론의 사주를 받은 백색의 마법사 사루만은 초월적 존재로서, 오크 군대를 만들어 내서 암흑 세력의 크기를 키운다. 또 〈서유기〉의 손오공처럼 분신을 만들어내거나 허상을 만들어서 머릿수에 영향을 주기도 하고, 종종 초월적 존재가 다른 초월적 존재를 소환하거나 제조해서 전쟁에 참여시키기도 한다. 예를 들어 〈캐리비안의 해적〉에서 데비 존스가 크라켄을 소환해서 자신의 세력을 강화하는 경우가 이에 해당할 수 있다. 또한 전투 이전에 세력의 군대에 직접적인 보조 마법을 사용하거나, 마법의 약을 제조해서 먹임으로써, 1인당 평균 전투력을 향상시키는 방식으로 세력의 크기에 영향을 미치기도 한다. 앞서 예를 든 〈아스테릭스〉뿐만 아니라, 〈위처〉를 비롯한 많은 게임에서 직접 전투에 뛰어

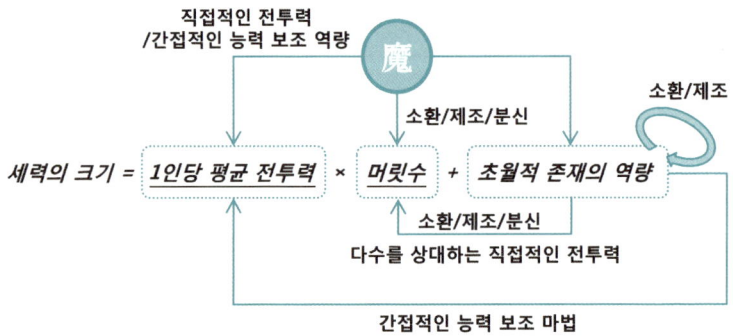

〈그림 5〉 군사력에 있어서 '마'의 역할

드는 존재의 역량을 강화시키는 보조 마법은 흔히 등장한다. 초월적 존재가 마의 속성을 가지고 있을 경우, 〈해리 포터〉의 볼드모트처럼 엄청난 마법의 힘으로 전쟁에 직접 참여할 수도 있지만, 직접적인 공격과 마법보다는 간접적으로 1인당 평균 전투력을 향상시키거나 머릿수를 늘리는 존재가 되는 경우가 많다.

마는 이렇게 아군의 군사력을 강화하는 방식으로 실현되지만, 반대로 적군의 군사력을 약화시키는 방식으로도 구체화된다. 대표적인 것이 적군을 전투력이 없는 존재로 만들거나, 순간적인 장벽을 이용해 양분시켜서 머릿수를 줄인 것과 동일한 효과를 가져오는 것이다. 혹은 저주나 다른 보조적인 마법을 통해서 적군의 1인당 전투력을 약화시키는 방식이 사용되기도 한다.

'지'는 크게 두 가지 양상으로 나타나는데, 하나는 과학에 기반한 전투력 향상이며, 다른 하나는 기지를 발휘해 깜짝 놀랄 만한 '전략/

전술'을 통해 부족한 전투력을 극복하는 것이다. 과학에 기반한 전투력 향상은 '과학적 접근에 의한 무기나 약품'이란 형태로 1인당 평균 전투력을 향상시키는 형태로 나타나거나, '과학적 제조'를 통해 아군의 머릿수를 늘리거나 초월적 존재를 직접 만들어내는 형태로 세력을 강화시킬 수도 있다. 유명한 일본 만화인 〈바벨 2세〉에서 주적(主敵)으로 등장하는 '요미'는 자신의 힘을 기반으로 다수의 사이보그에 가까운 부대들을 만들어내서 세력을 확장하는 전형적인 예를 보여준다. 그리고 이를 저지하는 '바벨 2세'는 외계 과학이 만들어둔 '로뎀', '포세이돈', '로프로스'라는 초월적 존재를 활용하기도 한다. 지에 의한 세력 강화는 세력 자체가 전반적으로 진보된 과학기술을 가지고 있을 수도 있고, 어떤 초월적 존재에 의해 일반인이 이해할 수 없는 새로운 무기나 약품을 개발하는 것으로 설정될 수도 있다. 이렇게 초월적 존재에 의해 무기나 약품이 제공되는 것은 그 전개 양상이 마에 의한 것과 별반 차이가 없는 경우가 많다.

또 지에 기반한 '전략/전술'의 형태로 세력이 강화되는 것은 그 안에서도 두 가지 양상으로 전개되는데, 하나는 자신의 세력을 강화시키는 포지티브(Positive) 형태이고, 다른 하나는 상대의 전력을 약화시키는 네거티브(Negative) 형태이다. 예를 들어 〈삼국지〉의 적벽대전에서 '제갈량'이 '오'를 끌어들인 전략은 자신의 세력을 강화시킨 것이고, '주유'가 '방간'을 활용하여 '채모와 장윤'을 처형한 것은 상대 세력을 약화시킨 것으로 볼 수 있다. 그들이 없어짐으로써 '조조' 진영의 수군 지휘력에 구멍이 나면서 상대 군사의 1인당 전투력을 떨어뜨

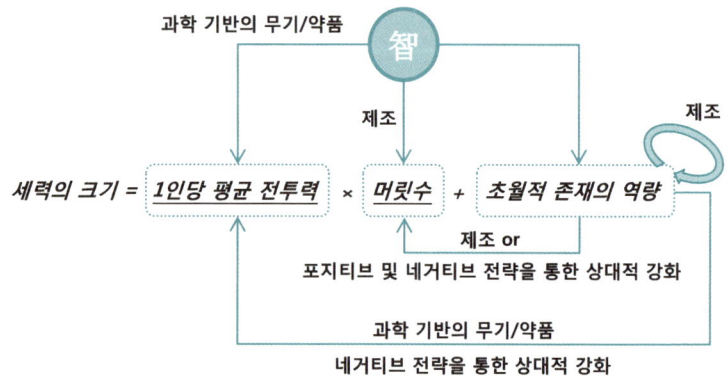

〈그림 6〉 군사력에 있어서 '지'의 역할

린 것이다. 네거티브 형태를 취할 때는 상대의 1인당 전투력을 떨어뜨리기도 하고, 상대의 전력을 분산시킴으로써 머릿수를 줄이기도 한다. 하지만 포지티브 형태를 취할 때는 대부분 동맹 전략을 통해 아군의 머릿수를 늘리는 형태로 설정되지, 아군의 1인당 전투력을 강화시키는 설정은 거의 사용되지 않는다. 이렇게 지를 기반으로 한 세력 강화는 동맹을 통해 우군을 확보하거나, 상대를 약화시킴으로써 아군의 전력을 상대적으로 강화시키는 형태로 나타난다. 그리고 이런 '전략/전술'에 기반한 세력의 상대적 강화는 세력 전반의 것으로 그려지기보다는 초월적 존재의 역량으로 설정되는 것이 일반적이다. 아마도 '전략/전술'을 짜고 구사하는 사람의 수는 근본적으로 소수일 수밖에 없기 때문일 것이다.

'덕'은 전장에 나가 싸워야 할 존재들의 충성도와 사기에 영향을 미치면서 직/간접적으로 전반적인 군사력의 수준에 영향을 미친다. 덕이 있는 지도자와 같이 하는 전사들은 사기가 높아지면서 1인당 전투력이 향상되기도 하고, 그런 지도자에게는 보다 많은 사람들이 모여들고 충성도가 오래 지속되면서 전장에서 이탈하지 않을 가능성이 크므로 머릿수에도 영향을 미친다. 초월적인 존재의 충성도나 사기 역시 지도자의 덕에 의해 크게 달라진다. 하지만 덕 자체가 어떤 가시적이고 직접적인 군사력으로 형상화되지는 않는다. 따라서 덕은 군사력의 속성을 규정짓는 요소라기보다는 다른 세 가지 요소, 지, 체, 마가 효과적으로 진정성 있게 발휘될 수 있게 하는 보조적 요소로 보는 것이 맞을 것이다. 따라서 어떤 세력의 크기를 그 속성에 따라 정의를 하면 다음과 같은 함수로 표현될 수 있을 것이다.

세력의 크기 = [지의 지수(과학, 전략) + 마의 지수(직접 효과, 보조 효과) + 체의 지수]×덕의 지수

이렇게 놓고 보면, 덕은 간접적인 지수이긴 하지만 세력의 크기에 가장 크게 영향을 미칠 수 있다는 걸 알 수 있다. 현실 세계에서 지도자가 얼마나 똑똑하고 능력이 있는지보다, 그가 갖춘 덕이 어떤 것이냐가 더 중요한 것처럼, 판타지의 세계에서도 지도자가 갖추어야 할 덕의 중요성은 새삼 강조할 필요도 없는 것이다.

어떤 세력의 힘이 전적으로 한 가지 속성으로 설명되는 경우도 있겠지만, 대부분의 경우 한 세력은 지, 체, 마 세 가지 속성의 힘을 복

합적으로 가지고 있을 것이다. 하지만 어떤 세력의 힘을 규정하는 데 있어 세 가지 속성 간의 비중을 결정하는 것은 세력의 특성을 설계하는 데 직접적인 영향을 미친다. 그리고 그 세 가지 속성의 조합으로 이루어진 세력의 힘을 다스리는 덕이 어떤 역량을 가지고 있느냐에 따라 세력의 색깔이 결정되기도 한다. 다시 말해 지도자의 덕에 따라 그 세력에 속한 시민들이 공포에 사로잡혀 억압된 것으로 그려질 수도 있고, 희망을 품고 진정으로 협력하는 것으로 그려질 수도 있는 만큼 어떤 세력 내 지배층의 덕을 설계하는 것 역시 아주 중요한 요소가 된다.

자 이제 계속해서 예로 들고 있는 그림의 세력 분포에 이 속성들을 적용시켜보자.

우선 다수 군단형의 군사력을 보유한 세력 A는 일반적인 무기를 기반으로 한 속성을 갖는 것이 가장 자연스럽다. 바다를 낀 소수 정예형의 세력 B는 험난한 자연환경에 적응하는 과정에서 체력적으로 우수한 종족으로 진화하거나, 그런 종족만 그 지역에서 살아남았다는 설정도 가능할 것이다. 혹은 바다를 낀 험난한 자연환경에 적응하기 위해 과학이 발달했고, 이를 통해 1인당 전투력을 세력 A보다 월등히 높게 설정할 수 있을 것이다. 이번 예에서는 이 둘을 묶어서 과학이 발달하긴 했지만, 체력적으로도 월등한 종족으로 구성되어 있다는 설정으로 가기로 하자. 세력 D는 농사 지을 땅도, 고기를 잡을 바다도 마땅찮다. 따라서 좀 더 적은 군사를 가지고 있지만 초월적 존재 한 명이 많은 부분을 커버해주고 있는 것으로 설정할 수 있다. 광물을 채

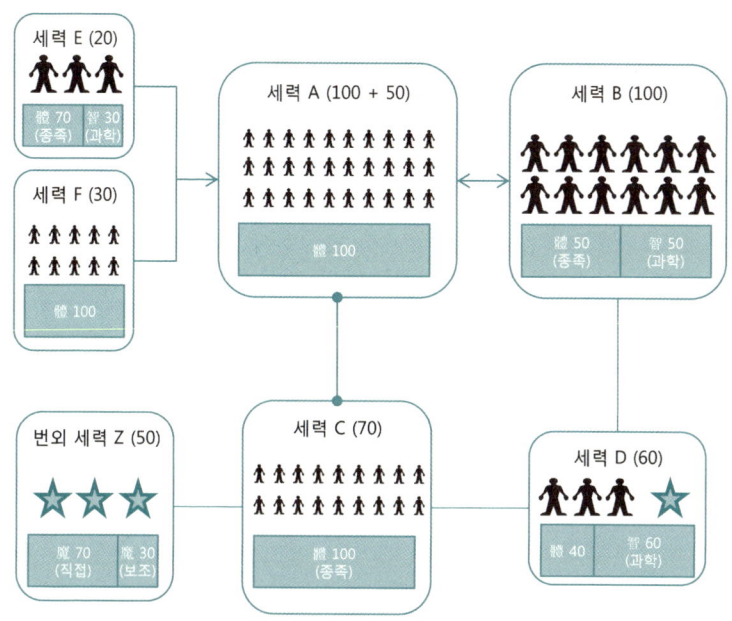

〈그림 7〉 세력별 군사력 크기 및 속성 부여(예시)

굴하는 세력 D의 특성상, 역사적으로 과학에 기반한 문명이었는데 금세기에 들어와 아주 뛰어난 과학자가 출현했고, 그의 능력으로 세력 D는 다른 어떤 세력보다도 강력한 1인당 전투력을 보유한 것으로 설정할 수 있다. 뛰어난 마법사들을 기반으로 하고 있는 번외 세력 Z의 경우, 다수는 직접적으로 공격하고 방어하는 마법에 능하지만, 일부는 다른 전사들의 역량을 배가시켜주는 보조 마법에 능한 것으로 설정하자. 그리고 세력 C, E, F 역시 세력 A의 영향권 아래에서 다들 마법이나 과학보다는 기본적인 물리적 공격에 의존하는 속성을 가진 것으로 설정하자.

이렇게 설정하고 나면, 앞서 언급했던 시놉시스를 일부 수정해서 새로운 이야기를 만들어낼 수 있을 것이다.

세력 B의 참모로 급부상한 제갈모략은 세력 E와 F에게 세력 A에게 바치고 있는 공물의 양을 절반으로 줄이고, 정치적인 독립성을 보장해주겠다는 당근을 제시했다. 이와 함께, 세력 A의 철없는 왕자 김프린에게 첩자를 심어 그가 세력 F의 왕자 나부왕의 피앙세 이옹주를 강제로 빼앗아 첩으로 삼게 만들어, 양국의 관계를 악화시켰다. 이제 세력 F는 세력 B의 침공을 돕기로 결정했는데…….

이처럼 세력 B의 지가 전략적으로 작용한 앞서의 시놉시스에서, 지가 과학적으로 작용한 다음과 같은 시놉시스로 바뀔 수 있다.

과학이 발달한 세력 B는 드디어 세력 D에서 대량으로 수입한 철로 다수의 적을 한꺼번에 살상할 수 있는 무기인 연노와 투석기를 만들어냈고, 이를 기반으로 그동안 호시탐탐 노리고 있던 세력 A의 영토를 빼앗기 위한 전쟁을 시작한다. 신무기의 위력에 속절없이 밀리던 세력 A는 휘하 세력 중 과학이 가장 발전한 세력 E에 이 신무기들에 효과적으로 대응할 병기의 개발을 의뢰했다. 그리고 평소 우호적이던 세력 C에 도움을 요청한다. 하지만 자신의 군사들이 신무기에 의미 없이 희생될 것이 싫었던 세력 C의 왕은, 번외 세력 Z를 설득해 신무기에 대항할 수 있는 마법사들을 파견해줄 것을 요청한다. 한편,

세력 D는 역사상 가장 뛰어난 과학자를 배출해냈고, 그는 드디어 혼자서 움직이는 골렘을 개발하는 데 성공했다. 그리고 세력 D는 이 골렘을 이용해 세력 A와 B의 전쟁의 흐름에 따라 세력 B의 배후를 노리고자 한다…….

만약 처음처럼 세력의 크기가 균형을 이루고 있던 상황에서, 세력 B에 뛰어난 전략가가 등장함으로써 세력 간 균형이 무너지는 시놉시스를 도입하기 위해서는, 세력 판도를 조금 다르게 설계할 필요가 있다. 예를 들어 세력 B의 지가 과학만으로 구성되는 것이 아니라, 초월적인 지략가의 전략에도 비중이 실리도록 설정할 수 있을 것이다. 전략가의 작전으로 세력 E와 손을 잡은 세력 B는 세력 크기가 커지고, 세력 E로부터의 광물 공급이 끊긴 세력 A의 전력이 약화되는 방향으로 말이다.

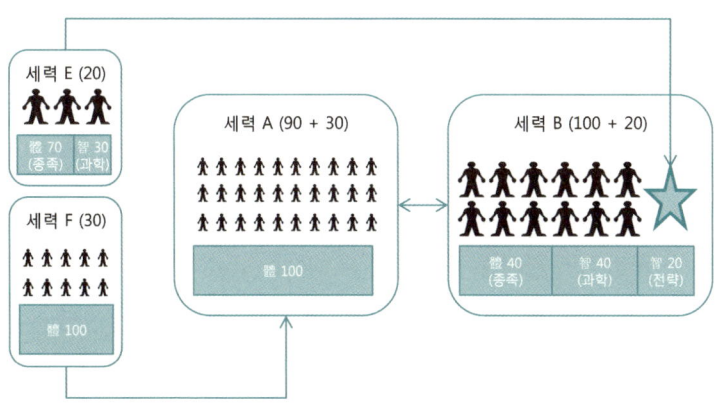

〈그림 8〉 초월적 존재의 등장에 따른 세력 크기의 변화(예시)

통치 체계와
권력 투쟁

　세력의 크기와 속성이 결정되고 나면, 이 세력이 만들어내는 권력을 누가, 왜 획득해서, 어떻게 사용하느냐 하는 것을 설계할 차례가 된다. 이것은 곧 정치제도와 직접적인 연관이 있는 통치 체계를 설계하는 것인데, 사실상 세력 내에서의 집단적 갈등 양상은 이 통치 체계의 영향이 가장 클 것이다. 즉, 세력 내의 권력을 둘러싼 암투를 그려 나가는 밑그림이 될 수 있을 것이다.

통치 체계를 결정하는 세 가지 권력

대통령이 지명한 후보를 의회가 검증하기 위해서 열리는 인사 청문회는 이제 너무나도 익숙한 광경이 되어 있다. 혹은 영화 〈광해〉나 정조 암살 사건을 다룬 〈영원한 제국〉의 경우 왕과 노론, 소론 정파 간의 다툼을 그리고 있다. 또 미국 드라마 〈로마〉에서 그리고 있는 로마 의회와 시저 간의 다툼은 전형적인 정치 집단과 군부 집단의 갈등이다. 그리고 〈프리즌 브레이크〉 같은 작품에서는 소시민과 정치권력 위에 군림하고 있는 음모 집단의 갈등을 다루고 있다. 이처럼 권력 집단의 형태는 이야기에 따라 수없이 다양한 형태로 그려지는데, 크게 보면 세 가지 형태로 나누어볼 수 있다. 첫 번째는 대통령이나 의회처럼 법을 만들고 판단하고 집행할 수 있는 정치권력이다. 두 번째는 누군가의 생사와 안전을 직접적으로 좌우할 수 있는 군사권력이다. 그것은 공식 군부일 수도 있고, 무협에서와 같은 사적인 무력 집단일 수도 있다. 세 번째는 정치권력과 군사권력을 뒷받침하는 부에서 나오는 산업권력이다. 재산을 만들고 축적하는 생산 수단을 소유함으로써 발생하는 권력이다. 무협에 자주 등장하는 거상일 수도 있고, 음모 집단으로서의 '컴퍼니'일 수도 있고, 광활한 땅을 소유한 지주일 수도 있다. 물론 산업권력은 사유재산을 인정하는 세력에서만 탄생할 수 있다.

현실 세계에서는 각 집단이나 개인이 그 사회에서 맡은 역할에 따라 실로 다양한 권력 집단이 존재해야만 한다. 하지만 판타지 세계를

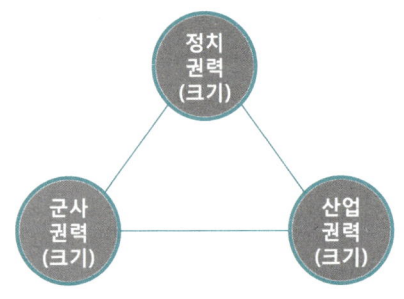

〈그림 9〉 세력의 통치 체계를 결정하는 세 가지 권력

설계할 때 사회를 지탱하는 데 필요한 모든 세력을 설계할 수는 없는 노릇이며, 그럴 필요도 없다. 우선 설계자가 해야 할 일은 이 세 가지 형태의 권력 중 어떤 권력을 그 세력에 등장시킬 것인지를 결정하고, 그들 간의 권력의 크기나 관계를 설정해야 한다.

권력 간의 관계에 따른 권력 투쟁의 양상

권력을 지배하는 유형은 크게 두 가지로 나뉜다. 첫 번째는 권력 자체를 자신의 것으로 만드는 것이고, 두 번째는 자신이 가진 권력을 보다 우위의 것으로 만들어 다른 권력을 조정하는 것이다.

세 가지 권력 간의 상관관계에 있어서 가장 흔히 등장하는 것은 정치권력이 군사권력과 산업권력을 모두 손에 넣고 있는 경우이다. 판타지 작품에서 흔히 등장하는 전제군주의 경우 정치권력과 군사권력,

〈그림 10〉 정치권력의 군사권력 및 산업권력 독점

그리고 세력하의 모든 재산을 기본적으로 자신의 것으로 하면서 산업권력까지 손에 넣고 있다. 봉건제의 경우, 기본적으로 모든 군사력과 산업 시설은 군주의 것이지만, 가장 중요한 산업 시설인 토지에 대한 운영권을 영주에게 주는 것을 기본으로 한다. 이 운영권을 기반으로 봉건 영주가 재화를 축적하고 사병을 양성함으로써, 전제군주의 군사권력과 산업권력의 일부를 나누어 갖기도 하는 것이다. 어쨌거나 봉건제하에서의 영주는 정치권력의 일부라고 볼 수 있다.

또 다른 방식으로 정치권력이 군사권력이나 산업권력을 지배하는 것은 우리 드라마나 영화에서 흔히 볼 수 있다. 악덕 기업주에게 사업을 빼앗기며 자살한 아버지의 복수를 하는 주인공과 부와 정치 네트워크를 가진 악덕 기업주 간의 대결은 아주 익숙한 레퍼토리다. 그리고 이 익숙한 구도의 끝은 언제나 자신이 돈을 주며 마음대로 움직이고 있었다고 생각했던 정치권력에게 뒤통수를 맞는 악덕 기업주의 말로다. 이렇게 정치권력은 자신의 법 집행 권한을 이용해 평화로운 시기의 산업권력과 군사권력을 통제하는 것이 일반적이다. 정치권력은 군사권력에 대해서 국가 반역죄에 대한 엄정한 처벌과 군사권력이 집

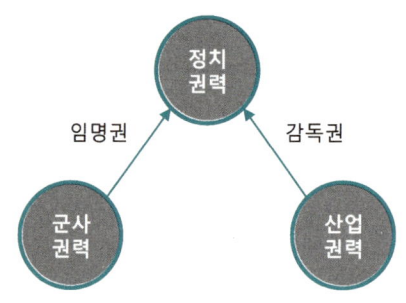

〈그림 11〉 정치권력의 군사권력 및 산업권력 통제 방식

중되지 않도록 군사권력에 대한 인사권을 가지는 방식으로 영향력을 행사하는 것이 일반적이다. 그리고 산업권력에 대해서는 사유재산을 한순간에 무의미하게 만드는 여러 가지 법 제도를 통해서 통제권을 손에 넣는다.

또 군사권력이 다른 권력들을 지배하고 있는 경우가 있는데, 군사권력이 쿠데타에 성공한 상황을 가정하는 것이 일반적이다. 쿠데타에 성공한 군사권력이 기존의 정치권력을 '숙청'하고, 산업권력을 '몰수'하는 방식으로 모든 권력을 자신의 것으로 만들어버리는 식이다. 그러나 정치적인 안정이 오면 다시 이 권력을 적절히 배분할 수밖에 없기 때문에, 군사권력이 다른 권력을 모두 지배하는 것은 쿠데타에 성공한 일부 군사권력이 정치권력화되기까지의 과도기에서 나타나는 한시적 상황으로 봐야 한다. 그래서인지 역사적으로 군사권력의 집권 기간은 아주 짧은 경우가 많다.

끝으로 산업권력의 탄생은 봉건제를 넘어서 사유재산을 인정하는

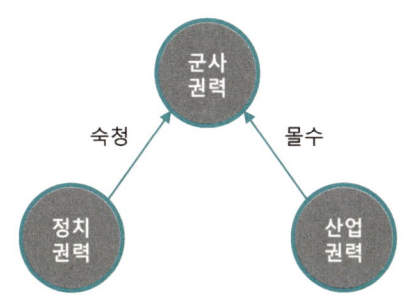

〈그림 12〉 군사권력의 정치권력 및 산업권력 획득 방식

단계까지 가야만 가능하다. 사유재산이 인정되면서 나타난 산업권력이 정치권력과 군사권력을 손에 넣더라도 권력 투쟁의 전면에 나서거나, 정치권력을 직접 집행하는 경우는 드물게 그려진다. 대부분 정치권력이나 군사권력을 돕는 조력자로 등장하거나, 막후에서 조정하는 배후 권력으로 등장한다. 산업권력이 군사권력을 직접 갖는 것은, 무협에서 흔히 등장하는 표국처럼 재산을 지키기 위해 사병을 양성하는 것이 일반적이다. 산업권력이 정치권력을 직접 갖는 것은 재력을 바탕으로 그들의 자손을 정치권력의 핵심에 자리잡도록 하는 설정이 많다.

모든 권력의 핵심, 정치권력의 설계 첫 번째
−정치 권력의 종류와 관계

세 가지 권력의 관계를 설정하고 나면, 이제 각 권력에 대해 조금 더 상세히 설계할 필요가 있다. 정치권력은 앞서 언급한 것처럼 법을 만드는 입법과, 그것을 판단하는 사법, 그리고 그것을 집행하는 행정을 장악하면서 나오는 것이다. 따라서 정치권력 집단을 설계하는 데 가장 중요한 요소는 이 입법/사법/행정의 권리를 어떻게 배분할 것이냐 하는 문제와 그 권력이 해당 집단에 주어지는 방식을 결정하는 것이다.

가장 먼저 독재적인 통치 구조를 가진 세력에서 흔히 볼 수 있는 것으로, 한 집단이 입법/사법/행정의 정치권력 모두를 장악하고 있는 경우가 있다. 이 경우도 두 가지 스타일이 있을 수 있는데, 하나는 한 집단이 세 정치권력을 모두 구분 없이 가지는 것이다. 쉽게 생각해서 옛 고을의 사또가 그 지역에 필요한 법도 만들고, 법을 어겼는지에 대한 판단도 하고, 곤장을 때리는 일도 자기 부하를 시켜서 하는 것이다. 하지만 세력의 크기가 커지면 모든 것을 한 주체가 가질 수는 없기 때문에, 세 가지 역할을 분리할 필요가 생긴다. 하지만 절대적인 권력자나 권력 기관이 세 가지 권력을 분산시키지 않고 유지하고 싶은 경우, 역할은 분리시키되 실질적인 의사결정권은 자신이 가지는 두 번째 지배 구조가 나타난다.

세력이 더 커지고, 입법/사법/행정의 역할이 분리될수록 이들 권력의 독립성도 더 커지게 된다. 이런 경우 각 권력이 독립성을 가지면서 서로를 견제하는 형태의 통치 구조를 갖게 된다. 이때 어떤 권력이 우위에 서느냐 하는 것은 서로의 지명권에 따라 좌우된다고 할 수 있다. 로마의 '의회'처럼 귀족들로 구성된 입법부가 행정 수반을 지명하

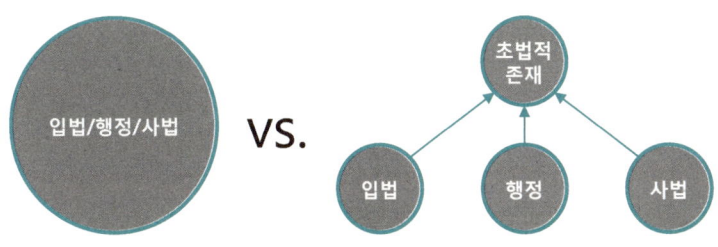

〈그림 13〉 정치권력의 독점 형태

는 경우는 의회가 행정부를 실질적으로 지배할 수밖에 없다. 또 우리나라처럼 대통령이 사법부의 수장을 지명하고, 입법부인 의회의 동의를 얻는 경우는 사법부가 행정부의 실질적인 지배를 받을 수밖에 없다. 따라서 세 권력의 균형을 맞추려고 할수록 서로를 견제할 수 있는 임명, 동의, 탄핵, 소추 등의 다양한 장치들이 등장할 수밖에 없다.

모든 권력의 핵심, 정치권력의 설계 두 번째
―정치권력의 획득/이양 방식

정치권력의 설계에 있어서 권력의 집중도 이상으로 중요하며, 또 그 집중도와 밀접하게 관련되어 있는 것이 권력을 손에 넣거나 이양하는 방식이다. 권력의 부여 방식이 혈연에 의한 세습인지, 다수의 투표에 의한 선출인지, 혹은 선임자에 의한 지명인지, 특정한 시험을 통과하거나 겨루기를 하는 시험 방식인지에 따라 정치 체제가 결정된다.

가장 단순한 방식으로 권력이 이양되고 획득되는 것은 세습일 것이다. 말 그대로 혈연에 의해서 선대가 가진 권력이 후대로 이어지는 것이니, 좋은 피를 이어받아 태어나기만 하면 된다. 하지만 이 세습도 따지고 보면 그리 간단치가 않다. 모든 부부가 자식을 하나만 낳는다면 자신이 가진 것을 자식에게 다 넘겨줘버리면 되지만, 실상 뭔가 가진 것이 많은 집안일수록 자식의 수도 많은 편이다. 즉, 넘겨줄 권력은 그 수나 크기가 정해져 있는데, 받을 사람이 여럿인 것이다. 더구나 결혼이라는 문제까지 등장하면 이야기는 더 복잡해진다. 결국 세습을 인정하는 사회에서도 권력이 온전히 자식에게 전달되는 것은 애초에 불가능에 가까운 일이다. 따라서 세습을 통한 권력 이양과 획득은 다음과 같은 양상을 띠기 마련이다.

권력을 이어받을 후보로서의 자격만을 부여하고, 별도의 규칙을 통해 실제로 이어받을 사람을 정하는 것이다. 그리고 그 별도의 규칙은 앞서 말한 네 가지 방식, 즉 세습, 선출, 지명, 시험 중 하나로 결정된다. 세습에 따른 후보 자격 부여 후 다시 세습에 의해 권력이 이양되는 것은 대부분 장자 상속에 의한 것이다. 다시 말해 자손들 중 가장 맏이가 선대의 권력을 모두 이양 받고, 그 대신 다른 형제 및 친족에 대한 최소한의 부양 의무를 책임지는 형태다. 그리고 가끔은 선대의 권력이 동등한 비율로 자식들에게 이양되는 경우도 나타나는데, 이런 형태는 주로 가시적인 재화의 형태나 군사권력의 형태로 변환되어 이루어질 때가 많다. 즉, 세력권 내의 영역을 몇 개로 나누어서 동등하게 배분하거나, 혹은 군사력을 동등한 비율로 나누어 배분하는 형식이다. 정치권력 자체는 동등한 비율로 나누는 것 자체가 어렵기 때문에, 현실적으로 자식들에게 똑같은 비율로 나누어준다는 것 자체가 매우 어려운 일이다. 그리스 신화에서 탄탈로스의 아들인 펠롭스는 자신의 양 떼를 두 아들 아트레우스와 티에스테스에게 똑같이 나누어줬지만, 결국 두 아들 간의 다툼으로 집안이 엉망진창이 되어버리면서 막장 드라마로 이어진다. 아주 드물게 정치권력을 번갈아 맡는 형태로 이양되는 예도 볼 수는 있지만, 이런 경우 한시적으로 평화롭게 이루어지다 권력 다툼으로 번지기 일쑤다. 그리스 신화에 등장하는 비운의 영웅, 오이디푸스는 두 아들 에테오클레스와 폴리네이케스가 해마다 번갈아가며 왕위에 오르도록 했지만, 결국 두 아들 간의 다툼으로 두 아들 모두 죽었다. 세습에 의한 권력 이양은 비단 정치권력뿐만 아니라, 군사권력이나 산업권력에 대해서도 동일하게 적용된다. 세습에 따른 후보 자격 부여 이후에, 세습이 아닌 선출, 지명, 시험을 통해 권력이 이양될 수도 있다. 조선시대 세자 지명처럼 아버지가 아들 중 마음에 드는 한 명을 지명할 수도 있고, 부하들이 세습 자격이 있는 후보들 중 투표를 통해 선출할 수도 있다. 자식들을 경쟁시켜 승리하는 이에게 모든 권력을 넘겨주는 방식도 유럽의 다양한 동화에서 심심찮게 볼 수 있다. 세습에 의해 후보 자격이 부여된 후, 선출, 지명, 시험에 의해 권력을 이양하는 방식은 후보 자격이 세습에 의해 주어진다는 것만 다를 뿐, 이후의 과정은 세습이 아닌 선출, 지명, 시험을 통한 권력 이양 방식과 거의 유사하다.

   선출에 의한 권력의 획득은 현대 사회를 살고 있는 우리들에게 가

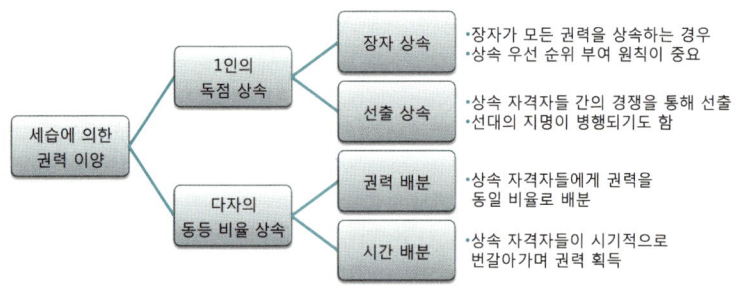

〈그림 14〉 순수 세습에 의한 권력 이양 방식

장 익숙한 방식이다. 행정부의 수반인 대통령을 뽑거나, 입법부인 의회 의원 선거는 현대 사회의 가장 보편적인 권력 부여 수단이 되어 있다. 하지만 선출 역시 들여다보면 매우 복잡한 형태를 가지고 있다. 선출에 의한 권력 이양 방식은 어떤 권력을 가질 수 있는 존재로 선출이 될 수 있는 '피선출권'이 부여되는 범위와 피선출권이 부여된 후보들 중 누군가를 선출할 수 있는 '선출권'이 부여되는 범위에 따라 여러 가지 형태를 띨 수 있다. 우선은 피선출권의 부여 범위와 선출권의 부여 범위가 같을 수도 있고, 다를 수도 있다. 만약 어떤 왕가의 왕을 왕족 중에서 선출하는데, 그 투표 자격도 왕족에게 주어진다면, 피선출권과 선출권의 부여 범위가 같은 것이다. 하지만 왕족 중에서 선출을 하지만, 투표권은 별도의 기관인 원로회에서 한다면 서로 부여 범위가 다른 것이다. 또한 피선출권과 선출권의 부여 범위가 좁은지 넓은지에 따라서도 양상이 달라진다. 현대 사회처럼 세력 내 대부분의 존재에게 피선출권과 선출권이 주어지는 경우도 있을 수 있고, 자격을 부여받은 일부 집단에게만 부여될 수도 있다. 이렇게 선출권이 부여되는 범위와 피선출권이 부여되는 범위에 따라 아래 그림과 같이 크게 다섯 개의 형태로 나뉠 수 있다.

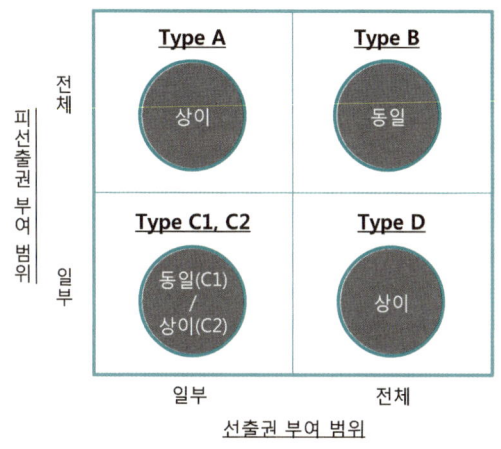

〈그림 15〉 선출권과 피선출권의 부여 방식

우선 타입 A는 피선출권 부여는 세력 내 모든 존재들에게 주어지고, 선출권의 부여는 일부에게 주어지는 형태다. 예를 들어 한 부족을 이끌어갈 제사장은 그 부족민 중 20세 이상의 성인남녀 모두가 될 수 있는데, 그들 중 누군가를 선정하는 권리는 제사장이나 일부 권력자로 구성된 원로회에 있는 경우다. 이런 경우는 일부에게 선출권이 주어지고, 전체에게 피선출권이 주어지므로, 선출권을 가진 일부 집단이 전체 집단에 속할 수는 있지만, 두 집단이 완전히 동일할 수는 없다.

3부 세력은 무엇으로 구성되는가?

타입 B는 현재의 민주주의를 표방하는 많은 국가들의 정치 제도를 생각하면 쉽게 알 수 있다. 전체 국민에게 선거권과 피선거권이 주어지는 경우다. 물론 현실적으로 후보가 되는 것이 전 국민에게 있다고 보기는 어렵겠지만, 적어도 제도적으로는 그런 구조로 되어 있는 것이다.

타입 C는 일부 집단에게 선출권과 피선출권이 주어지는 경우인데, 이때 두 집단이 서로 같을 수도 있고, 다를 수도 있다. 무협물에서 볼 수 있는 것처럼 9대 문파의 맹주는 그 후보도, 후보를 선출하는 투표권도 모두 9대 문파의 장문인에게만 주어질 수 있다. 이런 경우가 타입 C1의 대표적인 사례가 될 것이다. 만약 맹주 후보는 9대 문파의 장문인들이 되고, 9대 문파의 장로회가 따로 있어서 이 장로회가 맹주에 대한 선출권을 갖는다면 타입 C2의 전형적인 예가 될 것이다.

타입 D는 피선출권은 일부 집단에 있고, 선출권은 세력 내 전체에게 부여되는 형태다. 예를 들어 9대 문파의 맹주를 뽑는 데 있어서, 그 후보는 각 문파의 장문인이 되고, 맹주 선출은 9대 문파에 소속된 전체 무림 인원이 참여한다면 타입 D의 전형적인 예가 될 수 있을 것이다.

그리고 타입 A, C, D처럼 만약 선출이나 피선출 자격이 일부 집단에게만 부여될 경우, 그 일부 집단의 자격은 또다시 세습, 선출, 지명, 시험 중 어떤 방식으로 부여되느냐가 다시 중요한 문제로 떠오른다. 예를 들어 왕족들이 차기 왕에 오를 자격이 있는 후보군이 되고, 원로회가 선출권이 있다고 가정해보자. 이때 원로회의 구성원은 특정한 혈연 관계를 통해 자동으로 가입할 수도 있고, 원로회의 회원들이 결원이 생길 때마다 비회원들 중 누군가를 지명할 수도 있다. 또 정기적 혹은 비정기적으로 열리는 시험을 통과한 사람에게 회원 자격이 주어질 수도 있다. 즉, 피선출권은 세습에 의해서 부여되고, 선출권은 시험에 의해서 부여되는 것이다. 그리고 미국의 대통령 선거에서 선거인단을 뽑는 것처럼, 선출권을 가진 원로회의 구성원을 투표를 통해 선출할 수도 있을 것이다.

지명에 의한 권력의 획득과 이양은 선인(善人)에 의한 정치가 이루어지는 세력에서 주로 나타난다. 대표적인 예가 '달라이 라마'다. 물론 티베트 내부적으로는 환생이란 특수한 조건이 성립해야겠지만, 겉으로 나타난 현상은 선대 '달라이 라마'가 그다음 '달라이 라마'를 지명하는 방식으로 승계된다. 또 중국의 대표적인 태평성대로 불리는 '요순시대'에는 요 임금이 차기 임금으로 순 임금을 지명하고, 권력을 이양했다. 이런 이양 방식이 지속되기 위해서는 승계하고, 승계받는 자의 역량과 품성이 모두 훌륭하다는 전제 조건이 유지되어야 한다. 따라서 이러한 방식이 선인 정치에서 이루어지는 경우가 많은 것이다. 어떤 특정한 기술이나 자격이 중요한 집단에서 지명에 의한 권력의 획득과 이양이 많다. 서양의 길드나 무협물에서 등장하는 대부분의 문파들, 현대 사회의 기업들이 이런 방식으로 권력을 이양하고 획득하는 것을 흔히 볼 수 있다. 이런 경우 대부분 선대의 권력자가 자신의 뒤를 이을 후대의 권력자를 지명할 수도 있지만, 드물게

권력자의 지명권이 다른 이에게 있을 수도 있다. 예를 들어 어떤 마을의 추장을 지명하는 역할이 선대 추장에게 있는 것이 아니라, 그 마을의 최연장자나 혹은 주술사에게 있는 것으로 그려지는 이야기들이 그렇다.

  시험을 통해서 권력 이동이 이루어지는 것도 지명에 의한 것과 비슷한 경우가 많다. 즉 특정한 기술이나 자격을 보유하는 것이 그 세력에서 매우 중요할 때 주로 이런 방식이 도입되는 것이다. 다만 지명보다 시험을 통해서 이루어지는 것은 품성에 비해 역량이 보다 중요시되는 경우가 많아 선인 정치와는 거리가 멀다. 또한 지명과 시험이 동시에 이루어지는 경우도 많은데, 요리를 소재로 한 판타지 작품에서 흔히 볼 수 있는 방식이다. 선대 요리장이 다음 요리장을 지명하는 데 있어, 여러 요리사들이 대결을 펼치는 식이다. 시험 결과를 판정하는 데 있어 객관성을 담보하기 어려운 경우에 이런 방식이 주로 응용된다. 또 시험 결과의 객관적 판단과 지명의 주관적 판단에 괴리가 있을 경우 발생할 수 있는 갈등은 많은 작품에서 소재로 활용되기 때문에 이런 설정은 흔히 만날 수 있다.

  지명과 시험에 의해서 정치권력이 주어지는 방식은, 그 획득 기준이 무엇이냐에 따라 다양한 이름의 통치 형태로 나눌 수 있다. 어떤 총합적인 가치에 의해서 결정되는 선인(Aristocracy) 정치도 있고, 지적 역량(Geniocracy)이나 특정 기술(Technocracy) 등 어떤 특정한 역량이 기준이 될 수도 있다. 다음 표에서 몇 가지 예시적인 정치 형태를 간단히 정리해보았다.

〈표 1〉 권력 획득 및 이양 방식에 따른 정치 체제

선인 (Aristocracy)	뛰어난 사람들에 의한 집단 지도 체제이며, 자격은 세습이 될 수도 있으나, 단일 혈족은 아니며 복수 혈족. 세습이 아닌 다른 방식에 의한 선택 또는 선출일 수도 있음.
지적 역량 (Geniocracy)	지적인 역량이 뛰어난 사람들에 의한 통치. 많은 판타지 작품에 나오는 마법 길드나 마법 대학의 수장에게 나라의 권력이 주어지는 형태. 지력 대결을 통해서 스핑크스를 물리치고 왕위에 오른 오이디푸스가 예가 될 수도 있음.
물리적 힘 (Kratocracy)	물리적 힘이 뛰어난 사람들에 의한 통치. 혼자서 사자를 사냥한 남자를 부족장으로 앉히는 아프리카 부족이 예가 될 수 있음.
사회적 실력 (Meritocracy)	일정한 역량 조건(최고의 실력자를 가리는 겨루기 시합에서의 우승과 같은 특정한 이벤트, 혹은 지역 사회를 위협하는 괴물을 처치한다든가 하는 사회적 공헌 등)의 능력을 갖춘 사람들에 의한 통치.
특정 기술 (Technocracy)	일정 수준 이상의 교육을 받고, 그에 대한 검증이 된 사람들에 의한 통치. 박사, 기술자, 과학자 등 전문 분야의 소양이 있는 사람들이 정치가나 사업가를 대신해 통치.

모든 권력의 핵심, 정치권력의 설계 세 번째
-정치권력의 사용 방식

정치권력은 획득 방식뿐만 아니라, 사용 방식도 그 세력의 통치 형태에 크게 영향을 미친다. 권력의 사용 방식에서 가장 중요한 것은 법과의 상관관계라고 할 수 있다. 권력을 사용하는 것이 법에 기초해서 그 테두리 내에서 이루어지느냐, 그렇지 않느냐에 대한 설정이 필요한 것이다.

우선은 권력자의 의지에 따라 법과 상관없이 행정 집행이 이루어지는 초법적 독재체제가 있을 수 있다. 이런 경우는 권력자의 폭주를 제어할 제도적 장치가 별도로 없으며, 이 상태를 벗어나기 위해서는 새로운 권력자에 의한 권력 교체가 유일한 해결책으로 제시되는 것이 일반적이다. 초법적 독재체제가 가능하기 위해서는 기본적으로 인권이라든가, 생명에 대한 존중이라는 의식이 약할 수밖에 없다. 따라서 초법적 독재체제에서는 어떤 생명체를 도구로 생각하는 노예 제도나 하인 제도가 뒤따르게 마련이다.

두 번째는 권력자의 의지에 따라 법의 적용이 달라지거나 법 자체의 개정이 이루어지지만, 적어도 법이 존재하고 법적 테두리 내에서 권력 행사가 이루어지는 법적 독재가 있을 수 있다. 이런 경우는 독재자나 독재 집단이 행정, 입법, 사법의 3권을 모두 가지고 있어서 그들의 의지에 따라 법이 만들어지거나 수정될 수 있다. 하지만 적어도 행정적인 권력의 행사는 법에 기초해서 이루어지는 것이다. 이런 경우에는 그 법의 적절성이나 타당성에 대해서 조언 집단이나 여론 집단 등에 의한 최소한의 견제가 있는 것으로 설정될 때가 많다.

그리고 마지막으로 우리가 흔히 접할 수 있는 3권이 분리된 상태에서의 대통령제나 내각책임제 등의 정치 형태가 있을 수 있다. 이런 경우 행정적인 절차 자체가 법적인 테두리 안에서 이루어지는 것은 물론이고, 사법적 판단과 법의 개편 자체도 법적인 프로세스에 따라 이루어지는 것이 일반적이다.

⟨표 2⟩ 권력 사용 방식에 따른 정치 체제

사용 방식	명분	비고
권력자의 의지 중심	폭정 (Despotism)	절대 권력을 가진 하나의 개체에 의한 통치. 개체는 개인일 수도 있고 집단일 수도 있음. 사회 체제의 유지를 위해 노예 제도가 필연적으로 필요함.
↕	권위주의 (Authoritarian)	한 집단이 국가의 권력을 독점하고, 자신들의 방식에 따라 통치.
	전제군주제 (Autocracy)	법과 관행을 넘어서는 권력을 가진 한 명의 절대 권력자에 의한 통치. 일반적으로 주종 관계가 있는 하인(Servant) 제도가 동반됨.
	독재지도자체제 (Dictatorship)	권력이 집중된 한 사람에 의한 통치. 주로 선출되거나 스스로 자리에 오름.
	전체주의 (Totalitarian)	집단에 속한 모든 개개인의 공적/사적 생활까지 하나의 규범 속에 통제하는 방식. 종교 집단에 가까운 특성을 보일 때도 있음. 파시즘이 대표적인 예.
	입헌군주제 (Constitutional Monarchy)	군주가 있지만 헌법이 규정한 권력만 가짐. 법 개정은 군주의 의지가 아니라 사회적 합의에 의한 다른 기관을 통해서 가능.
법치 우선	대통령제 (Presidential System)	행정 수반인 대통령이 행정 집행에 대한 권한과 책임을 지는 제도.
	내각책임제 (Parliamentary Cabinet System)	의회가 입법과 행정의 권한과 책임을 지는 제도.

이렇게 권력의 집행에 있어서 권력자의 의지가 우선시되는지, 법이 더 우선시되는지에 따라 다양한 형태의 정치 체제가 탄생해왔다. ⟨표 2⟩에 정리된 것처럼 권력자의 의지가 가장 많이 우선시되는 폭정

에서부터, 전제군주제나 전체주의, 그리고 현대적인 대통령제나 내각 책임제까지 다양한 이름하에 조금씩 차이가 있는 정치 체제가 존재해 왔다.

군사권력의 설계

군사권력은 정치권력처럼 획득 방식과 사용 방식의 문제보다는 오히려 다른 권력, 즉 정치권력 및 산업권력과의 관계를 설정하는 것이 판타지 세계의 설계에서는 더 중요하다. 사실 어떤 세력 내의 모든 군사권력이 일치 단결해서 다른 권력들과 대립을 하게 되면, 다른 권력들이 이에 저항하는 것은 사실상 불가능하다. 총칼을 들이밀고 목숨이 아까우면 재산을 내놓으라고 하거나, 저항하면 죽이고 뺏어버리면 그만인 것이다. 따라서 군사권력이 모든 권력을 독점하고 있는 상황이 아니라면, 세력 내의 군사권력이 서로 뭉치지 못하도록 여러 가지 장치를 해놓기 마련이다. 그래서 군사권력은 다른 권력들과의 관계에 따라 여러 권력으로 나뉘어 있는 것이 일반적이다.

군사권력 하면 군대가 가장 쉽게 떠오를 것이다. 주로 대외적인 안보를 맡는 군대와 대내적인 치안을 맡는 경찰은 여러 가지 이름으로 불릴 수 있지만, 둘 다 제도권 내에서 정치권력과 밀접하게 연관되어 있다. 군대는 원칙적으로는 대외적인 안보를 맡도록 되어 있지만, 세력 내부의 정치적인 이해관계에 따라 내부의 반대 세력을 단속하는 역할도 할 수밖에 없다. 따라서 세력 내 최고 권력자와의 거리에 따라 정치권력과의 관계가 정해지는 것이 일반적인데, 가장 가까이에서 최고 권력자의 신변을 호위하는 친위대(현대의 대통령 경호실도 여기에 해당)가 정치권력과의 밀접도도 가장 높을 수밖에 없다. 그리고 최고 권력자가 머물고 있는 수도나 성의 방위를 맡고 있는 수도 경비대, 이어서 세력의 영토 가장자리의 수비를 맡고 있는 국경 수비대의 차례로 정치권력과의 거리가 정해진다. 물론 최고 권력자와의 거리가 멀수록 오히려 충성도가 높은 사람을 수장으로 배치하는 것이 일반적이지만, 정치권력과 서로 주고 받는 영향력은 떨어질 수밖에 없다. 〈삼국지〉에서 유비가 촉으로 들어가면서 수도로 삼은 성도에서 가장 거리가 먼 형주 지방의 통치를 관우에게 맡긴 것도 이런 이유에서이다. 또한 경찰은 정치권력과는 중립적으로 움직이며 대내적인 치안을 전담하는 것이 원칙이다.

물론 이런 상관관계는 대외적으로든 대내적으로든 비(非)전시 상황에서만 유지되는 것이며 전시 상황이 되면 전혀 다른 양상을 띨 수밖에 없다. 대외적인 전시 상황이 되면 최고 권력자가 직접 전장에 나서느냐 그렇지 않느냐에 따라 정치권력과의 거리가 역할에 따라 아주 크게 달라질 수도 있다. 예를 들어 전장에 직접 나선다면 국경 수비대와 친위대는 하나로 합쳐지게 되고, 집권 세력은 수도 경비대에 가장 충성도 높은 수장(주로 친인척)을 배치해서 배후를 든든히 하게 되는 것이다. 경찰 역시 일부, 혹은 전 병력이 전장에 투입되며, 대내적인 치안은 군대가 맡게 되는 것이 일반적이다.

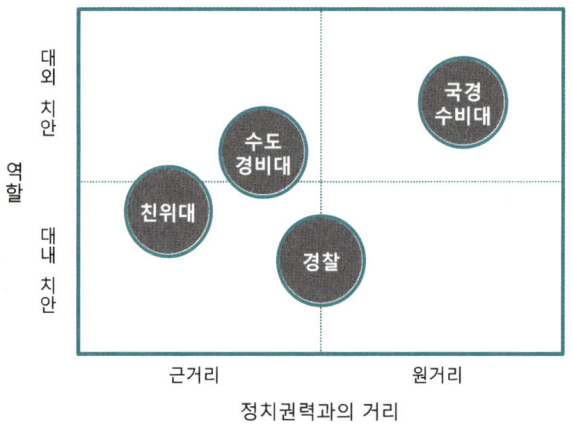

〈그림 16〉 제도권 군사권력의 종류와 속성

대내적인 전시 상황인 내전 상황에서도 역학관계는 내전 자체의 양상에 따라 크게 달라질 수 있다. 어떤 군사권력이 어느 쪽 손을 들어주느냐에 따라 달라지는 것이다. 예를 들어 수도 경비대와 경찰이 왕과 반대쪽인 정치 세력과 손을 잡고 반란을 일으키고, 친위대가 궁을 방어하며 대치 상황을 만들고 있고, 왕의 친정 세력인 국경 수비대가 수도에 어느 시점에 도착하느냐에 따라 반란의 성공 여부가 갈리는 상황은 여러 작품에서 흔히 볼 수 있는 광경이다. 또 반란의 기운이 감지되는 국경 수비대의 수장들을 왕이 수도로 불러들여 숙청하는 장면도 자주 등장한다.

판타지 세계의 설계에 있어서 또 하나의 중요한 군사권력은 그것이 법적으로 공인된 집단이든, 그렇지 않든 간에 정치권력과 독립적

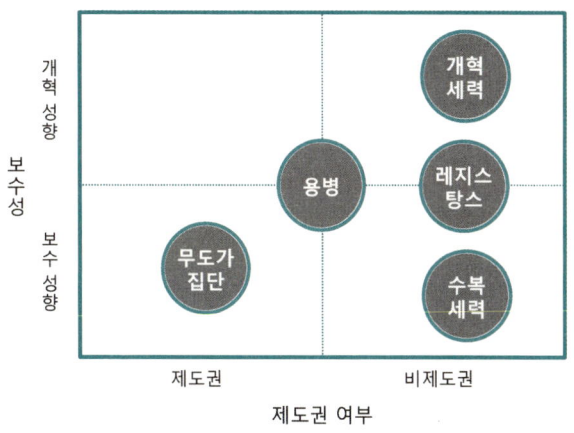

〈그림 17〉 비정치적 군사 세력

인 이해관계에 따라 움직이는 사설 군사권력이다. 이런 집단은 주로 정도의 차이는 있겠지만 용병적인 성격을 띠고 있는 경우가 많다. 무협물에서 자주 등장하는 암살단이나, 프랑스의 외인부대인 레지옹 에트랑제, 전문 킬러 네트워크, 조직 폭력배 등 서로 조금씩 성격을 달리하는 용병 집단들이 있을 수 있다. 그리고 심신의 수련을 목적으로 하는 각종 무술 집단들이 있을 수 있다. 이들 집단은 결속력이 강해지면 종교적인 색채를 띠는 경우가 종종 있다. 이들이 단순히 심신 수련을 목적으로 한 집단일 경우에는 친정부 성향을 띠는 것이 일반적이며, 종교적인 색채를 띠는 순간 반정부 성향을 띠기 쉽다. 그리고 마지막으로 현재 집권 세력에 반대하는 불법적인 군사세력, 즉 반군, 레지스탕스 등 다양한 이름으로 불리는 저항군 세력이 있을 수 있다. 이들 저항군이 생겨나는 이유는 크게 세 가지로 나뉠 수 있다. 레지스탕스처럼 정치적인 압제에 대항해서 생겨나는 경우, 무협물에 자주 등장하는 백목련회처럼 잃어버린 권력을 되찾겠다는 목적에서 결성되는 경우, 그리고 이전까지 정치권력이 없었던 어떤 집단이 정치권력을 획득하려는 과정에서 나타나는 신규 세력 등이다.

산업권력의 설계

죄수들의 탈출극을 그린 〈프리즌 브레이크〉나 초능력자들의 암투를 그린 〈히어로즈〉는 전혀 다른 소재와 진행 방식을 가진 미국 드라마지만, 두 드라마에 공통적으로 등장하는 것이 있다. 바로 소위 '컴퍼니(Company)'라는 존재다. 컴퍼니는 그 이름답게 부를 목적으로 결성된 음모적 이해집단이다. 그 부가 국가 이기주의를 대변하는 것으로 그려질 때도 있고, 지극히 개인적인 이기심을 채우기 위한 것으로 그려질 때도 있지만, 그 과정과 결말은 다분히 추악하다. 이렇게 어떤 부를 중심으로 결성된 이익집단이 정치권력이나 군사권력에까지 영향을 주게 되면, 산업권력이 되는 것이다.

산업권력은 어떤 세력의 규모가 일정 수준 이상 커지고, 시스템이 복잡해진 이후에 등장하는 것이 일반적이다. 산업권력은 일반적으로 사유재산이 인정되는 사회 제도하에서, 생산 수단을 가지고 있는 집단에게 주어진다. 여기서 생산 수단이라 함은 무언가 다른 재화를 만들어낼 수 있는 것으로, 대표적인 것이 땅, 생산 설비, 그리고 그것들을 보다 효과적으로 이용할 수 있는 기술 등이며, 화폐 시스템이 발전해서 금융 서비스가 활성화된 세력 내에서는 화폐 자체도 생산 수단이 될 수 있다. 사회를 지탱하는 힘이 주로 식량에서 나오는 동안에는 땅을 가진 지주가 산업권력의 핵심으로 등장하며, 사회가 식량 이외의 다양한 재화를 요구할수록 다른 생산 설비나 기술을 가진 집단도 산업권력으로 등장하게 된다. 서양에서는 각종 길드의 형태로 이런 산업권력이 등장하는데, 대표적으로 중세 석공(건축가) 길드에서 시작한 프리메이슨[1]은 현대 사회에서도 그 영향력이 상당한 권력 집단으로 그려질 때가 많다. 그리고 물물 교환의 한계에 봉착한 사회가 화폐 시스템을 도입하면서 금융 서비스가 활성화될수록, 화폐를 가지고 있는 것만으로 어떤 집단이 산업권력으로 등장할 수 있게 된다.

산업권력은 정치권력이나 군사권력이 과격해져서 자신들을 적대시할 경우 방어할 수 있는 수단이 마땅찮다. 따라서 산업권력이 직접적으로 권력을 행사하는 것은 자신의 생산 시설에 기대서 삶을 지탱해야만 하는 존재들에 국한되며, 대개의 경우 두 가지 간접적인 패턴을 통해서 정치권력이나 군사권력과 손잡거나 맞서게 된다. 우선은 소위 음모 집단으로서 정치권력을 지배하는 패턴이다. 앞서 언급한 '컴퍼니'라는 형태의 권력 집단이 이런 산업권력이 비대해진 전형적

---

[1] 석고(Mason) 조합에서 출발해 18세기 영국에서 창립되었다. 평화, 박애 등을 모토로 삼고 있는 대규모 집단이지만, 가입 의식의 비밀스러움 등으로 인해 많은 사람들에게 음모 집단으로 인식되고 있음.

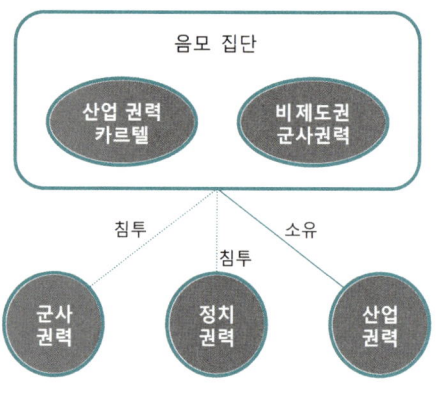

〈그림 18〉 음모 집단으로서의 산업권력 설계

인 예라고 할 수 있다. 몇몇 산업권력들이 카르텔을 형성해서 자신들이 가진 부를 바탕으로 정치권력을 지배하는 것이다. 이런 경우 산업권력은 정치권력과 군사권력을 자기 뜻대로 움직이기 위해서, 그 속에 자신의 뜻대로 움직일 수밖에 없는 존재를 심어두는 것이 일반적이다. 그리고 이들이 자신들의 뜻에 반했을 때, 그들을 응징하기 위한 별도의 비밀 용병집단을 직접 소유하고 있는 것으로 그려지는 경우도 종종 있다.

  산업권력이 정치권력과 군사권력에 영향력을 갖는 또 다른 한 가지 경우는, 산업권력이 비제도권의 저항 집단을 측면에서 도울 때다. 이런 경우 산업권력은 해당 세력 내부에 있을 수도 있지만, 세력 외부에 있을 수도 있다. 즉 어떤 세력으로부터 배척당한 집단이 다른 세력권으로 쫓겨난 이후, 상당한 부를 축적하는 것이다. 그리고 축적된 부를 바탕으로 자신을 배척했던 세력에 저항하는 집단을 돕는 식의 설

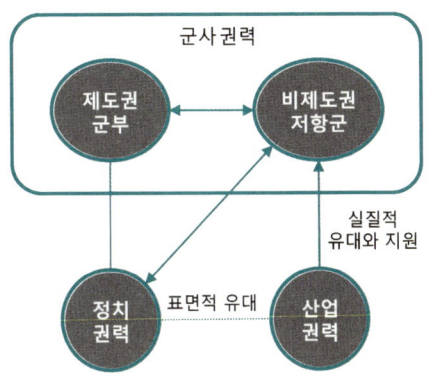

〈그림 19〉 저항 세력으로서의 산업권력 설계

정이다. 단순한 선의일 수도 있고, 저항 집단이 권력을 획득했을 경우의 이익을 얻기 위한 이차적인 목적을 가진 것일 수도 있다.

이렇게 산업권력이 정치권력이나 군사권력을 손에 넣거나, 그들에게 영향력을 행사하는 것은 다분히 간접적으로나 비밀스럽게 이루어지는 것으로 그려질 때가 많다.

경제 체제, 사유재산, 그리고 계급

 앞서 언급한 것처럼 산업권력이 탄생하기 위해서는 우선 그 세력의 경제 체제가 사유재산을 인정해야 한다. 이렇게 한 세력의 경제 체제는 그 세력의 통치 구조와 문화 등 모든 면에 영향을 주게 마련이다. 현재 각 나라에서의 정치권력을 둘러싼 경쟁에 있어서도 경제 체제를 어떻게 가져가느냐가 늘 중심에 있다. 어떤 진영은 좀 더 좌파적인, 또 어떤 진영은 좀 더 우파적인 주장을 펴며 대립하는 것은 흔한 광경이 되어버렸다. 한 세력의 경제 체제를 결정하는 데 있어서 가장 중요한 요소는 사유재산을 어떤 수준으로 어떻게 인정하느냐에 있다. 그것과 함께 그 세력이 어떤 산업에 중심을 두고 있느냐 하는 것은 그 세력의 문화에 큰 영향을 미친다. 목축이 주 산업인 세력과 공업이 주

산업인 세력의 문화가 비슷할 수는 없는 법이다. 또한 경제 시스템이 얼마나 고도화되었느냐 하는 것도 그 세력의 발전 정도에 큰 영향을 주는 요소이다. 예를 들어 어떤 세력 내에 은행이란 시스템이 도입되었느냐 아니냐 하는 것은, 그 세력의 전체적인 부의 수준과 새로운 권력의 탄생 가능성 등에 큰 영향을 줄 수도 있다.

사유재산의 인정 수준

사유재산을 얼마나 인정할 것이냐 하는 것은 우리가 어렴풋이 접한 계급투쟁에서뿐만 아니라, 봉건시대 왕과 귀족들 혹은 관료들 간의 갈등을 불러일으키는 가장 첨예한 지점이었다. 현대의 계급투쟁은 사유재산이 인정된 경제 체제하에서 자본을 축적한 자본가의 지나친 횡포에 대한 노동자들의 반발 때문에 일어난 것이었다. 적어도 표면적으로는. 그런데 사유재산은 비단 자본가와 노동자들 간의 문제뿐만이 아니었다. 봉건제하에서는 왕이 하사한 봉토[1]는 기본적으로 사유재산으로 인정하지 않는 것이지만, 실제 운영에 있어서는 사유재산이나 다를 바 없었다. 이것을 몰수하거나 줄이거나 더 받거나 하는 문제와 세습을 허용할 것이냐 말 것이냐 등을 놓고, 왕과 귀족, 신진 관료들의 끊임없

---

[1] 왕이 공이 있다고 인정되는 이에게 하사하거나, 혹은 활용 권한을 주는 영토. 동서양을 막론하고 다양한 이름으로 불리는, 조금씩 다른 성격을 가진 봉토제도가 있었다. 우리도 고려시대에는 공음전, 조선시대에는 직전법이 있었다.

⟨표 3⟩ 사유재산의 인정 수준에 따른 경제 체제

사유재산 인정 수준	경제 체제	비고
없음 ↕ 매우 높음	공산주의	사유재산 자체를 인정하지 않음. 능력에 따라 일하고 필요에 따라 분배받음.
	봉건주의	땅의 소유권이 왕에게 있음. 영주와 귀족에게 하사(영지, 장원). 귀족은 다시 봉신들에게 하사(봉지). 경우에 따라서는 토지뿐만 아니라, 세력 내 모든 재화는 왕의 것이며, 왕의 허락하에 사용권을 나누어 받았을 뿐임.
	사회주의	소비재는 사유화를 인정하되, 생산 수단의 사유화는 금지함으로써, 자본의 권력화를 방지하고 빈부 격차를 줄임.
	복지주의	사유재산을 일정 수준 허용하되, 지나친 빈부 격차로 인한 지나친 불평등을 줄이기 위한 각종 장치를 마련.
	자본주의	사유재산을 전면적으로 허용하되, 빈부 격차로 인한 사회 불안을 줄이기 위한 각종 장치를 마련.

는 샅바 싸움이 진행되었다. 이 사유재산의 인정 수준에 따라 ⟨표 3⟩과 같은 다섯 단계의 경제 체제가, 이름과 성격이 때와 장소에 따라 조금씩 바뀌어가며 도입되었다 사라졌다를 반복하고 있다. 많은 사회적 갈등의 양상이 이 경제 체제에 따라 서로 다른 모습으로 전개되기 때문에, 판타지 설계자가 어떤 세력의 경제 체제를 무엇으로 선택할 것인지는 자신의 이야기에 아주 큰 영향을 끼칠 수 있다. 그리고 어떤 진영 간의 갈등이나 거대한 음모론 등에 개연성을 부여하기 위해서는 단순히 어떤 경제 체제의 형식을 선택하는 것에서 더 나아가, 그것들이

도입되기 이전의 역사적 배경이나, 혹은 어떤 식으로의 변화를 누가 지지하고 있는지 등에 대해서 아주 정교한 설계가 필요하다. 〈헝거 게임〉은 이런 경제 체제의 설계를 구체적으로 구축해서, 그 체제 자체가 이야기에 긴장감까지 주는 좋은 예를 보여줬다.

세력 설계에 있어서 계급이란 무엇인가?

'계급'이란 단어를 듣고 처음 떠올리는 이미지는 사람에 따라 참 다양할 듯하다. 군대를 갔다 온 많은 남자들에겐 이병, 일병, 소위, 하사 등등의 계급장이 떠오를 것이고, 70~80년대 사회운동을 열심히 했던 사람들에겐 자본가와 노동자 간의 계급투쟁이 가장 먼저 떠오를지도 모르겠다. 또 어떤 사람에겐 직장 내에서의 지위나 호봉이 연상되기도 하고, 또 세계사에 관심이 많은 이에겐 인도의 카스트 제도가 생각날 수도 있을 것이다. 이렇게 '계급'이란 단어는 상황에 따라 여러 가지 의미로 사용되는데, 일반적인 사전적 정의는 다음과 같다.

> 사회에서 신분, 재산, 직업 따위가 비슷한 사람들로 형성되는 집단. 또는 그렇게 나뉜 계층적인 사회 지위.

하지만 이런 일반적인 정의만으로는 판타지 세계의 계급을 설계하는 데 어려움이 있다. 계급이란 단어에 대응되는 영어 단어인 'Class'

에 대한 위키피디아의 정의를 살펴보면 이런 일반적인 정의의 어려움이 적나라하게 표현되어 있다.

There is not a consensus on the best definition of the term 'class', and the term has different contextual meanings.
계급이라는 용어의 정의에 대한 합의는 없다. 이 용어는 맥락에 따라 다양한 의미로 사용된다.

한마디로 계급이란 단어의 정의에 대한 사회적 합의조차 되어 있지 않다는 뜻이다. 하지만 계급의 정의에서 공통적으로 사용되는 단어가 있는데, 그것은 '계층(Hierarchy)'과 '같은 속성을 가진 집단(Group)'이다. 그렇게 보면 계급이라는 것은 결국 사회에 존재하는 개체들을 분류하고, 그것들을 계층 구조로 나열한 것이라고 보면 될 것 같다. 계층을 뜻하는 영어 단어인 'Hierarchy'는 어떤 사회적 현상이나 구조를 모델링하는 데 있어서 가장 이해하기 쉬운 기본적인 모형이다. 따라서 세력 내에 살고 있는 존재들을 계층이라는 틀 속에 끼워 맞추는 것은, 권력층이 세력 내에 소속된 많은 수의 개체들을 좀 더 손쉽게 통치하기 위한 자연발생적 현상이라고 봐도 좋을 것이다. 그렇다면 이렇게 모호하고 범위가 넓은 계급을 판타지 설계자는 어떻게 이해하고 설계해야 하는 걸까?

사실 일정 수준 이상의 규모를 가진 집단에서 넓은 의미의 계급이 없다는 것은 불가능에 가깝다. 따라서 어떤 세력을 설계하는 데 있어서의 계급은 그 목적에 맞도록 범위를 좁힌 정의가 필요하다. 이때 세력 내에서 특정 집단 내에 적용되는 계급이란 개념, 예를 들어 군대의 계급이나 회사의 직급 같은 것은 고려 대상에서 제외해야 한다. 세력을 설계할 때 계급은 사회적 계급이란 통념에 가장 가까운 개념으로 설계되어야 하는데, 이것은 크게 두 가지 개념으로 나뉠 수 있다. 하나는 재산의 보유 수준이나 직업군에 따라 자연발생적으로 생겨난 계급이며, 다른 하나는 사회 제도적으로 인위적으로 만들어진 계급이다.

자연발생적으로 생겨난 계급은 우리가 실생활에서 접하는 시장경제를 표방한 자본주의 사회의 현상을 생각하면 쉽게 이해될 수 있다. 우선 계급을 나누는 기준이 되는 부와 권력이 어떤 요소에 의해서 결정되는지를 설정하는 것이다. 재산 상속에 의해 태생적 계급이 발생하는지, 어떤 직업군이 부와 권력을 손에 넣는 데 유리한지 등에 대한 설정이 필요하다. 정치가라든가, 재벌, '사(仕)'자 돌림 직업군 등 우리의 실생활과 유사하게 설정할 수도 있고, 전혀 다른 어떤 요소를 설정할 수도 있을 것이다. 예를 들어 마법을 중심으로 한 사회라면 어떤 존재가 가진 마법 역량이 기준이 될 수도 있고, 또 어떤 이유에서 키가 작을수록 존경받으며 계급이 높아지는 사회를 설정할 수도 있을 것이다. 물이 귀한 영역에 사는 세력이라면 수원을 소유하거나 찾을 수 있는 사람이 될 수도 있을 것이다. 이렇게 자연발생적으로 생기는 계급 구조에서는 다양한 이유에 의해서 여러 계급이 탄생할 수 있으며, 계급별로 불평등이 발생하고 계급 간의 이동이 실질적으로 어려울 수 있다. 하지만 계급 간의 이동이 법과 제도에 의해서 근본적으로 차단되거나 관리되지는 않는다. 여하튼 이렇게 자연발생적인 계급이 있지만, 그 계급 간의 이동이 인위적인 제도나 장치에 의해 통제되지 않는 경우는 구태여 계급이 있는 사회 구조를 가진 세력이라고 부를 필요가 없다.

다시 말해 계급 구조가 있는 세력을 설계한다고 하는 것은 인위적인 법과 제도에 의해서 계급 간 이동이 관리되는 계급 제도가 있다는 것을 의미한다. 이런 경우 일반적으로 부와 권력이 혈연에 의해 오롯이 세습되는 사회가 설정되는 편이지만, 반드시 그래야만 하는 것은 아니다. 상하위 계급 간의 관계와 이동, 각 계급의 권한과 책임이 법과 제도로 규정되어 있다면, 그것이 꼭 세습되지 않더라도 계급 구조가 있는 사회라고 부를 수 있는 것이다. 예를 들어 시간을 모든 재화를 사고 팔 수 있는 화폐로 설정한 〈인 타임〉 같은 영화에서는 시간을 지불함으로써, 보다 쾌적한 특정 공간에서 거주할 수 있는 권한을 획득하게 되고 이로써 계급 이동이 가능한 사회를 가정하고 있다.

어떤 세력의 계급 제도를 설계하기 위해서는 우선 계급을 몇 개의 단계로 나눌 것인가부터 결정해야 한다. 철저하게 통제되는 사회일수록 더 세분화된 많은 계급이 있는 편이다. 예를 들어 상명하복을 기본 전제로 하는 군사집단이나, 서로의 존재를 비밀에 부쳐야 하는 점조직을 기반으로 한 음모 집단일 경우 대부분 아주 세분화된 계급을 가지고 있는 것을 볼 수 있다. 특히 판타지 작품에서는 군사력을 중심으로 한 세력 간의 다툼을 그려내는 경우가 많기 때문에, 세분화된 계급의 설계가 필요할 때가 많다.

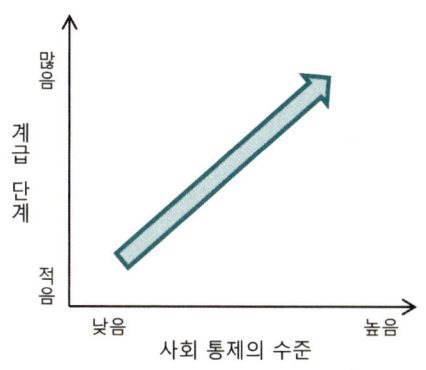

〈그림 20〉 사회 통제 수준과 계급 세분화의 일반적인 관계

계급 간 관계의 설정

계급을 몇 개의 단계로 설정할 것인지가 결정되면, 계급별 책임과 권한을 설정해야 한다. 계급의 권한을 설정하는 데 있어서 가장 중요한 요소는 하위 계급에 대한 상위 계급의 권한이다. 상위 계급이 하위 계급에 대해서 가진 권한은 세부적으로는 아주 다양하게 설정될 수 있겠지만 기본적으로 세 가지 단계로 나뉠 수 있다. 첫 번째는 하위 계급은 상위 계급의 소유물로 설정되는 것이다. 이런 경우 상위 계급은 하위 계급의 생사여탈권까지도 가지고 있으며, 하위 계급의 소유물은 상위 계급의 소유물이라고 인정된다. 한마디로 하위 계급은 상위 계급의 노예로 규정되는 것이다. 두 번째는 상명하복이 명확한 관계로 설정될 수 있다. 상위 계급은 하위 계급의 행동에 대해서 명령하

며, 그 명령을 어겼을 경우에는 법과 제도로써 하위 계급에게 벌칙을 내릴 수 있다. 명확한 상명하복 관계와 소유물 형태의 차이점은 상위 계급의 자유의지에 의해 하위계급의 상벌을 결정하느냐, 법과 제도의 테두리 안에서 하느냐 하는 것이다. 세 번째는 계급 간 혜택의 수준만 다를 뿐 상위 계급이 하위 계급에 대해 아무런 권한을 갖지 못하는 비교적 수평적인 관계가 있을 수 있다. 이런 경우 최종적인 의사 결정권은 상위 계급에게 있지만, 그것을 따르는 것은 법과 제도가 만들어지기 전까지는 하위 계급의 자유의지에 달려 있다. 다시 말해 어떤 개체의 행동 범위를 결정하는 것은 법과 제도이지 상위 계급의 자유의지가 아닌 것이다. 이렇게 법과 제도가 적용되는 수준에 따라 계급 간의 관계가 설정될 수 있다. 물론 이런 관계는 전시와 같은 특수한 상황이 발생하면 서로의 경계가 애매모호해지면서, 비상시에 따른 특수한 관계 설정이 적용되는 경우도 많다. 그것은 개별 작품의 특수성에 맞게 그때그때 설계할 사항이지, 어떤 일반론을 적용하기는 어렵기 때문에 논외로 한다.

상위 계급과 하위 계급의 관계에 따른 권한이 설정되고 나면, 각 계급의 부가적인 권한과 책임을 설정해야 한다. 관계와 무관한 권한은 대부분 해당 계급에 속한 사람들의 부의 수준과 자신이 의사 결정할 수 있는 일의 범위로 규정된다. 부의 수준은 특정 계급에 속했을 때 기본적으로 주어지는 소득이나 주거지, 혹은 경작지나 광산, 공장 같은 생산 시설의 형태로 나타날 수 있다. 일의 범위는 의사 결정한 일이 세력 내의 얼마나 많은 존재에게 영향을 미칠 수 있는지에 따른 양적 영

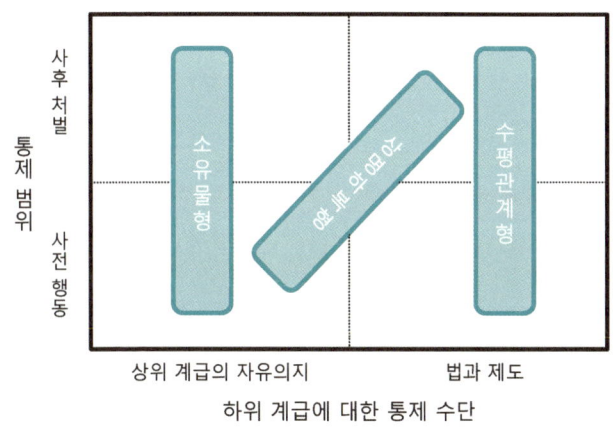

〈그림 21〉 상/하위 계급 간의 관계

향력과 한 존재의 생활에 얼마나 깊숙이 영향을 줄 수 있는지의 질적 영향력의 수준에 따라 결정된다. 이러한 권한의 설정에 있어서 어떤 세력이 가진 산업 구조나 통치 구조와의 관계를 고려해야 하는 것은 물론이다. 목축을 주로 하는 사회라면 계급에 따라 주어지는 소와 말의 수가 달라지고, 공업을 주로 하는 사회라면 어떤 규모의 어떤 물건을 생산하는 공장을 맡느냐가 달라지는 것이 바람직할 것이다.

계급에 따른 권한의 설정에서 또 하나 간과할 수 없는 요소가 성장 기회 부여의 차별성이다. 상위 계급에 속한 존재는 하위 계급의 역량이 상위 계급을 뛰어넘는 것을 원하지 않기 마련이다. 따라서 상위 계급일수록 좀 더 다양하고 많은 성장의 기회가 부여되는 편인데, 성장의 기회 중 가장 대표적인 것이 교육을 받을 수 있는 자격이라고 할 수 있다. 노예 계층이나 여성 등이 글을 배울 수 없도록 제도적으로,

혹은 관습적으로 규정된 사회는 역사적으로 드물지 않게 볼 수 있다. 이와 같이 어떤 특정한 계급이 되어야만 도달할 수 있는 교육기관 혹은 지식의 보고 같은 것을 계급별로 차별화하는 것도 계급 간의 권한을 설정하는 데 흔히 사용되는 기법이다.

계급 간 이동 가능성과 방법

계급의 권한과 책임의 설정이 완료되고 나면, 마지막으로 아주 중요한 설계 요소가 남는다. 바로 계급 간의 이동 가능성과 그 방법에 대한 설계다. 해마다 인사철이 되면 정말 많은 사람들이 자신의 승진 여부를 두고 긴장된 시간을 보내는 것을 흔히 볼 수 있다. 판타지 세계의 등장 인물 역시 마찬가지다. 개인의 신분 상승 욕구와 그것을 어렵게 하는 사회 구조 사이의 갈등은 많은 작품에서 다룬 소재다. 그만큼 어떤 세력의 계급이 설정되고 나면, 계급 간 이동 가능성과 방법, 그리고 이동의 난이도를 설계하는 것은 이야기 전체의 개연성과 긴장감을 좌우할 수 있는 아주 중요한 작업이다.

가장 먼저 생각할 수 있는 경우는 계급 간 이동이 다시 태어나지 않는 한 원천적으로 불가능한 사회다. 즉, 혈통에 의해 정해진 선대의 계급이 후대에 그대로 계승되는 것이다. 이런 경우 죽고 태어나는 것을 이동 방법이라고 규정할 수는 없기 때문에, 계급 간 이동은 사기와 범법 행위를 통해서만 가능하다. 족보를 사거나 위조하는 범법 행위를 통해 자신의 신분을 속이는 것 외에는 애초에 계급 간 이동이 불가능하다. 이런 체계를 설계할 때는 애초에 그런 계급의 차이가 왜 생겼는지에 대한 개연성 있는 설명이 필요하며, 해당 체계가 오래 지속되기 위한 혈연 관리 체계에 대한 설계가 뒤따라야만 한다. 즉 혼인과 출산의 원칙에 대한 설계가 필요하다. 이런 세력에서의 혼인은 철저하게 동일 계급 간에서만 이루어져야 하며, 이종 계급 간의 혼인은 배제되어야 한다. 또 이런 체계가 긴 세월 지속되기 위해서는 상위 계급의 출산 역시 제한적이어야만 한다. 어떤 사회든 자원은 제한되어 있게 마련이고, 한 계급의 숫자가 지나치게 불어나면 계급 체계 자체의 와해를 가져올 수밖에 없기 때문이다.

  혈연에 의해서 계급이 결정되는 사회에서 서로 다른 계급 간의 혼인이 허용될 경우는 일부일처제가 아닌 것으로 설정되는 것이 보통이다. 일부일처제에서 이종 계급 간 혼인이 허용되면 사실상 혈연에 의한 계급 자체가 무의미해지기 때문이다. 따라서 이런 경우는 부계 사회일 경우 일부다처제가, 모계 사회일 경우 일처다부제가 적용되는 것이 일반적이다. 그리고 계급의 세습은 정실에서 난 자손에게만 가능하며, 정실은 동일 계급과의 혼인을 통해서만 인정되어야 한다. 따라서 정실이 아닌 아버지나 어머니를 통해서 태어난 자식은 유전적 친부모 중 하위 계급에 속한 자의 계급을 상속받게 되어 있다. 모계 사회의 경우에는 부계 사회와 반대로 설계하면 된다. 하지만 모계 사회의 일처다부제의 경우 태어난 자식이 정실 아버지의 자식인지 아닌지 구분이 모호하기 때문에, 사실상 정실에 따른 계급 부여를 정확히

하기가 어렵다. 따라서 정실을 따지는 계급 체계는 부계 사회의 일부 다처제가 허용되는 사회에 적용되는 것이 일반적이다.

계급 간 이동이 가능한 경우, 이제 이동의 기준을 무엇으로 할 것인가라는 문제로 이어진다. 이동의 기준은 크게 발탁, 선출, 시험의 세 가지로 대별된다. 먼저 발탁은 상위 계급에 속한 자가 하위 계급에 속한 자 중 누군가를 발탁해 상위 계급으로 인정하는 것이다. 이럴 때는 바로 위의 계급이 밑의 계급의 누군가를 발탁하는 경우보다는, 그보다 더 위의 계급, 즉 두 계급 이상 차이가 나는 계급에서 발탁하는 경우가 더 많다. 어떤 계급에 속한 자들이든 간에 하위 계급의 누군가가 자신들의 계급으로 넘어오는 것을 반기지 않으므로 그 위의 계급이 더 큰 권한을 행사해야만 실질적인 효과를 발휘할 수 있기 때문이다. 이런 계급 간 이동의 가장 흔한 예는 최고 권력자인 왕이 내시나, 시정잡배 중 마음에 드는 자를 귀족으로 만든다든가, 작위를 내린다든가 하는 경우다.

선출은 하위 계급에 속한 자 중, 상위 계급으로 편입될 자를 투표를 통해서 선출하는 것인데, 선거권자는 상위 계급일 수도 있고, 동일 계급일 수도 있고, 더 하위 계급일 수도 있을 것이다. 조선시대의 과거 제도가 대표적인 예가 될 수 있겠지만, 과거 제도는 응시자격 자체에 제한이 있었기 때문에 다소 제한적인 선출 방식의 계급 이동의 예라고 봐야 한다.

시험은 하위 계급에 속한 자들이 시험을 통과해 상위 계급으로 이동할 수 있는 자격을 획득하는 방식이다. 앞서 언급한 〈헝거 게임〉에서 전형적인 예를 볼 수 있다. 즉 생존 게임에서 살아남은 우승자와 우승자 가족들에게 거주지와 일정 수준의 소득을 약속하며 신분을 상승시켜주는 것이다.

지금까지 계급 간 이동의 가능성과 방법에 대해서 이야기했지만, 어디까지나 일반론일 뿐 언제나 예외는 있게 마련이다. 계급 간 이동이 지극히 폐쇄적이며 원천적으로 불가능한 경우에도, 최고 통치권자의 의지에 의해서 극히 일부의 계급 이동이 가능한 경우를 많은 작품들에서 자주 만날 수 있다.

통치 체계와
종교의 역할

　종교의 의의나 역할에 대해서는 관점에 따라 정말 다양하고도 첨예한 의견 대립이 있을 수 있다. 어떤 이는 신의 존재와 그를 경배하는 것 자체가 신성한 행위이자 인간의 의무라고 할 수 있고, 어떤 통치자는 민심을 안정시키는 수단으로 볼 수 있고, 또 다른 통치자는 사회 불안을 야기시키는 제거 대상이라고 여길 수도 있다. 또 이성적이라고 주장하는 사람들은 죽음을 두려워한 인간이 위안 삼아 만들어낸 수단일 뿐이라고 치부해버릴 수도 있다. 하지만 판타지에서 종교의 역할은 조금 다르다. 특히 개인보다는 그 종교를 믿고 있는 세력 내에서 종교가 어떤 역할을 할 것이냐 하는 것은 작품에 따라서 매우 중요한 문제일 수 있다.

종교의 세 가지 속성

판타지에서의 종교의 역할에 있어서 가장 먼저 결정해야 하는 것은 종교 자체가 가시적인 어떤 신성한 힘을 가지고 있느냐, 그렇지 않느냐 하는 것이다. 이때 신성한 힘이란 실제로 그 세계의 여러 상황에 신이 등장해서 직/간접적인 영향력을 행사하는 것일 수도 있고, 주술적 힘의 원천으로 신앙심 자체가 어떤 초월적인 힘을 발휘하는 것으로 나타날 수도 있다. 그리스 신화에서는 신들이 직접적으로 인간사에 관여하고, 대부분의 판타지를 배경으로 한 게임에서는 종교적인 힘에 의존하는 성직자라는 직업이 단골로 등장한다. 또한 어떤 살아 있는 생명체를 통해서 발현하는 것이 아니라, 성스러운 물건을 통해서 간접적으로 소유자에게 힘을 부여하거나 불특정 다수에게 형벌을 가하는 방식으로 설정되기도 한다. 미국 영화 〈레이더스〉에서 성궤는 믿음을 지키지 않고, 그것을 연 자 모두를 벌하는 힘을 지니고 있다.

다음으로 결정되어야 할 종교의 속성은 종교의 색채다. 생명체들에 대해 어떤 자세를 견지하느냐 하는 문제다. 어떤 종교는 모든 생명체를 평등하게 존중하는 극단적인 박애주의를 견지하는가 하면, 또 어떤 종교는 신격화된 존재를 제외한 모든 생명을 경시하는 성향을 가질 수 있다. 혹은 해당 종교에 대해 신앙심을 가진 존재에 대해서만 존중하고, 그렇지 않은 쪽에 대해서는 존중은 커녕 죄악시하는 성향을 보일 수도 있다. 따라서 생명 존중의 범위와 수준에 따라 종교의 색채가 결정된다고 할 수 있다. 종교의 색채를 상징하는 색깔로

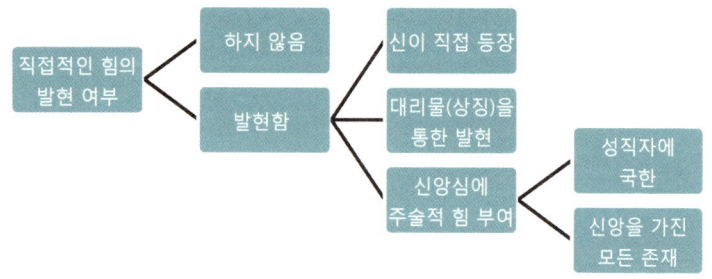

<그림 22> 종교적 힘의 가시적인 발현 양상

는 보다 많은 생명을 존중하는 쪽은 백색을, 그렇지 않은 쪽은 흑색을 주로 설정하지만, 그것은 판타지를 설계하는 사람의 취향의 문제일 뿐이다.

    세 번째 결정되어야 할 속성은 동일 종교를 가진 존재들이 하나의 집단으로서 사회 권력화되었느냐 하는 문제다. 이들이 권력화되는 양상도 두 가지로 크게 나뉘는데, 하나는 능동적으로 세력을 형성해서 권력 집단의 의사 결정에 참여하는 방식이며, 다른 하나는 능동적으로 참여하진 않지만 종교적인 어떤 행위나 존재가 박해를 받았을 때만, 해당 종교에 신앙을 가진 모든 이가 박해의 주체에 저항하는 수동적인 권력화가 있을 수 있다. 종교 개혁 이전의 중세 기독교 성직자들은 매우 능동적인 권력화를 지향했고, 현대 사회에서 종교는 대부분 수동적인 태도를 견지하는 편이다. 그러나 현대 사회에서도 종교적인 박해에 준하는 행위에 대해서는 신앙심의 깊이와는 별개로 엄청난 반발을 보일 가능성이 잠재되어 있다. 또한 권력화된 종교 집단이 기존

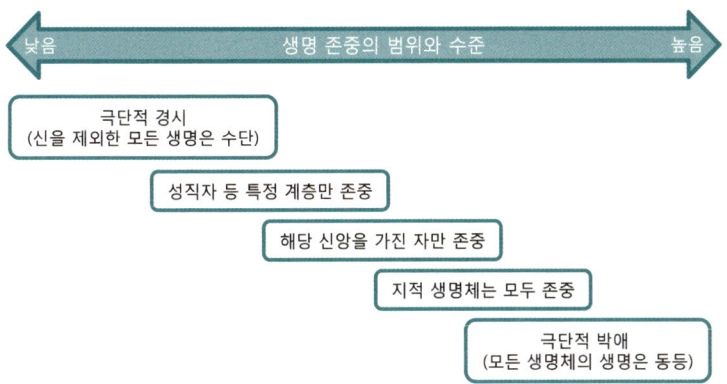

〈그림 23〉 종교의 색채 설계

의 권력 집단, 즉 정치권력, 군사권력, 산업권력에 대해서 어떤 영향력을 행사하고 있는지, 그들과의 관계는 어떠한지에 대한 설계도 매우 중요하다. 어떤 종교 집단은 음모 집단의 일원으로 전체 사회를 지배할 수도 있고, 또 어떤 종교 집단은 종교적인 힘을 기반으로 기존의 권력에 대항해서 저항군을 형성할 수도 있는 것이다.

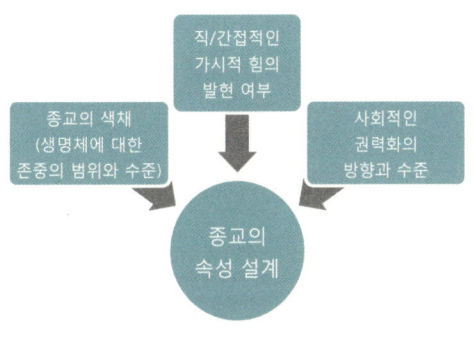

〈그림 24〉 종교의 세 가지 속성 설계

이렇게 가시적인 힘의 발현 여부, 종교의 색체, 사회적인 권력화의 수준 등 세 가지가 결정되면 해당 시점에서 그 종교가 어떤 속성을 가지고 있는지에 대한 설계가 완료된다.

종교의 침투율 설계

앞서 언급한 세 가지 속성을 설정하고 나면, 이제 어떤 세력이 전반적으로 종교로부터 어느 정도의 영향을 받고 있느냐 하는 것이 설계될 차례다.

우선은 세력 내에 종교가 있느냐 없느냐 하는 것부터 결정되어야 할 것이다. 종교가 없는 경우에도 자연적으로 그런 것인지, 통치 세력의 강압에 따른 것인지에 따라 사회적 분위기가 확연하게 달라질 수 있다. 자연적으로 종교가 사라졌거나 탄생하지 않은 세력을 설정한다면, 그 세력이 그렇게 된 그럴듯한 이유에 대한 설정이 반드시 필요하다. 예를 들어 의학의 엄청난 발달이나 선천적인 유전인자로 인해 지나치게 긴 수명을 가지고 있기 때문에, 죽음에 대한 두려움이 없고, 따라서 종교의 필요성이 별로 크지 않다는 설정이 가능할 것이다(물론 종교의 존재 이유에서 죽음에 대한 두려움이 크지 않다고 생각하는 사람들에겐 공감을 주지 못할 수도 있겠지만). 종교가 없는 상황을 통치 세력의 강압에 의한 것으로 가정한다면, 두 가지 설정이 추가로 필요하다. 하나는 지배층이 종교를 배척하는 이유에 대한 설정이고, 또 다른 하나는 그에 대한 종교의 반발 양상에 대한 설정이다. 예를 들어 표면적으로는 종교 활동을 하지 않지만, 비밀스럽게 종교 활동을 하거나 신앙심만 유지할 수 있다. 아니면 적극적으로 저항해서 저항 세력을 형성하는 것도 가능하다.

종교가 있는 것으로 설정된다면 다음 단계는 단일 종교냐 아니면 복수의 종교가 세력 내에 퍼져 있느냐 하는 것에 대한 설계가 필요하다. 사회가 하나의 종교만 가지고 있는 경우 역시 자연스럽게 그렇게 된 것인지, 아니면 제도적 압력에 의해 강제된 것인지를 설정하는 것이 중요하다. 하나의 종교만 있는 상황이 자연발생적인 것이라면 그렇게 된 이유가, 권력의 강압에 의한 상황이라면 다른 종교에 대한 신앙이나 필요성이 어떤 식으로 표출되는지에 대한 설정이 필요하다.

그러고 나면 단일 종교든 복수의 종교든 각 종교가 세력 내에 얼마나 퍼져 있느냐 하는 것이 양적인 면과 질적인 면에서 결정되어야 한다. 즉 세력 내 지적 생명체의 몇 퍼센트가 그 종교에 대한 신앙심을 가지고 있는지, 신자들의 신앙심의 깊이는 평균적으로 어느 정도인지 설정되어야 한다. 신앙심의 깊이는 신앙이 실생활 전반을 지배하고 있느냐, 삶의 가치관 형성 정도에 영향을 미치고 있느냐, 아니면 단순한 소셜 네트워킹과 정신적 위안을 얻기 위한 정도이냐 하는 것으로 대별해볼 수 있다. 물론 같은 종교를 가진 경우도 개인별로 깊이의 차이가 있는 법이지만, 개인의 성향에 대한 설계는 개체에 대한 설계에서 다루어질 내용이고, 세력 내 전반적인 종교의 분위기라는 것을 설정하는 데 있어서는 개인차는 무시해도 무방할 듯하다.

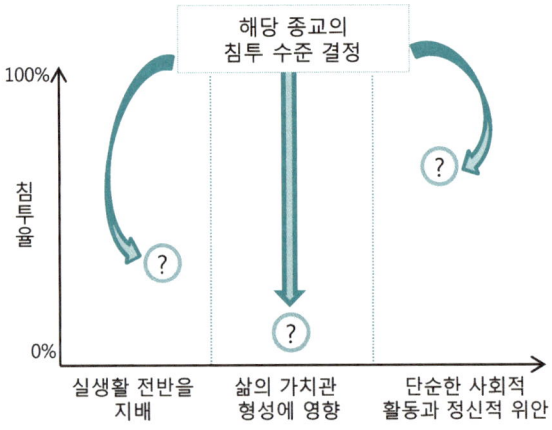

〈그림 25〉 종교의 침투율 설정(예시)

또한 여러 개의 종교가 있는 경우, 종교 간의 관계와 갈등 양상에 대한 설계 역시 세력 간의 관계를 설계하는 과정에 준하는 수준으로 설계되어야 한다.

세력의 다원성과 교육 체계의 설계

한 사회가 얼마나 다원성을 인정하고 허용하느냐 하는 것은 그 사회가 얼마나 품격을 갖추고, 성숙되어 있느냐에 대한 바로미터가 될 수 있다. 이 장에서는 한 세력의 다원성을 개방도, 종족의 구성, 언어 체계를 비롯한 교육 체계라는 관점에서 설계하는 방법에 대해서 이야기할 작정이다.

세력의 개방도

우리가 어떤 사람을 가리켜 '개방적'이라든가, '폐쇄적'이라고 말하는 것만으로도 그 사람 성격의 많은 부분을 설명해줄 때가 있다. 마찬가지로 어떤 세력이 개방적이냐 폐쇄적이냐 하는 것 역시, 세력의 성격을 규정하는 데 있어 매우 중요한 요소 중 하나다. 한 사회가 개방적이라는 것은 아주 많은 뜻을 내포하는데, 외부와의 교류가 활발하다는 뜻일 수도 있고, 사회 분위기가 자유롭다는 뜻일 수도 있다. 또한 외부의 문물을 잘 수용하고 외국인을 차별 없이 대한다는 뜻이기도 한다. 이렇게 다양한 관점과 뜻을 가진 세력의 개방도를 규정하는 것은 굉장히 까다롭고 어려운 작업일 수 있다. 개방도의 설계가 통치 체계나 다른 세력과의 관계, 종교, 교육, 산업 등을 설계할 때 다차원적으로 영향을 미치기 때문이다. 한 세력의 개방도라는 것은 다른 여러 요소들을 설계할 때 고려되어야 할 요소이며, 따로 떼어내서 생각하기 어렵다. 다만 이 장에서는 개방도의 범위를 좁혀서, 한 세력이 가진 경계의 개방을 어떻게 설계할 것인지까지만 살펴보기로 한다. 그 세력이 나라라면 국경이 될 것이고, 가족이라면 집의 담벼락과 출입문이 될 텐데, 이런 경계의 개방성 정도가 상징적으로 그 세력의 전체적인 개방 정도를 보여줄 수 있다.

 우리는 종종 정치적인 망명을 했다거나, 자유를 찾아 귀순을 했다는 뉴스를 보곤 한다. 이런 기사는 과거 냉전 시대에 훨씬 더 강조되어서 자주 등장하곤 했다. 또 그런 뉴스에는 항상 첩보 작전을 방불케 하는 탈출 스토리가 등장하기 마련이었다. 이렇게 어떤 세력은 그 세력 내에 살고 있는 사람이 세력의 경계를 넘나드는 것을 까다롭게 규제하는 경우가 많다. 경계를 넘으려면 당국의 엄격한 허락이 필요한 경우가 많으며, 허락을 받지 않고 넘나드려면 대부분 목숨을 건 위험을 감수해야 했다. 일반적으로 사회가 개방적일수록 경계를 넘나드는 것이 비교적 간편하고 자유롭고, 반대로 폐쇄적일수록 경계를 넘나드는 것이 복잡하고 어렵기 마련이다. 세력의 경계가 얼마나 개방적이거나 폐쇄적인지를 통해서 해당 세력의 개방도를 상징적으로 나타낼 수 있다.

어떤 세력의 경계를 넘나드는 방식은 전입과 전출, 양면으로 나눠서 생각해야 한다. 전입이 전출에 비해서 비교적 자유로운 경우가 있을 수 있고, 그와 반대인 경우도 있을 수 있다. 차지하고 있는 영토와 자원에 비해 인구가 적은 세력은 전입이 전출보다 자유롭고, 인구가 자원에 비해 많은 세력은 전출이 좀 더 자유로울 개연성이 높다. 혹은 보다 풍요로운 삶을 누리고 있는 세력은, 그 세력 내에 살고 있는 존재들이 자신들의 풍요를 다른 누군가와 나누지 않기 위해서 전입을 철저하게 통제하되, 자기 의지로 보다 덜 풍요로운 곳으로 가겠다는 것은 비교적 자유롭게 허용할 수도 있을 것이다. 이런 현상은 현실 세계의 이민 정책과 그리 다르지 않다. 호주나 캐나다가 미국에 비해서 전입에 대해 너그러운 것도 이런 이해가 반영된 결과일 것이다.

전입과 전출의 수준도 교역이나 친목을 위한 왕래냐, 주거를 옮기는 이민이냐에 따라 자유로운 수준의 차이가 있을 수 있다. 한 세력 내에서만 본다면 이민보다 한시적인 왕래가 비교적 자유로울 것이다. 그리고 서로 다른 세력을 놓고 보면 이민까지 자유로운 세력이 있는

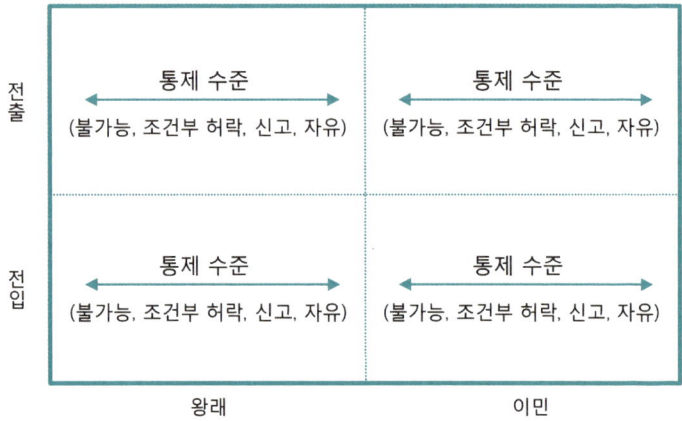

〈그림 26〉 세력의 개방도를 결정하는 경계 진출입 통제 수준

반면에, 교역을 위한 왕래까지도 철저하게 통제하는 세력도 있을 수 있다.

그렇다면 세력 내의 어떤 존재가 세력을 벗어나지 못하게 하는 까닭은 무엇일까? 당연한 말이겠지만 해당 세력의 통치자가 자신의 노동력을 바깥으로 내보내기를 꺼려하기 때문이 한 이유이고, 다른 세력 입장에서는 자신의 자원을 나눠줘야 할 존재가 늘어나는 것을 반기지 않기 때문일 것이다. 따라서 경계의 개방성은 해당 세력의 의지도 작용하지만, 그에 못지 않게 그 세력과 경계를 공유하고 있는 다른 세력의 의지도 강하게 작용한다.

어쨌든 이렇게 경계의 개방성이나 폐쇄성이 결정되고 나면, 그에 걸맞은 통제 장치가 필요하다. 이 장치를 설계하는 것도 그 세력의 폐쇄성을 결정하는 데 큰 역할을 할 수 있다. 경계를 지키는 장치는 만

	예시	예시
인공적	•장벽(벽, 철조망, 감시탑, 전기장 등) •족쇄(경계를 벗어나면 고통을 주거나 죽음에 이르게 하는 장치 등)	•엄격한 법과 제도의 시행 •세뇌(경계 너머에 대한 두려움을 갖도록 교육시킴) •인질(가족 등 중요한 존재를 인질로 삼음)
자연적	•장벽(낭떠러지, 깊은 물, 높은 산, 경계 너머의 혹독한 자연 환경 등) •생명의 원천(원천에서의 거리가 멀어지면 생명력을 잃거나, 해당 지역의 특산물 복용 필요 등)	•유전적 족쇄(세력 내 모든 존재의 정신적 연결 등) •마법적인 결계

〈그림 27〉 경계의 설계

든 주체에 따라 인공적으로 만들어진 것과 자연발생적으로 생긴 것으로 나뉠 수 있다. 또 왕래를 어렵게 만드는 방식은 물리적으로 왕래를 막는 가시적인 장치와 엄격한 제도나 심리적인 세뇌와 같은 비가시적인 것으로 나누어볼 수 있다. 전기가 흐르는 철조망 같은 것은 인공적이며 가시적인 장치에 해당할 것이다. 반면 여러 영화제에서 호평을 받았던 그리스 영화 〈송곳니〉에 등장하는, 부모의 세뇌로 바깥 세계에 두려움을 느끼며 집 밖으로 한 발짝도 나가지 못하는 남매의 이야기는 비가시적인 장치로 경계의 폐쇄성을 확보하는 전형적인 예라 할 수 있다. 또 무협물에 자주 등장하는 중국의 한 묘족의 기생충 한 쌍은 색다른 방식의 경계 통제 장치를 보여준다. 기생충을 심어둔 숙주들 간의 거리가 멀어지면 숙주들을 죽음에 이르게 만들어, 누군가의 배신을 근본적으로 차단하는 방식이다.

세력 내 종족의 구성과 종족 간 관계

90년대 말, 외국 어느 골목을 기웃거리다 문득 이런 생각이 든 적이 있다. "우리나라에는 참 외국인이 없는 편이구나." 외국의 관광지가 아닌 길에서도, 그 나라 사람이 아닌 듯이 보이는 사람들이 곧잘 눈에 띄곤 했다. 하지만 당시 한국에서는 나도 모르게 눈이 돌아갈 만큼 외국인이 길거리에 출현하는 일은 드문 편이었다. 더구나 무슨 자랑거리라도 되는 양, '우리나라는 단일민족국가'라고 말하기도 한다. 지금은 우리나라 길거리에서도 외국인이 꽤 쉽게 눈에 띄지만, 사실 아직도 우리는 다른 나라들에 비해서 훨씬 더 외국인을 불편하게 대하고 있다. 심지어 우리와 조금 다르게 생겼을 뿐 국적이 같은 다른 민족 사람들까지도.

각설하고, 이렇게 한국처럼 그 세력 내의 존재들이 균일한(Homogeneous) 혈통을 가진 편인 경우가 있는가 하면, 미국처럼 꽤 많은 혈통이 뒤섞여 사는 세력도 있다. 아무래도 다양한 인종이나 민족이 섞여 있고, 그들 간의 교류가 활발하면 한 세력은 조금 더 다양한 문화를 누리게 마련이다. 이렇게 한 국가가 얼마나 다양한 인종이나 민족으로 구성되었느냐 하는 것은 그 나라의 다원성에 큰 영향을 미친다. 판타지 세계의 세력도 마찬가지다. 한 세력이 얼마나 다양한 종족들을 받아들이고, 그들을 인정하느냐 하는 것은 세력의 다원성에 큰 영향을 미친다. 다만 판타지 세계에서는 이것이 더 확대되어 인종의 문제가 아니라, 서로 다른 종으로까지 확대된다. 판타지 세계에서 역시 어떤 세력을 형성하는 집단은 지력을 가진 지적 생명체가 일반적이지만, 지적 생명체가 인간만으로 국한되지 않고 엘프나 드워프 같은 유사 인간에서부터 용이나 유니콘 같은 비인간 종족으로까지 확대된다. 따라서 판타지에서는 인간뿐만 아니라 유사 인간이나 비(非)인간까지 포함해서, 그 세력이 어떤 종족으로 구성될지를 결정해야 한다. 판타지 세계에서도 종족 구성이 아니라 인종 구성이 세력 내에서 중요한 요소로 대두될 수도 있지만, 이런 경우 종족 간 차이를 인종 간 차이로 바꾸기만 하면 된다.

한 세력과 종족 간의 관계는 크게 세 가지로 나누어서 설계할 필요가 있다. 하나는 그 세력이 과연 몇 개의 종족으로 구성되었느냐 하는 것이며, 두 번째는 종족의 세력 내 위치, 그리고 복수의 종족이 한 세력을 이루고 있는 경우 종족 간의 관계에 대한 설계가 이루어져야 한다.

세력 내 종족 구성에 있어서 가장 먼저 결정해야 할 것은 세력이 단일한 종족으로 구성되어 있느냐, 아니면 복수의 종족으로 구성되어 있느냐 하는 것이다. 현대에도 어떤 국가가 단일 인종으로 구성되어 있는지, 여러 인종이 섞여 있는지는 국가의 정체성에 많은 영향을 미친다. 한 국가의 문화적 다원성뿐만 아니라, 다인종 국가에서 인종 간의 계급 관계가 형식적으로나 실질적으로 어떻게 형성되어 있는지는 사회 구조에서 매우 중요한 요소가 될 수 있다. 또 단순히 어떤 세력 전체를 구성하는 종족의 수를 결정하는 것 못지않게, 그 세력의 정치/군사/산업권력을 가질 수 있는 종족의 수가 단일한지 복수인지를 설계하는 것도 중요하다. 따라서 어떤 세력이 단일 종족으로 구성되어 있느냐, 복수의 종족으로 구성되어 있느냐 하는 것은 세 가지로 대별될 수 있다.

첫 번째는 순수하게 단일 종족으로 구성되어 있는 경우로, 한 종족이 세력 대부분을 차지하고 있으며, 그 종족이 세력의 권력도 모두 차지하고 있는 경우이다. 이런 세력에도 일부 타 종족이 세력 내에 거주할 수 있으나, 세력 내 일원으로서가 아니라 방문자의 자격으로 거주하거나, 그 수가 매우 제한적이어야 한다.

두 번째는 세력 내에 복수의 종족이 섞여 있지만, 세력의 권력은 단일 종족 혹은 소수의 특정 종족들만이 가지고 있는 경우다. 과거 미국이 앵글로색슨족만이 모든 권력을 가지고 나머지 인종들은 종속적인 처지에 있었던 것처럼, 특정 종족이 세력의 모든 권력을 차지하고 그에 따른 권리를 누리고 있는 것이다. 당연히 다른 종족들은 세력을 가진 종족의 노예에 가까운 처지가 되어 있는 것이 일반적이다.

세 번째는 세력 내에 복수의 종족이 섞여 있으며, 종족들 모두 평등하게 권력을 가질 기회가 부여되는 경우다. 이상적인 세력의 모습이긴 하지만, 종족 간의 알력이 생기면서 미묘한 갈등이 존재할 수밖에 없다. 하지만 법과 제도적으로 명백한 차별이 없다면 평등하게 권력을 나눈 세력에 해당한다고 봐도 무방할 것이다.

단일 종족으로 구성되는 세력의 경우, 어떤 종족을 그 세력의 구성원으로 할지만 결정하면 되므로 비교적 이후의 설계가 간단하다. 그런데 복수의 종족으로 구성되는 세력은 조금 더 복잡한 설계가 필요하다. 우선은 세력을 구성하고 있는 복수의 종족들을 조금 더 동질성을 가진 종족들로 구성할 것인지, 전혀 다른 특성을 가진 종족으로 구성할 것인지에 대한 결정이 필요하다. 판타지 세계에서는 한 세력을 유사 인간들로 구성할지, 비인간 종족들로만 구성할지, 둘을 섞을지에 대한 의사 결정이 필요한 것이다. 유사 인간 내에서도 기본적인 품성의 차이나 탄생 과정의 차이 등으로 인한 동질성의 차이를 어느 정도까지 수용할지에 대한 의사 결정이 필요하다. 예를 들어 〈던전 앤 드래곤〉 스타일의 판타지 작품에서는 유사 인간이라 하더라도, 인간, 드워프 등의 중립적 성향과 엘프 등의 평화 지향적 성향, 오크, 트롤 등의 공격적 성향에 따라 종족 간 동질성에 차이가 있다. 또 일반적인 생식에 의한 출산이냐, 뱀파이어 같은 언데드 방식이냐, 사이보그나 로봇처럼 제조에 의한 탄생이냐에 따라 동질성의 차이가 크게 발생하기도 한다.

한 종족이 세력 내에서 어떤 위치를 차지하고 있느냐 하는 것은 세력 내에서 얼마나 많은 머릿수를 차지하느냐 하는 양적인 측면과 세력의 권력을 얼마나 가지고 있느냐 하는 질적인 측면을 같이 고려해야 한다. 수적으로 다수파인 종족이 세력 내 권력을 대부분 차지하고 있을 수도 있지만, 수적으로 소수인 종족이 권력을 차지하고 다수를 지배하는 경우도 있을 수 있다. 중국의 소수민족처럼 머릿수로도 열세이고, 가진 권력도 미미한 소수 핍박형도 있을 수 있고, 미국의 유태인들처럼 머릿수로는 열세지만 가진 권력은 상당한 소수 지배형도

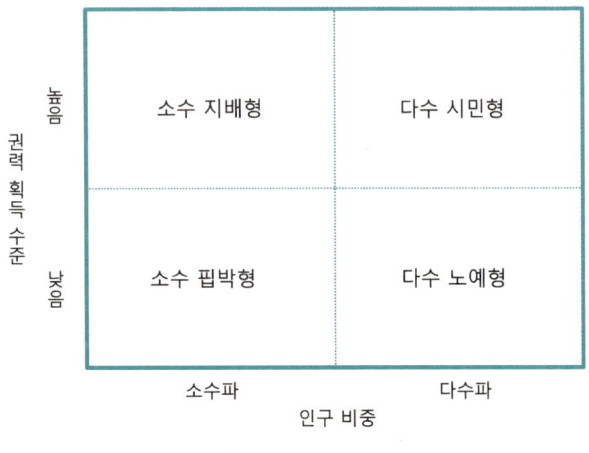

〈그림 28〉 종족의 세력 내 위치

있을 수 있다. 일본 만화 〈원피스〉에서는 천룡인이라는 세계 귀족 종족이 등장하는데, 이들은 극소수지만 세계 전체를 뒤흔들 수 있는 막강한 권력을 손에 넣고 다른 모든 종족 위에 군림하는 소수 지배형 종족으로 그려진다. 또 로마의 노예들(물론 이들은 단일 인종은 아니지만)처럼 머릿수로는 다수를 차지하지만, 소수의 다른 이들에게 지배당하는 다수 노예형의 종족도 있을 수 있을 것이다.

한 세력 내에 다수의 종족이 있을 경우, 종족 간의 관계 설정이 필요하다. 우선은 각 종족이 세력 내의 주(主) 종족인지, 종(從) 종족인지에 대한 설정부터 이루어져야 하는데, 다시 말해 그 종족이 세력의 정치/군사/산업권력을 가지고 있는 부류인지, 아니면 주 종족에 예속되어 노예에 준하는 삶을 살고 있는 부류인지를 결정하는 것이다. 계급이 있는 세력이라면 각 종족이 차지할 수 있는 계급도 정해야 한

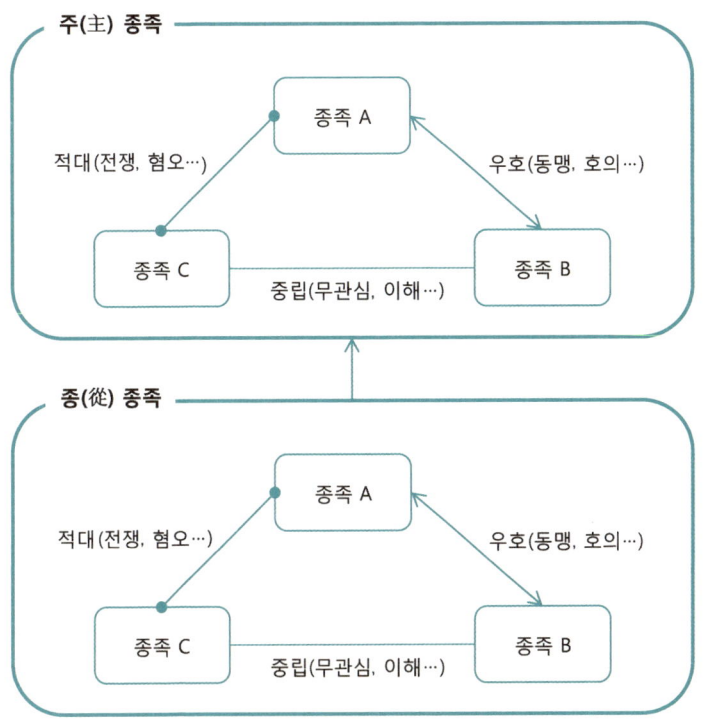

〈그림 29〉 세력 내 종족 간 관계도

다. 어떤 종족은 태어남과 동시에 무조건 지배 계급에 속할 수도 있고, 또 어떤 종족은 무조건 노예의 삶을 살아야 할 수도 있을 것이다. 또 어떤 종족은 어떤 계급에든 속할 수 있지만, 계급 간 이동을 위해서는 각별한 노력이 요구되는 것으로 설정될 수도 있다.

이렇게 각 종족별로 계급이 결정되고 나면 앞서 언급한 세력 간 관계를 설정하는 것과 유사하게 종족 간 관계를 설정해야 한다. 즉, 두 종족 간이 대립적인지, 우호적인지, 중립적인지, 혹은 서로 종속 관계는 있는지 등을 설정하는 것이다. 주 종족과 종 종족 사이에는 당연히 주종의 관계가 성립할 것이다. 따라서 주 종족들 사이에서는 서로 어떤 관계인지, 또 종 종족들 사이에서는 어떤 관계인지를 설정해주어야 한다. 예를 들어 로마를 배경으로 한 미국 드라마 〈스파르타쿠스〉에서는 로마인을 제외한 골족이나, 트라키아인, 아프리카인들은 모두 노예 계급이다. 하지만 그 속에서도 서로 우호적인 종족들이 있는 반면에, 골족은 자신들 이외의 종족에 대해서는 다분히 배타적으로 그려지기도 한다.

의사 전달 체계와 교육 수준의 설계

세력의 다원성 문제에 영향을 미치는 또 하나의 중요한 요소가 의사소통 방식과 교육 수준이다. 아무래도 의사소통 방식이나 교육 체계가 좀 더 발전한 세력일수록 좀 더 다원성 있는 문화를 받아들이기 쉬울 수밖에 없다.

의사소통 방식에 있어서 가장 먼저 결정해야 할 것은 '언어를 사용하느냐 아니냐'이다. 판타지 설계에 있어서 언어를 가지고 있지 않은 경우는 아주 극단적으로 나뉘는데, 하나는 손짓 발짓과 본능이 세력 내 의사소통의 전부인 야만 상태가 있을 수 있고, 또 하나는 소위 텔레파시나 교감의 발달로 인해 굳이 언어를 사용하지 않아도 차원 높은 의사소통이 가능한 상태이다. 후자의 경우 대부분 언어를 사용하는 일반적인 세력보다 오히려 더 발달된 문명이나 지적 수준을 가진 것으로 그려질 때가 많은데, 이런 경우는 언어가 아닌 다른 방식으로 그들의 역사와 지식을 축적하는 수단이 도입될 필요가 있다. 아무리 의사소통이 원활하더라도 지식의 축적 없이 고도의 문명을 만들어낸다는 것은 개연성이 떨어지기 때문이다. 물론 먼 과거에는 언어를 통한 의사소통을 했지만 어떤 시점부터 그럴 필요가 없어졌고, 그 당시 이미 충분한 문명의 발전이 있었기 때문에 더 이상 언어를 매개로 한 지식 축적이 필요 없어진 것으로 그려지기도 한다. 하지만 대부분의 경우 지식이 축적될 수 있는 매개체를 도입하는 편이다. 예를 들어 서로 얼굴을 보고 나누는 대면 의사소통 시에는 정신력을 사용하지만, 책이나 다른 매체를 통해 지식을 축적하거나 습득할 때는 언어를 사용한다는 설정을 이용할 수 있다. 혹은 어떤 저장 매체에 언어를 매개로 하지 않고도 자신의 뜻을 그대로 저장하고, 필요할 때 꺼내보거나, 다른 누군가에게 전달할 수 있는 것으로 설정되기도 한다. 예를 들어 〈해리 포터〉에서 호그와트의 교장인 덤블도어는 자신의 생각을 그대로 빼내서 액체 상태로 저장했다가, 필요할 때면 언제든 꺼내서 재생해본다.

반면 언어체계를 가지고 있는 경우 설정해야 할 두 가지 요소가 있는데, 하나는 문자를 가지고 있느냐 하는 것이고, 다른 하나는 세력이 독자적인 언어를 사용하느냐 공용어를 사용하느냐 하는 것이다. 문자를 가지고 있느냐 아니냐는 앞서 언급한 대로 역사와 지식의 축적을

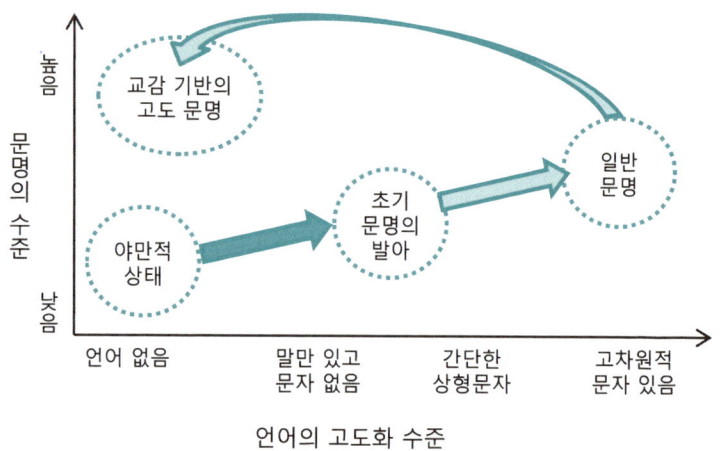

〈그림 30〉 언어 발달과 문명 수준의 일반적 관계

가능하게 함으로써, 어떤 세력의 문명화 정도를 가늠하게 하는 요소가 될 수 있다.

기본적으로 의사소통은 교육을 통해서 습득된다. 학교와 같은 곳에서 정규 교육을 받든, 자연스럽게 생활에서 배우든 교육을 통해서 의사소통 방법을 익히게 된다. 현실 세계에서도 어떤 국가의 교육 수준을 나타내는 지표로 가장 기본적인 것 중 하나가 문맹률인 것은, 그만큼 의사소통의 수준이 해당 세력의 문명화 수준을 나타내는 바로미터이기 때문일 것이다. 또 어떤 사회의 교육 수준을 나타내는 좀 더 복합적인 지표는, 얼마나 체계적인 교육 과정을 사회 전반적으로 도입하고 있느냐 하는 것이 될 수도 있다.

판타지 설계에 있어서는 세력의 문맹률이 얼마나 되고, 어느 정도 고급 교육 과정이 도입되어 있느냐에 대한 설계도 중요하지만, 계급에 따라 상대적으로 어떤 교육 기회가 부여되는지에 대한 설계도 중요하다. 즉, 문자를 세력 내의 대부분의 존재가 알고 있다고 가정할지, 소수의 지배 계급만 알고 있는 것으로 할지, 혹은 특정 최하위 계급에 속한 존재들만 모르는 것으로 할지 등을 설정하는 것이다. 그리고 기회가 모두에게 부여되어 있지만, 개인적인 역량의 문제로 문맹률이 결정되는지, 아니면 사회 제도적으로 기회 자체가 박탈당했는지에 대한 설정도 중요하다. 또 여러 종족이 섞여 있는 세력의 경우는 종족별로 문맹률이 얼마나 되는지를 따로 설정하는 것도 중요하다.

교육 체계 역시 마찬가지여서 세력의 기반에 따라 거기에 맞는 고등 교육기관이 존재하는지의 여부를 결정하는 것이 중요하다. 예를 들어 마법을 기반으로 한 세력이라면 가장 강력한 마법을 가르치는 별도의 고등 교육기관이 있는지, 과학을 기반으로 한 무기 제조가 기반인 세력이라면 무기 제조 기법을 가르치는 기관이 따로 있는지를 결정하는 것이다. 그리고 그런 기관이 존재한다면 해당 교육기관이 특정 계급에만 열려 있는지, 아니면 세력 내 모든 존재에게 평등하게 열려 있는지를 설계하는 것도 필요하다. 당연히 그 교육기관에 들어갈 자격을 결정하는 기준에 대한 설계도 뒤따라야 할 것이다.

그리고 또 한 가지 판타지 세계의 교육 체계에 대한 설계에서 빠트릴 수 없는 중요한 요소가 있는데, 그것은 음모론에 기반한 특정 지식에 대한 접근성에 대한 설계다. 예를 들어 일본 만화 〈원피스〉에서는 세상을 파괴시킬 수 있는 지식에 대한 접근이 특정 교육을 받아서 고대의 언어를 이해할 수 있는 존재에게만 부여되는 설정을 하고 있다. 또한 유명 게임 시리즈인 〈엘더 스크롤〉 시리즈의 5편인 〈스카이림〉에서는 용에 대항하는 존재인 드래곤본이 습득해야 할 지식과 역량을 지키고 전수하는 선지자들이 모여 있는 교육기관을 상정하고 있다. 판타지 작품들 이외에도 〈다빈치 코드〉나 〈장미의 이름〉 역시 특정한 지식에의 접근 권한을 둘러싼 음모가 이야기의 핵심을 이루고 있다. 이렇게 음모론에 기반한 특정한 지식의 유무와 그에 대한 접근 권한이나 방법 등을 설계하는 것은 판타지 세계의 설계에서 아주 중요한 위치를 차지하고 있다.

4부

새로운 종족은
어떻게 탄생하는가?

판타지 세계의 종족 설계

다윈은 〈종의 기원〉에서 자연의 선택에 따라 종의 번창과 종 자체의 형태적 기능적 변화가 이루어진다고 주장했다. 즉, 자연환경에 가장 잘 적응한 종이 살아남아 개체수를 늘려가며, 궁극적으로는 자연환경에 맞추어서 스스로의 형태와 기능을 진화시켜나가게 된다는 것이다. 반면 판타지의 설계에서는 자연의 선택이 아니라, 인간 상상력의 선택에 따라 어떤 종의 탄생과 변이가 이루어진다. 다시 말해 설계자가 전달하고자 하는 이야기에 따라 선택된 종이 번창하기도 하고, 멸종 위기에 처할 수도 있다. 눈의 개수가 많아질 수도 있고, 팔다리가 길어지거나 짧아질 수도 있다. 대부분의 판타지 세계에는 그것이 인간이든, 직립보행을 하는 유사 인간이든, 그것도 아닌 비(非)인간이든 우리가 현실 세계에서 접하지 못하는 새로운 종족이 등장한다. 이런 새로운 종족의 탄생 역시 현실에서 살고 있는 인간 상상력의 산물이라, 전혀 엉뚱하게 탄생하기보다는 어떤 일정한 패턴의 조합에 의해서 탄생하는 경우가 많다. 4부에서는 판타지 세계에 등장하는 새로운 종족들이 어떤 패턴에 의해서 탄생하는지, 그리고 특정 종족의 생물학적 특성과 생태학적 특성의 부여 방법에 대해서 알아보자.

생명은 반드시
태어나지 않아도 된다?
종족의 탄생 방식

"꽃은 식물의 생식 기관이다." 1985년 중학교 과학 교과서 제일 앞부분에 씌어 있던 구절이다. 꽃이 열매를 맺고 그것을 통해서 나무가 자라는 것이니 당연한 듯한 이 말이 사춘기 소년에게는 별별 상상을 다하게 만들었다. "꽃이 생식 기관이라고? 그러면 꽃이 나무의 거시기라는 말인데…… 음……." 이런 식의 생각으로 이어지며, 한동안 꽃을 볼 때면 이런저런 생각에 진지해지기까지 했다. 여하튼 중고등학교 시절 과학 교과서 혹은 생물 교과서의 기억을 더듬어보면 아메바를 비롯한 몇몇 생물들 외에, 우리 눈으로 명확히 보이는 생명체들은 대부분 생식 기관을 가지고 있고, 이를 통해서 새로운 생명이 탄생한다. 하지만 이것이 판타지의 세계로 오면 양상이 전혀 달라진다. 어떤 새로운 생명의 탄생이 반드시 생식이 아니어도 되고, 따라서 태어난다라는 말이 부적절한 탄생 방식을 가진 종족들이 등장하곤 한다. 뱀파이어는 죽어야만 탄생하며, 〈지킬 박사와 하이드〉처럼 특수한 약을 먹으면 갑자기 새로운 생명체로 거듭나기도 한다.

어떤 종족의 탄생 방식을 결정하는 것은 그 종족의 생물학적/생태학적 특성 설계의 시작이다. 어떤 개체가 존재하게 된 이유 혹은 방식은 그 개체가 지닌 다른 여러 가지 속성에도 영향을 미치기 때문이다. 예를 들어 생식에 의해서 탄생한 것이 아니라, 죽음으로부터 되돌아온 뱀파이어, 강시, 좀비, 유령 등의 언데드(Undead) 계열의 종족들은, 아무래도 죽음에 대한 두려움에서 조금 더 자유로우며, 인간사의 희노애락과도 거리가 있어야 할 것이다. 그리고 죽음에서 되돌아온 만큼 그들에게 종의 번식 기능 자체가 지극히 제한적이어야 할 것이다. 죽지 않는 이들이 종의 번식에 대한 본능이 있고, 그것이 그렇게 어렵지 않은 방식으로 진행되면 세상이 온통 언데드로 뒤덮일 것이고, 그러면 이야기의 진행이 단순해질 수밖에 없다. 물론 지속 가능한 세상이 아닌, 종말을 앞둔 세상을 배경으로 하는 경우에는 그런 설정을 이용하기도 한다. 실제로 〈28일 후〉와 같은 좀비물에서는 이전까지 다소 격리된 지역을 공포에 몰아넣는 것으로 끝나던 좀비가 아예 세상 전체에 창궐하여 인류가 멸망해가는 종말론적인 이야기를 다루고 있다(물론 〈28일 후〉의 좀비는 죽음으로 탄생한 언데드라기보다는 바이러스에 의해 변이된 개체라, 정확히 언데드의 창궐이라고 보기는 조금 어려운 측면이 있기는 하다).

생식에 의한 탄생

판타지에 등장하는 상상력의 종족 역시 생식에 의해 탄생하는 것이 가장 일반적이다. 물론 그것들이 원래 존재하게 된 기원을 따지다 보면 진화론이냐 창조론이냐 하는 심오한 과학적/철학적/종교적인 논쟁이 되겠지만, 생식에 의해 번식하는 종족들은 창조론의 그것처럼 그냥 세상이 생겨나면서 원래부터 있었던 존재로 설정되는 것이 일반적이다. 굳이 기원에 대한 설명까지 동원하는 경우는 대부분 창조자인 신이 그것들을 왜 만들게 되었는지에 대한 에피소드를 덧붙이는 정도에서 마무리된다. 예를 들어 그리스 신화에 등장하는 티폰 같은 괴물은 대지의 모신 가이아가 제우스의 티탄에 대한 공격을 방어하기 위해 만든 하나의 병기로 그려진다.

어떤 존재가 생식에 의해서 탄생하는 것도 세 가지 방식으로 나뉜다. 첫 번째는 원래의 정상적인 동일 종족 내 암수의 교배에 의해 생명이 잉태되는 것이다. 대부분의 평범한 인간들이 태어나는 방식을 생각하면 된다. 두 번째는 이종 간의 교배를 통한 생명의 잉태가 있다. 그리스 신화의 영웅 중 하나인 테세우스의 가장 큰 모험담에 등장하는 미노타우로스가 대표적인 예다. 미노타우로스는 미노스 왕의 아내인 파시파에가, 포세이돈이 미노스 왕에게 보내준 아름다운 순백의 소에게 욕정을 느끼면서 탄생한 생명체다. 즉, 인간인 파시파에와 신의 소 간의 교배에 의해서 태어난 덕분에 소의 머리와 인간의 몸, 황소의 힘을 가진 무시무시한 존재가 된 것이다. 이런 이종 간 교배를 통한 생명체의 탄생은 여러 신화에서 흔히 찾아볼 수 있으며, 현대에 와서는 〈스피시즈〉 같은 영화에서 외계 생명이 지구에서 재탄생되는 방식으로도 많이 사용되었다. 그런데 이종 간 교배가 항상 다소 부정적인 존재를 탄생시키는 설정으로만 사용된 것은 아니다. 이종 간 교배는 때로는 일반인에 비해 훨씬 뛰어난 역량을 가진 영웅의 탄생으로 이어지기도 하고, 서로 다른 종족 간의 분쟁을 멈출 평화의 전도사를 낳기도 한다. 그리스 신화의 영웅들 대부분은 이종 간 교배, 즉 신과 인간의 교배에 의해 탄생한 경우가 많다. 헤라클레스, 오이디푸스, 테세우스, 페르세우스 등이 모두 이런 경우에 해당한다. 인간계와 마법계를 아우르는 존재로 그려지는, 영화 〈스타더스트〉의 주인공은 인간과 마법사의 교배로 태어났다. 이런 출생적 유전자로 인해 그는 마법계의 문제를 해결하고 평화를 가져올 힘을 가진 존재로 그려진다. 서로 다른 인종이나 이방인에 대한 막연한 두려움이 신화와 현대적 판타지로 이어지면서 이런 설정에 영향을 주고 있는 것이다.

그리고 세 번째로 돌연변이라는 탄생 설정이 있다. 사실 이종 간 교배가 서로 다른 특성의 조합으로 인해 새로운 종이 탄생하는 것이라면, 돌연변이는 동일 종의 교배에도 불구하고 새로운 특성을 가진 종이 탄생하는 경우다. 돌연변이는 글자 그대로 돌연히 변이가 일어난 것으로 점진적인 진화에 따른 변이와는 다른 것이다. 변이 이유가 미지인 경우가 많으며, 원인이 있는 경우에도 유추되는 것이지 이유를 명백하게 설명하지 못한다. 변이의 방향이 다윈의 진화론처럼 적자생존의 방식일 수도 있지만, 오히려 주어진 환경에 불리한 방향으

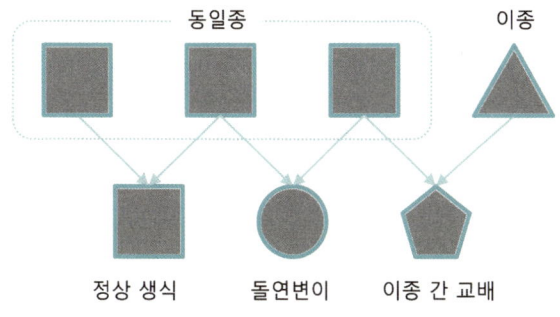

〈그림 1〉 생식에 의한 종족의 탄생

로 일어날 수도 있다. 그리고 태어나면서부터 특이한 존재로 탄생한 것이 아니라, 의도적으로, 혹은 명백한 이유에 의해서 이미 탄생한 생명체가 다른 것으로 거듭나는 것은 뒤에 설명할 변이에 의한 탄생에 해당하는 것으로 돌연변이와는 구별되어야 한다.

부활 또는 생명 부여에 의한 탄생

죽은 이가 살아 돌아오는 것은 한편으로는 엄청나게 큰 기쁨이자 축복일 수도 있지만, 한편으로는 엄청난 재앙일 수 있다. 비단 죽은 이에게 잘못을 저질러 그의 복수가 두려운 사람들이나, 왜곡된 역사에 기대어 살고 있는 사람들뿐만 아니라, 그를 사랑하고 그리워한 사람들조차도 그들 모두가 되돌아오는 것은 감당할 수 없는 재앙이 될 수 있다. 살아 돌아오는 것뿐만 아니라, 죽지 않는 것 역시 마찬가지로 재앙이다. 그리스 신화에서도 아폴론의 아들인 아스클레피오스가 신묘한 의술로 모든 질병을 치료하자, 무너진 세상의 질서를 바로잡고자 하데스가 제우스에게 부탁해 그를 죽여버리는 에피소드가 등장하기도 한다. 어쨌든 죽은 자의 부활은 그들을 그리워하는 사람들의 간절한 바람과 그들을 꺼려하는 사람들의 두려움이 합쳐져, 판타지 세계에 등장하는 종족의 탄생 방식 중 생식에 의한 것 다음으로 자주 등장한다. 죽은 자의 부활에도 세부적으로는 서로 다른 몇 가지 방식들이 사용된다.

먼저 가장 쉽게 생각할 수 있는 것은 부활이다. 'Back to life'. 예수님이나 달마 대사가 보여준 방식이다. 잠시 죽었다가 죽기 직전의 상태 그대로 다시 생명을 되찾는 것이다. 예수님이나 달마 대사처럼 생사를 초월한 역량으로 생명을 되찾기도 하고, 염라대왕이나 신의 선처로 저승에서 다시 돌아오기도 한다. 때로는 그리스 신화나 전설에 등장하는 주인공들(헤라클레스, 테세우스 등)처럼 산 채로 저승을 잠시 다녀오거나, 혹은 오르페우스처럼 산 사람이 저승으로 가서 죽은 이를 데려오기도 한다. 하지만 이렇게 부활하는 방식은 죽기 직전의 상태로 돌아오는 것이기 때문에 새로운 종족의 탄생으로 이어지기는 어렵다.

그래서 등장한 것이 소위 언데드 계열의 종족이다. 수없이 많은 영화, 드라마, 소설, 만화 등에 등장한 뱀파이어나 유령, 강시, 좀비 같은 것들이다. 언데드 계열의 종족도 세부적으로는 탄생 방식이 나뉜다. 대부분의 뱀파이어나 좀비물에서는 같은 종족의 특이한 접촉(깨물어 피나 침이 섞이거나, 성교를 하거나, 혹은 몸에 닿기만 하는 것)으로 변이가 탄생한다는 설정을 도입한다. 그리고 또 나름 자주 등장하는 탄생 방식은 특이한 주술에 의한 것이다. 주술사의 힘, 혹은 어떤 다른 조건들을 만족시켰을 때 다시 움직일 수 있는 것이다. 또 우리나라의 귀신 전설에서 흔히 볼 수 있는 방식으로, 살아생전 혹은 죽기 직전의 원한이나 걱정으로 죽지 못해, 산 것도 죽은 것도 아닌 상태로 떠도는 방식의 탄생도 있다. 셰익스피어의 〈햄릿〉에 등장하는 햄릿 왕자의 아버지인 햄릿 왕의 유령 역시 원한으로 구천을 떠돌지 않는가. 하지만 이런 경우 역시 뱀파이어나 좀비들처럼 종의 개체수를 늘려나가지도 않고, 한시적으로 생명을 얻은 것이기 때문에 하나의 종족으로 탄생하기는 힘들다. 따라서 어떤 방식으로든 자신들의 개체수를 늘리거나 유지할 수 있으며, 그 자체로 계속 살아가려는 의지가 있는 뱀파이어나 좀비 같은 것들만 종족이라고 할 수 있을 것이다.

언데드 계열이 단순 부활과 다른 것은 그들이 비록 다시 살아서, 혹은 죽은 채로 움직이며 스스로 사고하고 있긴 하지만, 그것이 죽기 직전의 이성과 감성에 따른 것이 아니라는 것이다. 흔히 뱀파이어들은 스스로 고차원적인 사고를 할 수 있지만, 생명을 바라보는 가치관이 바뀌는 것으로 그려진다. 또 서양의 좀비물처럼 고차원적인 사고와 기억은 사라진 채, 약육강식의 본능에 따라 행동하는 경우도 있다.

언데드와 유사한 경우로, 죽었다 다시 움직이긴 하지만 자신의 의식과 의지는 사라지고 그를 되살린 주술사의 의지에 의해 행동하는 설정도 자주 등장한다. 이렇게 자신의 의식과 의지는 사라지고 주술사의 의지에 따라 움직이는 경우는 언데드 계열에서 분리해서 '리애니메이티드(Reanimated)'로 부르기도 한다(우리말로 번역하기가 마땅치 않아 리애니메이트란 영어 표현을 쓸 수밖에 없다). 리애니메이티드는 죽어버린 생명체에 적용되기도 하지만, 애초에 생명이 없었던 물체에도 적용될 수 있기 때문에 엄밀한 의미에서 언데드와는 다른 것으로 분류되어야 한다. 주술이나 어떤 힘에 의한 생명 부여라고 할 수도 있지만, 문자 그대로 생명을 부여하는 것은 또 아니다. 주술자가 죽거나 혹은 주술의 힘이 다하면 다시 움직일 수 없는 상태가 되어버리기 때문에, 생명을 부여한다는 표현은 적절하지가 않다.

부활, 언데드, 리애니메이티드는 육체의 소생을 전제로 하지만, 육체는 배제된 채 이성과 감성만의 부활을 설정하는 경우도 있다. 이것 역시 크게 두 가지 방식으로 나눌 수 있는데, 무당이나 엑소시스트에서 흔히 볼 수 있는 '빙의' 방식이 있고, 소위 '폴터가이스트(Poltergeist)'라고 불리는 심령 현상 방식이 있다. 빙의는 말 그대로 죽은 이의 혼이 생명체의 몸에 들어가 육신을 장악한 경우다. 이때 육체적인 역량은 빙의한 혼의 것에 따를 수도 있고, 빙의된 대상의 것만 발휘할 수도 있다. 또 처음에는 빙의된 육체의 역량을 보이다가 일정 기간의 적응이 끝난 뒤에 혼이 가졌던 역량을 발휘하기도 한다. 폴터가이스트는 눈에 보이지도 않고 만질 수도 없지만, 죽은 자의 영혼이 돌아와 현세에 물리적 힘을 발휘하는 것이다. 소리를 내거나 물건을 움직이거나, 불을 깜빡이는 방식 등으로. 하지만 이렇게 육체를 통한 것이 아니라 심령적인 것으로만 돌아올 경우도, 부활과 마찬가지로 어떤 존재로서

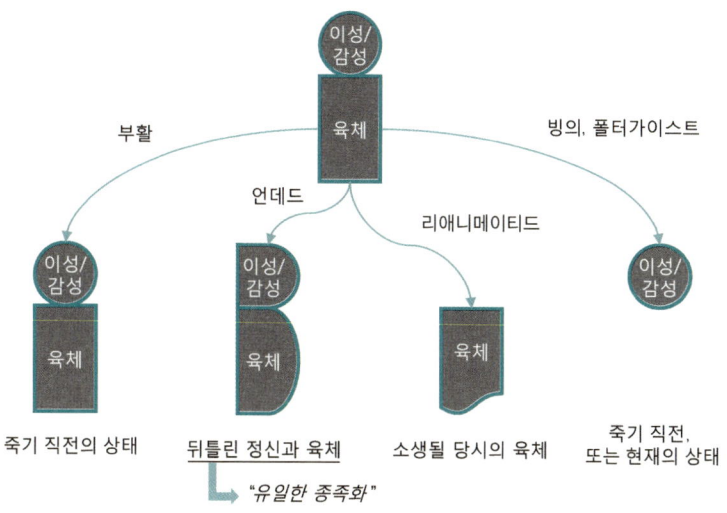

〈그림 2〉 부활 또는 생명 부여에 의한 종족의 탄생

세력을 형성할 수 있는 종족으로 발전하는 경우는 거의 없다. 대부분 어떤 조건을 만족시키면 사라지거나, 단독으로 매우 협소한 특정 지역에 영향을 끼치는 수준에 그친다.

제조 또는 소환에 의한 탄생

사람들의 상상력은 생명을 낳고, 죽은 생명을 되살리는 것만으로는 만족할 수 없었다. 생명을 가진 것들, 혹은 생명을 가졌던 것들은 어쨌거나 자신의 의지를 가지고 있어서 내 마음대로 할 수가 없었던 것이다. 또 어쩌면 함부로 대하고 부려먹는 동안 그들이 받는 고통을 외면하기에는 인간의 본성에 따른 죄책감이 부담스러웠을 것이다. 그러다 보니 좀 더 자극적인 상상력을 동원하기 위해서는 애초에 생명이 부여되지 않았지만, 살아 움직이는 뭔가가 필요했다. 마음대로 죽여도 죄책감에 사로잡히지 않아도 될 존재가 필요한 것이다. 주술자의 의지대로만 움직이는 리애니메이티드라는 존재가 있긴 하지만 썩어가는 시체를 움직이기만 하는 것은 그다지 유쾌한 장면이 아니다. 더구나 리애니메이티드는 주술자의 의지와 명령이 없이는 아무런 일도 할 수 없는 존재다. 사람들은 자기 말만 듣고, 자신이 일일이 명령하지 않더라도 알아서 필요한 일을 하며, 늙거나 병들지도 않는, 아무리 부려먹어도 고통받지도 않는 그런 존재가 필요했다. 그래서 탄생한 것이 자기가 원하는 뭔가를 직접 만들어내는 것이었다. 어쩌면 이런 상상 자체가 신성모독에 가까운 일이었을 것이다. 그래서 현대적인 SF물에서의 사이보그들이 등장하기 전까지는 이런 행위, 즉 생명이 있는 듯한 어떤 존재를 만들어낸 사람들은 신성모독에 따른 불행한 운명에 빠지는 것으로 그려질 때가 많았다. 잘 알려진 〈프랑켄슈타인〉에서 사람의 뼈로 만든 인형에 생명을 불어넣은 프랑켄슈타인은 자신이 만든 피조물에게 죽임을 당한다. 또 유럽의 신화나 전설에서는 살아 있는 인형인 골렘[1]을 만들어내는 것은 신성모독으로 금기시

1_ 유대교, 북유럽의 드루이드, 그리스 신화 등 다양한 신화와 전설에 등장하는 흙, 금속 등으로 만들어진 움직이는 인형으로 로봇의 원조 격이다.

되어 있었다. 살아 있는 인형을 제조하는 방식의 원형을 보여줬지만 해피엔딩으로 삶을 마무리한 피그말리온의 경우는, 자신의 의지로 살아 있는 생명체를 만들었다기보다는 여신 아프로디테가 생명을 불어넣어준 것이므로, 신의 뜻에 반해 살아 있는 생명체를 만드는 것과는 상황이 조금 다르다.

이런 이유로 판타지 설계자들은 자신의 상상력을 좀 더 자유롭게 펼치기 위해, 절대 복종과 생명 경시에 따른 죄책감을 최소화할 존재를 탄생시킬 두 가지 방법을 생각해냈다. 하나는 생명이 없는 무언가를 이용해 스스로 만들어내는 '제조'고, 또 하나는 이 세상에 존재하지 않는 생명체를 다른 세계에서 불러내는 '소환'이었다. 제조에 의한 탄생에도 그것을 움직이는 동력에 따라 서로 다른 방식이 적용된다. 물리적인 힘을 원천으로 하는 공학적 제조와 마법적인 힘을 원천으로 하는 마법적 제조가 있다. 드워프들의 기계 공학으로 탄생한 각종 장치들이나, 일본의 메카닉 판타지에 등장하는 사이보그들이 공학적 제조에 해당한다. 원래는 제조에 의해 탄생한 피조물들은 종족이라기보다는 병기나 도구에 가까운 것이었지만, 미래를 가정한 SF물에서 점점 살아 있는 생명체와 비슷해지면서 독립적인 종족을 형성하고 있다. 〈터미네이터〉는 사고하고, 생존에 대한 본능이 생겼을 뿐만 아니라, 제조를 통해 번식까지 하는 새로운 종족을 그리고 있다. 〈플루토〉는 인간과 유사한 감정까지 가진, 어떤 면에서는 인간보다 더 인간다운 존재를 그리기도 한다. 특히 인간의 이성과 감정은 그대로 두고 몸만 기계로 바꾼 〈사이보그〉나 유전공학에 기반한 생명 복제의 개념이

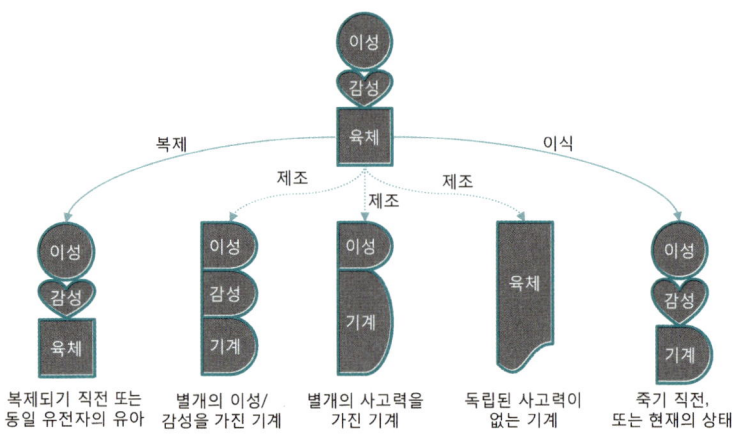

〈그림 3〉 제조에 의한 종족의 탄생

등장한 이후에 만들어진 〈블레이드 러너〉 등의 작품은 제조된 개체의 존엄성까지 심각하게 다루고 있다. 반면 마법적인 힘을 동력으로 삼는 경우는 대부분 주술사의 생명이나, 주술사의 마법력에 비례해서 일시적으로 생명력을 갖는 경우가 대부분이지만, 이것 역시 탄생한 존재의 독립적인 생명력과 번식력에 따라서 새로운 세력을 형성하는 종족으로 거듭나기도 한다.

소환은 제조에 비해서 좀 더 마법적인 역량과 연관이 깊다. 소환은 겹쳐진 우주론을 근간으로, 눈에 보이진 않지만 우리가 살고 있는 세계와 겹쳐져 있는 다른 공간에 거주하는 생명체를 불러내는 것이다. 그들을 불러내서 복종하게 만들려면, 특별한 마법적 역량이 있어야 가능하다. 역량이 뛰어날수록 더 강력한 생명체를 불러낼 수 있는 것이다. 불러낸 생명체의 복종심은 설계자에 따라 천차만별이다. 죽을

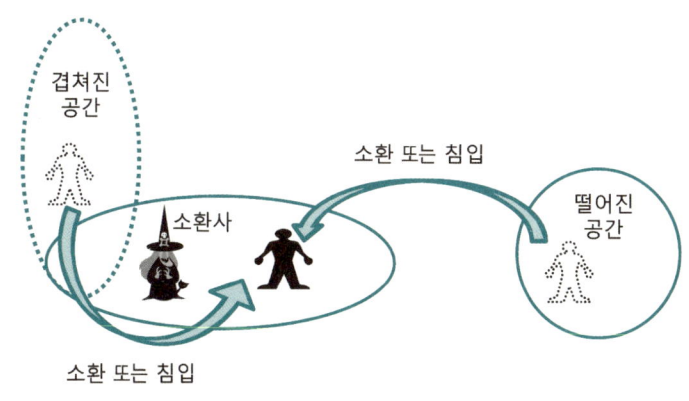

〈그림 4〉 소환 또는 침입에 의한 종족의 탄생

때까지 절대적인 복종을 보이는 경우도 있고, 자신의 생명이 위험해지는 순간 왔던 세계로 돌아가는 경우도 있다. 때로는 소환자에 대한 복종심이 전혀 없이, 자신이 소환된 세계에 살고 있는 모든 생명체를 적으로 돌리는 경우도 있다. 일반적으로 소환된 생명체는 일정 시간이 지나면 다시 돌아가지만, 가끔씩 돌아가지 못하는 것으로 설정되거나, 혹은 특별한 조건을 만족해야만 돌아갈 수 있는 것으로 그려지기도 한다. 이런 경우 현실 세계를 위협하는 이계의 생명체를 원래의 곳으로 돌려보내기 위한 모험이 하나의 이야기를 형성하기도 한다. 소환된 생명체가 돌아가지 않고, 이 세상에 자리 잡고 번식을 하며 새로운 종으로 번창하는 설정도 가끔씩 등장한다.

또 다른 '소환'의 형태가 있는데, 그것은 주술자의 역량으로 호출되는 것이 아니라, 이계의 생명체가 스스로 현세에 나타나는 설정이다. 대표적인 것이 미국 드라마인 〈수퍼 내추럴〉에서처럼 악마에 가까운 어떤 존재가 현실 세계를 파멸시키기 위해 이계로부터 등장하는 경우다. 이런 경우 대부분은 이계와 현세의 출입구가 봉인되어 있다가 해제되는 설정이 이용된다. 또 이렇게 겹쳐진 이계로부터의 등장이 아니라, 우리가 체험할 수 없는 먼 세계에서 나타나는 경우도 자주 등장한다. 대부분 외계의 생명체가 등장하는 것으로, 〈디스트릭트 9〉, 〈에일리언〉, 〈맨 인 블랙〉, 〈우주 전쟁〉 등 지구를 배경으로 한 우주인과의 공존이나 전쟁을 다룬 SF물에서 흔히 찾아볼 수 있다.

변이에 의한 탄생

중고등학교 때 열심히 외우는 한자성어 중에 이런 것이 있었다. '괄목상대(刮目相對)'. 그리고 유사한 뜻을 가진 한자성어는 '일취월장(日就月將)'. 괄목상대는 〈삼국지〉에서 오나라 장수인 여몽의 학식이 발전한 것에 놀란 노숙에게 여몽이 한 말에서 유래된 것인데, 수천 년이 지난 지금도 언론에서 심심찮게 접할 수 있다. 괄목상대나 일취월장이 판타지에서도 종종 등장하는데, 가장 눈에 띄는 것은 게임에서의 '레벨업'일 것이다. 특히 특정한 레벨 상승 시 직업적인 변신이 가능해지거나, 엄청난 기술의 습득이 가능해지면서 게임의 진행이 수월해지기도 한다. 이런 경험은 〈발더스 게이트〉나 〈네버윈터 나이츠〉, 〈퍼스트 퀸〉 등의 롤플레잉(Role-Playing) 게임을 즐겨본 사람이라면 누구나 한 번쯤 겪어봤을 것이다. 비단 게임뿐만 아니라 무협물에서도 특수한 영약을 먹는다든지, 기연을 만나 내공을 전수받는다든지 하는 설정을 통해 주인공이 갑자기 극강한 무림의 고수로 거듭나는 것은 쉽게 만날 수 있는 장면이다.

이런 소위 레벨업을 통한 역량의 강화가 좀 더 극단적인 형태로 나타나는 것이 변이에 의한 새로운 종족의 탄생이다. 〈반지의 제왕〉에서 간달프는 우여곡절 끝에 회색의 마법사에서 백색의 마법사로 변신해서 깜짝 등장한다. 또 폴란드 소설이자 게임으로 유명한 〈위처〉에서는 게롤트를 비롯한 위처라는 마법 전사 집단이 인간의 아이를 데려다 가혹한 훈련 과정을 통해 인간도 아니고, 괴물도 아닌 위처라는 새로운 종족으로 탄생시킨다는 설정을 가지고 있다. 이 작품에서는 위처뿐만 아니라 주술사인 소서러들 역시 아예 인간과는 다른 종족으로 탄생한다는 독특한 설정을 통해 인간들의 오만과 독선을 풍자하고 있다. 우리에게 익숙한 구미호 역시 여우가 재주 부리기를 반복하다 보면 여우도 인간도 아닌 구미호라는 새로운 종족으로 탄생한다는 사실을 잘 보여주는 사례다. 무협물인 〈소오강호〉와 〈동방불패〉에서도 규화보전을 연마한 뒤 남자도 여자도 아닌 중성적인 새로운 종족으로 거듭나는 설정이 등장한다.

물론 이런 변이를 통한 새로운 종족의 탄생이 훈련에 의한 역량 강화를 통해서만 나타나는 것은 아니다. 훈련 외에 가장 보편적으로 나타나는 변이의 원인은 특정 물질의 주입이다. 〈헐크〉처럼 특이한 인체 실험을 통한 변이나, 〈나자리노〉 같은 늑대 인간을 다룬 작품이나

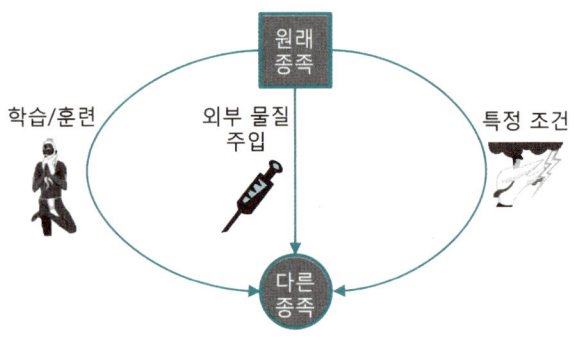

〈그림 5〉 변이에 의한 종족의 탄생

〈데몬스〉 같은 좀비물에서처럼 상처를 입히는 신체 접촉을 통한 변이는 넓은 의미에서 특정 물질 주입에 따른 변이로 볼 수 있다. 사용되는 물질은 주로 약물, 타인의 에너지나 기(氣), 타 종족의 유전자 등이다.

가끔 등장하는 변이의 과정 중에는 원래 태어날 때부터 내재되어 있던 특성이, 어떤 외부 조건(특정 경험이나 나이 등)을 만나면서 각성되는 방식도 있다. 늑대 인간의 인자를 가지고 태어났지만, 성인이 되기 전에는 그런 특성이 발현되지 않다가 성인이 되는 순간부터 늑대 인간의 특성이 발현되는 식의 설정이다. 혹은 특정한 생물로 변할 수 있는 변신 능력을 타고났지만, 목숨이 위태로운 극한 상황에 이르러서야 자신의 특성을 파악하고 점점 자신의 의지에 따라 변신이 가능해진다는 설정도 여러 작품에서 등장한다.

이렇게 종족은 생식, 부활, 제조, 소환, 변이 등 다양한 방식으로 탄생할 수 있는데, 탄생 방식 자체보다는, 탄생 방식에 따라 적절히 생물학적, 혹은 사회학적 특성을 부여하는 것이 더 중요하다.

시각적 놀라움을 주기 위한 형태적 특성의 설정

현실에 존재하지 않는 새로운 종족을 만들어낼 때, 판타지 설계자들이 가장 먼저 고민하는 것은 어떤 형태적인 특성을 부여할 것인가일 것이다. 판타지 설계자들 입장에서는 자신이 만들어낸 생명체가 사용자들에게 강렬한 인상을 남기기를 원하고, 그러기 위해서는 가시적인 차별성을 부각시킬 수밖에 없다. 판타지 설계자들이 자신의 피조물에 형태적 차별성을 어떤 패턴에 따라 부여하는지 살펴보자.

소인국과 대인국으로의 여행 – 크기의 변형

그리스 신화는 제우스를 비롯한 올림푸스의 신들이 아니라, 거인족인 티탄에서부터 시작된다. 어린 시절 동화로 각색되고 요약된 〈걸리버 여행기〉[1]를 읽은 사람들은 걸리버가 소인국과 대인국을 여행하고 돌아온 이야기에 매료된다. 거인족 혹은 소인족은 동서고금을 막론하고 다양한 판타지에 등장한다. 얼마나 크고, 얼마나 작은가는 판타지 설계자에 따라 천차만별이다. 〈반지의 제왕〉의 호빗처럼 일반적인 인간보다 약간 작은 정도, 〈찰리와 초콜릿 공장〉의 움파룸파족처럼 보통 사람의 무릎 정도의 키, 〈피터팬〉의 팅커벨처럼 손안에 쏙 들어올 정도의 크기. 심지어 〈바디 캡슐〉이란 영화에서는 병을 고치기 위해 특수부대를 눈에 보이지 않는 미생물 크기로 축소시켜 인체 내에 투입하기도 한다. 또 티베트 전설에 등장하는 히말라야 산맥의 만년설 지역에 살고 있는 설인(Abominable Snowman)은 인간보다 훨씬 큰 덩치를 가졌고, 트롤의 키는 보통 3~4미터를 훌쩍 넘기도 하고, 〈신밧드의 모험〉에 나오는 거인은 사람을 어깨에 태우고 다닐 수 있을 만큼 크다. 또 심하게 커지면 그리스 신화의 아틀라스처럼 아예 산만큼 커지거나, 중국의 봉황처럼 하늘을 뒤덮는 크기로 등장하기도

---

[1]_ 〈걸리버 여행기〉는 원래 소인국과 대인국 외에, 말의 나라와 하늘의 나라 등 네 개의 나라를 여행하고 온 걸리버의 이야기로 이루어져 있다. 그리고 동화라기보다는 오히려 어른들을 위한 정치적 우화에 가깝다. 각색된 동화적인 〈걸리버 여행기〉에는 대부분 소인국과 대인국의 여행기만 소개된다.

〈그림 6〉 확대와 축소를 통한 크기 변형

한다.

그런데 이렇게 몸집이 커지거나 작아지는 것만으로 사람들에게 놀라움을 선사하는 것은 점점 한계에 부딪힐 수밖에 없다. 좀 식상해지기도 했을 것이고, 아틀라스나 봉황의 크기에 이르면 신기하다기보다는 "그건 좀……"이란 느낌이 먼저 들기 마련이다. 그래서 판타지 설계자들이 고안해낸 방법은 신체의 비례를 바꾸는 비례 왜곡이었다. 머리, 몸통, 팔, 다리, 손가락, 발가락, 심지어 생식기까지 일반적인 신체 크기의 비례를 벗어나는 종족들을 고안해낸 것이다. 머리가 크고, 팔다리는 짧고 가는 E. T.가 대표적인 예가 될 것이다. 엘프들처럼 길이를 늘리고 날씬하게 만들기도 하고, 드워프들처럼 작달막하지만 어깨는 딱 벌어지게 만들기도 했다. 물론 많은 경우 전체적인 크기를 변형시키면서 신체 기관들의 비례를 왜곡시키는 것을 병행한다. 사이클롭스는 덩치가 사람보다 훨씬 더 크지만 많은 경우, 신체 비례에 있어서도 머리가 큰 것으로 그려진다. 호빗도 작지만 신체 비례로는 팔이 긴 것으로 묘사된다. 이렇게 비례가 달라지는 경우, 어떤 신체 부위를 좀 더 강조할 것인지 선택을 해야 하는데, 크게 보면 머리

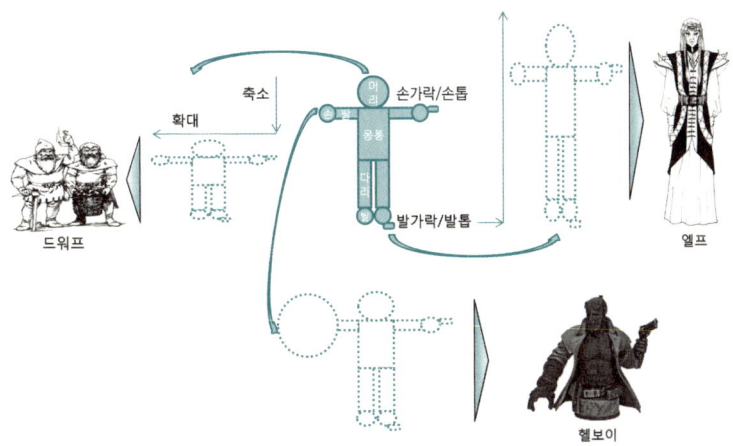

〈그림 7〉 신체 부위의 비례 왜곡을 통한 종족의 형태 설계(예시)

(눈/코/귀/입/치아/머리카락), 목, 몸통, 팔(상완/하완), 손(손가락/손톱), 다리, 발(발가락/발톱), 생식기 등으로 나누어볼 수 있다.

신체 기관의 개수 변형과 그 상징적 의미

비정상적으로 눈치가 빠른 사람을 두고 흔히 '뒤통수에도 눈이 달렸다'는 표현을 사용한다. 이렇게 신체 기관 중 특정한 부위가 몇 개 더 있거나 없으면 어떨까라는 생각을 판타지 설계자들 역시 하게 되었다. 그리스 신화에 등장하는 티폰 같은 괴물은 팔이 백 개, 헤라가 제우스의 연인 이오를 소로 만든 뒤 그녀를 지키게 한 아르고스는 눈

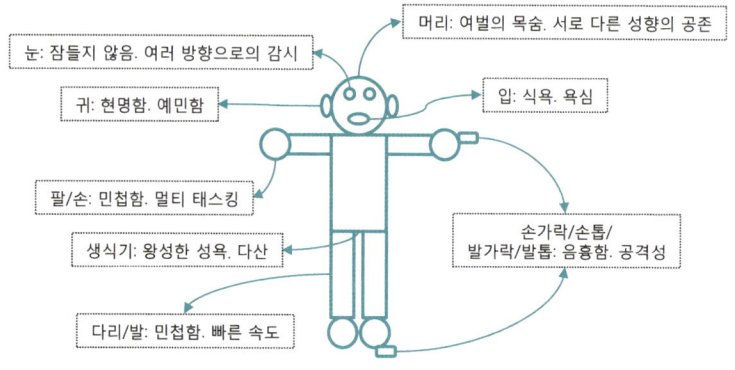

〈그림 8〉 신체 기관 개수 증가의 의미

이 백 개인 것으로 그려진다. 많은 경우 새로 탄생한 종족은 기존에 존재하는 종족에게 위협이 되는 것으로 그려지기 때문에, 신체 기관의 개수는 적은 쪽보다는 많은 쪽으로 선택될 때가 많다. 그리고 어떤 신체 부위의 개수가 늘어나는 것은 그 신체 부위가 담당하고 있는 역할에 따라서 상징적으로 특정 능력이 극대화되는 것으로 이어진다.

 신체의 특정 부위 개수가 많아지는 것에 비하면 빈도가 낮지만, 가끔 개수가 줄어들거나 아예 없어지는 경우도 드물지 않게 만날 수 있다. 가장 쉽게 줄어드는 것은 복수로 존재하는 신체 기관이다. 그리스 신화에 등장하는 사이클롭스(키클롭스)는 흔히들 외눈박이로 표현되고, 일본 애니메이션 〈요괴 인간〉의 벰, 베로, 베라는 모두 손가락이 세 개다. 또 언데드 계열의 종족들은 가끔 머리가 아예 없는 것으로 그려지기도 한다. 페르세우스로부터 메두사의 위치를 질문받는 에지

〈그림 9〉 사이클롭스의 손길을 피하는 오디세우스(左), 눈알 하나를 공유하는 그라이아이(右)

자 그라이아이는 하나의 눈알을 서로 공유하는 세 자매로 그려지기도 한다. 이러한 결핍은 단순히 시각적인 놀라움만을 부여하기 위해 무작정 설정되는 것이 아니다. 결핍 역시 그 종족의 탄생이나 다른 어떤 속성을 상징하기 위해서 나타나는데, 사이클롭스의 외눈은 어리석음과 좁은 시야를 상징함으로써 오디세우스의 탈출을 정당화시켜주는 역할을 한다. 또 〈요괴 인간〉 세 남매의 세 손가락은 실험실에서 탄생한 그들의 불완전함을 상징하며, 그라이아이의 눈은 그들에게 주어진 예지 능력에 따른 다른 감각의 상실을 의미한다. 특히 그리스 신화에서는 예언 능력을 가진 이가 시력을 잃는 것으로 그려질 때가 많은데, 예언자 피네우스는 예언 능력을 두려워한 제우스에 의해 시력을 강탈당한다.

또 드물게는 어떤 상징성을 부여하기 위해 신체기관 중 하나를 아예 없애버리는 경우도 있다. 일본 만화인 〈진격의 거인〉에서 인류의 생존을 위협하는 거인족은 아예 소화기관이 없는 것으로 가정함으로써, 그들의 탄생 이유와 인류에 대한 적계심을 상징적으로 표현하기도 했다. 신체기관은 아니지만 귀신이나 유령에게는 그림자가 없다거나 거울에 비치지 않는다는 등의 설정은 흔히 볼 수 있으며, 쥐스킨트는 〈향수〉에서 주인공 그루누이가 냄새가 없다는 설정을 통해 자아 찾기의 극단적인 형태를 보여주기도 했다. 그 외에도 감정이 없는 사이코패스나, 미국 드라마 〈헤이븐〉의 주인공 네이슨처럼 촉각을 잃어버리는 설정도 곧잘 등장한다.

신체 기관의 조합과 대체

크기를 변형하고, 비례를 왜곡하고, 일부 기관의 개수를 바꾸는 것 외에, 또 한 가지 특징적으로 나타나는 형태적 변이는 특정 기관을 다른 것으로 대체하는 것이다. 머리를 다른 종족의 것으로 달아준다거나, 손 대신 칼이나 총을 쥐여준다거나 하는 식이다. 이런 신체 기관의 대체는 우리 일상에서도 은유적인 표현으로 자주 등장 한다. '독사 같은 눈'이라든가, '앵두 같은 입술' 등의 표현 방식이 판타지 설계자들에 의해 새로운 종족의 탄생에 적용되는 것이다. 이런 신체 기관의 대체를 통한 새로운 종족의 탄생은 그리스 신화에서도 자주 등장한다. 비운의 영웅이었던 오이디푸스가 처치한 스핑크스는 여자의 얼굴과 사자의 몸, 새의 날개를 가진 복합적인 피조물이었다. 페르세우스가 해치운 뒤 자신의 무기로 사용하는 바람에 수많은 사람들을 공포

〈그림 10〉 신체 기관 대체의 상징들. 스핑크스(左), 메두사(中), 미노타우로스(右)

에 떨게 했던 메두사의 머리는 머리카락이 뱀이다. 테세우스에 의해 처치된 미궁 속에 거주하는 미노타우로스는 인간과 황소의 결합을 통해 황소의 머리와 뒷발을 가지고 인간의 몸과 손을 한 종족으로 탄생했다.

이렇게 신화 속에서 등장하는 생명체들의 특정 신체 부위가 다른 종류의 생명체의 것으로 대체되는 방식은 현대에 와서 메카닉 판타지물에도 적용되었다. 즉, 몸의 일부가 기계로 대체되는 방식이다. 유명한 애니메이션이었던 〈은하철도 999〉는 사람의 몸 대부분을 기계로 바꾸어 영생을 누리는 신인류의 탄생이라는 큰 설정을 기반으로 이야기를 전개하고 있고, 70년대 말 안방 극장을 점령했던 〈6백만 불의 사나이〉에서는 눈, 다리, 팔 등의 신체기관이 기계로 대체되어 인간을 뛰어넘는 능력을 보유하는 설정이 등장하기도 했다.

이렇게 형태적 변이는 어떤 생명체의 신체를 두고, 전체적으로나 혹은 국소적으로 크기를 조절하는 방식, 특정 기관의 개수를 변경하

〈그림 11〉〈마이트 앤 매직 히어로즈 VI〉에서 '페이트 위버' 종족의 탄생

는 방식, 특정 기관을 다른 생명체의 것이나 혹은 제조된 어떤 것으로 대체하는 방식이 주로 사용되어 왔다. 물론 이 방식들이 따로따로 적용되어 새로운 종족이 설계되기도 하지만, 많은 경우 복합적으로 적용되는 것이 일반적이다. 미노타우로스 경우도 단순히 머리만 소머리로 대체되는 것이 아니라, 다리는 인간보다 짧아지고 키는 인간보다 훨씬 큰 것으로 설정된다. 또 인간에게 없는 꼬리도 달려 있다. 복합적인 방식의 결합에 따른 새로운 종족의 탄생은 과거 어느 때보다도 활발히 이루어지고 있다. 근래에 개발되는 각종 게임에서 복합적 방식의 결합을 한 다양한 몬스터가 등장하고 있다.

눈에 보이지 않는
비가시적 특성의 설정

어떤 종족의 형태적인 변화는 그 자체로도 시각적인 놀라움을 주지만, 대부분의 경우 형태의 변화에 걸맞은 무형(Intangible)의 변화를 동반한다. 몸의 크기가 커졌다면 당연하게 힘도 더 세어지고, 새로 바뀌었다면 나는 능력도 같이 주어지는 식이다. 능력의 문제뿐만 아니라, 사람의 몸이지만 머리가 소로 바뀌었다면, 사람의 이성은 사라지고 동물적 본능만 남는 식의 변형도 같이 이루어지는 것이다. 이런 무형의 변화들은 크게 세 가지로 나뉘어 이루어진다. 첫 번째는 이성과 감정적 본능의 균형이다. 감정이 주가 되고 이성적 사고력이 떨어지는지, 아니면 이성이 주가 되고 감정이 퇴화되는지 등을 결정하는 것이다. 두 번째는 감각기관의 변이다. 안이비설신(眼耳鼻舌身), 즉 시각,

청각, 후각, 미각, 촉각의 다섯 가지 감각과 소위 육감까지의 감각기관의 발전이나 퇴화의 수준을 설계하는 것이다. 세 번째는 감각적인 능력 이외의 능력 변이가 있다. 예를 들어 수명이 짧아지거나, 혹은 길어지는 것 등에 대한 설정이다. 이런 무형의 변화는 대부분 인간에 대비해서 상대적인 것으로 나타난다. 판타지 설계자로서는 자신이 만들어낸 새로운 종족의 속성들을 고객이 좀 더 쉽게 이해할 수 있게 할 필요가 있다. 그러기 위해서는 고객들이 직관적으로 가장 잘 이해하고 있는 인간을 기준으로 삼고, 그에 대비한 상대적인 수준의 변화를 중심으로 새로운 종족이 가진 속성을 설계하는 것이 가장 바람직하다. 즉 평균적인 인간에 비해 감정과 이성의 균형이 어떻게 다른지, 얼마나 더 멀리 볼 수 있는지, 혹은 사람보다 얼마나 오래 사는지 등을 결정하는 것이다.

감정과 이성의 균형

영화나 드라마를 보다 보면 어떤 캐릭터를 가리켜 '피도 눈물도 없는 놈'이라든가, '물불 못 가리고 날뛰는 놈'이라고 부르는 상황을 자주 만난다. 갈등 구조를 만들어내기 위해서 지나치게 이성적으로만 행동하는 냉혈한과 감정적으로 좌충우돌하는 열혈남아를 내세우는 것은 식상할 정도로 자주 보는 설정이다. 종족을 설계하는 데 있어서도 이 이성과 감정의 균형 수준을 설정하는 것은 그 종족의 특성을 결정짓는 데 아주 중요한 역할을 한다. 〈반지의 제왕〉을 비롯한 서양 판타지물에서 엘프는 대부분 감정의 동요가 심하지 않고, 인간에 비해 더 이성적인 것으로 그려진다. 반면에 드워프는 아주 감정적이며 욱하는 성격이 있고, 인간에 비해 감정적 동요가 더 심한 것으로 그려진다. 물론 어떤 경우나 예외는 있어서 다혈질의 엘프도 있고, 아주 침착하고 현명한 드워프 캐릭터도 종종 등장한다.

감정과 이성의 균형 문제를 설정하는 것은 그 종족이 전반적으로 두 상반된 성격 중 어느 쪽에 좀 더 치우쳐 있는지를 결정하는 것이다. 감정은 완전히 배제되고 이성만 남은 종족부터, 둘 간의 균형이 잘 잡힌 경우, 그리고 이성은 없이 본능적인 감정만 남은 종족까지 다양하게 설정될 수 있을 것이다. 여기서 주의할 것은 이성에 치우쳤다는 것이 반드시 높은 지적 역량을 보유했다는 뜻은 아니라는 것이다. 예를 들어 〈오즈의 마법사〉에 나오는 양철 나무꾼은 심장이 없어 감정이 메마른 존재로 등장하지만, 양철 나무꾼의 지혜가 상대적으로 뛰어난 것은 아니다. 어떤 사람이 감정적인 면이 두드러졌다고 해서, 그 사람의 감수성이 뛰어나다는 것을 의미하지 않는 것과 마찬가지다. 즉 이성적 역량의 수준이나, 감정의 기복 정도를 설정하는 것이 아니라, 둘 간에 어떤 쪽이 좀 더 부각되는 특성을 가진 종족이냐를 설정하는 것이다.

이성과 감정의 균형감 문제도 다른 여러 특성들과 마찬가지로 종족이 가진 기본적인 속성들과 합치되는 것이 중요하다. 예를 들면 〈터미네이터〉의 기계 인간들처럼 제조를 통해 탄생되는 종족은 감정은

| 감정만 남음 | 감정에 치우침 | 균형 | 이성에 치우침 | 이성만 남음 |

〈그림 12〉 이성과 감정의 균형 설정

철저하게 배제되고 이성만 남는 것으로 설정해도 전혀 어색하지 않지만, 생식을 통해서 태어나는 일반적인 생명체의 경우는 그렇지 않다. 또한 수명이 길면 길수록 대체로 감정적인 면보다는 이성적인 면이 조금 더 강조되는 편이 자연스럽다. 또한 원한이라든가 어떤 특정한 이유로 죽지 못하고 이승을 떠도는 영혼의 경우, 이성보다는 그 당시의 억울함이나 한으로 인한 왜곡된 감정에 휘둘리는 것으로 설정되는 것이 자연스럽다.

그리고 소위 '버서커(Berserker)'라는 이름으로 불리는 광전사의 경우처럼, 특정한 상태에서 이성과 감정의 균형이 무너지는 설정도 종종 사용된다. 버서커는 위기감을 느낄 경우 광란의 상태로 들어가 육체적인 힘이 극대화되지만, 이성을 상실하면서 적군과 아군에 대한 구별 능력을 상실하는 변이 능력을 가지고 있다. 이런 설정은 아일랜드 신화의 주인공인 쿠 훌린(Cuchulainn, Cú Chulainn)에서 시작해서 다양한 작품들에서 응용되고 있다. 반대로 동양에서는 참선을 통해 감정의 동요를 가라앉히고 이성을 극대화해서, 더 나은 능력을 발휘하는 설정을 볼 수 있다. 또한 이렇게 감정의 동요를 가라앉히는 동시에 내공을 쌓는 과정이 잘못되면 소위 '주화입마'를 입어 이성을 잃어버리고 감정에 치우치게 되는 설정도 곧잘 사용된다.

〈그림 13〉 이성을 없애고 감정을 극대화시키는 서양식 광전사(左)와
감정을 가라앉힘으로써 능력을 극대화하는 동양식 참선행(右)

감각기관의 발달 수준

 냄새를 잘 맡는 사람에게 '개코'라는 표현을 자주 쓰는데, 사람에 비해서 월등히 뛰어난 개의 후각 때문일 것이다. 반면 박쥐는 퇴화된 시력으로 인해 밝은 곳에서 더 헤매고, 시각이 아닌 다른 감각을 이용해서 사냥을 하는 것으로 알려져 있다. 이렇게 어떤 종의 속성을 결정하는 데 있어서, 감각기관의 역량은 꽤 중요한 역할을 한다.

 판타지에서 새로운 종족을 등장시킬 경우, 고객에게 신비감이나 놀라움을 주는 것이 하나의 목적이 된다. 따라서 감각기관의 발달 수준을 설계할 때, 초월적 역량에 대한 고려가 있어야 한다. 오감 이외에 육감, 즉 식스 센스에 대한 설정이라든가, 극단적으로 발전한

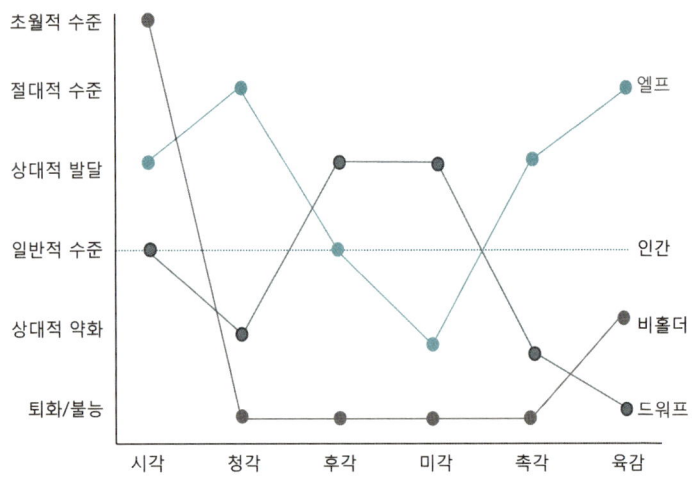

〈그림 14〉 감각기관의 발달 수준에 대한 설정 예시

감각기관에 대한 설정이 필요한 것이다. 육감은 앞일을 내다보는 예지력으로 표출될 수도 있고, 본능적으로 위험을 감지하는 능력으로 나타나기도 한다. 또한 오감의 설정에 있어서도 시력이 더 좋다는 정도가 아니라, 가로막혀 있는 벽 너머를 보는 투시 능력이나, 지리적으로 멀리 떨어진 곳을 보는 천리안에 대한 설정까지도 고려해야 한다.

이러한 감각기관의 발달 수준을 설정하는 데 있어서 절대적인 수치를 도입하기는 어렵다. 따라서 판타지 설계자들은 이 경우에도 인간을 기준점으로 놓고 상대적인 수준을 설정하는 방법을 흔히 사용한다. 물론 판타지의 가장 대표적인 포맷으로 자리 잡은 컴퓨터 게임에서는 공격력이나 방어력 등을 계산하기 위해서 절대적인 수치를 정교하게 설계하는 것이 매우 중요한 문제다. 하지만 이런 경우 역시 종족의 상대적인 특성을 설계한 이후에 게임상의 밸런스를 조정하는 과정에서 정확한 절대적 수치를 결정하게 된다. 따라서 어떤 특정한 종족의 감각 기관이 인간에 비해서, 혹은 작품 속에 등장하는 다른 생명체들의 감각기관과 비교해서 상대적으로 얼마나 발달했는지 하는 상대적인 수준의 설계가 우선되어야 하는 것이다. 예를 들어 많은 판타지 작품에서 엘프라는 종족은 시각이나 청각이 인간에 비해서 월등히 발달해서, 사냥이나 정탐에 알맞은 특성을 가지고 있다. 뿐만 아니라 이들은 고대의 마법적 힘의 영향으로 위험을 감지한다든지, 앞일을 예언한다든지 하는 육감 역시 발달되어 있는 것으로 설정되기도 한다. 반대로 드워프들은 인간에 비해 상대적으로 뛰어난 육체적 능력을 가지고 있지만, 감각적으로는 오히려 덜 발달된 상태로 그려진다. 특히 예민함을 전제로 한 육감에 있어서는 아무런 능력을 발휘하지 못하는 퇴화된 수준으로 그려지는 경우가 많다. 물론 똑같은 엘프나 드워프라는 이름의 종족이라 하더라도 판타지 설계자에 따라 세세한 설정은 달라질 수 있다. 또 비홀더[1] 같은 괴물은 엄청난 시력을 가지고 있어서 벽 너머라든가, 극단적인 경우

---

[1] 〈던전 앤 드래곤〉 형식의 판타지 게임에 자주 등장하는 괴물이다. 구체 모양의 눈동자 자체가 떠다니거나, 혹은 구체에 커다란 눈이 박혀 있는 것으로 그려지곤 한다. 비홀더는 주로 엄청난 시력을 가진 것으로 나오지만, 그 수준에 대해서는 판타지 설계자에 따라 천차만별이다.

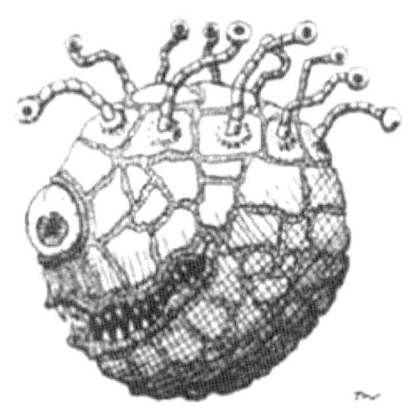

〈그림 15〉 대부분의 감각은 퇴화하고 시각에 주로 의존하는 비홀더

는 종족 간의 비전을 공유함으로써, 전혀 다른 공간까지도 볼 수 있는 것으로 설정되곤 한다.

감각이 퇴화하거나 결핍되는 것은 신체기관의 결핍과 마찬가지로 그것 자체가 다른 특성들을 상징화하기 위해서 사용되는 경우가 많다. 가장 흔히 사용되는 촉각의 상실은 충격이나, 고온 및 저온 등으로 인한 신체적인 고통을 느끼지 못하는 것으로 그려지는데, 이것은 정신적으로는 다른 생명체에 비해 공포감이 없다는 것을 간접적으로 의미하는 것이다. 그리고 공포감의 결핍은 두려움을 모르는 전사의 탄생을 가져올 수 있다. 또한 육감의 극대화를 위해 오감을 퇴화시키는 설정도 많다. 오감 내에서도 특정한 감각, 예를 들어 시각의 상실은 다른 감각—청각, 촉각, 혹은 예지력 등—을 극대화하기 위한 설정으로 이용될 때가 많다.

수명의 설정

　수명은 종족의 여러 가지 측면에 영향을 미치는 중요한 속성 중 하나다. 하루살이처럼 찰나를 살아가는 생명체에게서는 허망함을 느끼는 반면에, 학이나 거북이 같은 십장생들에게서는 신성함마저 느껴진다. 인간의 수명을 한참 넘어서는 경험은 누구도 해보지 못했기에 그것 자체로 많은 것들을 상징한다. 이런 존재는 때로는 '지식의 보고'나 '현명함의 극치'로, 혹은 인간이 갖지 못한 특수한 역량을 보유하고 있는 것으로 그려지기도 한다. 이런 설정은 만 년을 살아온 한 남자의 이야기를 담담하면서도 흥미롭게 잘 그려낸 영화 〈맨 프롬 어스〉에서 잘 보여진다.

　판타지에서 수명에 대한 설정은 각양각색으로 나타난다. 뱀파이어나 그리스 신화의 영웅들처럼 아예 불사로 설정되기도 하고, 죽기는 하지만 인간의 관점에서 불사의 존재처럼 보일 만큼 긴 세월을 사는 종족도 있다. 엘프들은 종종 수백 년은 족히 사는 것으로 설정되면서, 그들이 인간을 가리켜 유한한 존재라며 자신들과 차별화하는 장면이 여러 작품에 등장한다. 반면에 인간보다 훨씬 짧은 수명으로 설정되는 경우도 있는데, 오크 같은 종족은 많은 작품에서 아주 짧은 수명을 가진 것으로 그려진다. 이렇게 짧은 수명 덕에 오크는 굳이 전쟁터에서 살아서 돌아오려 하지 않고, 그로 인해 더 용맹한 군사가 되는 것이다. 또 어떤 경우에는 독립적으로는 살 수 없어 다른 생명체의 수명이나 능력에 의존하는 것으로 설정되기도 한다. 특히 소환되거나 영적으로 연결된 생명체에서 이런 설정이 자주 사용된다. 소환된 생명체들은 소환자의 역량에 비례한 생명력을 가지고 있는 경우가 많다. 또한 주술이나 운명적 결합으로 인해 서로의 영혼이 연결되고, 그로 인해 한 생명체의 죽음이 곧 다른 생명체의 죽음을 의미하는 설정도 곧잘 등장한다. 〈황금 나침반〉에서는 데몬이라는 생명체가 인간과 함께 태어나 죽음까지 같이 하는 설정이 등장한다. 〈황금 나침반〉뿐만 아니라, 여러 판타지 롤플레잉에 등장하는 '퍼밀리어(Familiar)'도 비슷한 설정을 사용하는 경우가 많다. 대부분의 기생 생명체들은 숙주와 수명을 같이 한다. 또 드물게는 특정한 목적을 달성하기 위해 수명을 설정하는 경우도 있다. 주로 영혼의 안식을 얻기 위해 죽고 싶지만, 자기 마음대로 죽지 못하는 존재의 수명을 설정할 때다. 할 일을 다하면 소멸되어 안식을 얻는 설정인 것이다. 신성한 유물인 성배를 지키면서, 성배의 올바른 주인을 기다리며 수천 년을 살아오지만, 그 주인에게 성배를 무사히 넘겨주는 순간 먼지로 흩어지는 장면은 여러 작품에서 이용된다. 〈인디애나 존스〉 시리즈의 3부 격인 〈최후의 성전〉에서 성배를 지키는 기사나, 일본 만화 〈바벨2세〉에서 바벨탑을 지키는 시녀 등이 이런 설정에 해당한다.

수명 설정에 있어서 한 가지 재미있는 것은 불사에 대한 반대 조건 설정이다. 즉 어떤 생명체의 수명을 불사로 설정할 경우, 그에 상응해서 죽을 수 있는 조건의 설정이 반드시 뒤따른다는 것이다. 사실 이런 설정이 없다면 그 생명체나 종족은 무적인 데다, 죽음이 없는 무차별적 번식으로 인해 다른 종족들이 살아남을 수 없는 극단적인 상황을

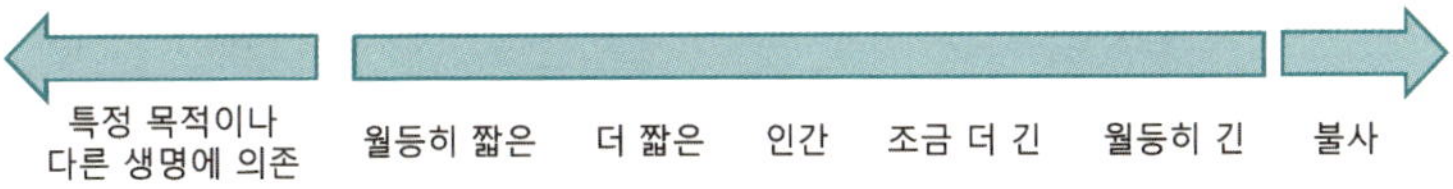

```
← ─────────────────────────── →
특정 목적이나    월등히 짧은   더 짧은   인간   조금 더 긴   월등히 긴   불사
다른 생명에 의존
```

〈그림 16〉 인간을 기준으로 한 상대적 수명 설정

만들어버릴 것이다. 따라서 불사와 죽음의 조건은 파트너 관계인 셈이다. 불사의 존재를 죽음에 이르게 하는 조건은 크게 세 가지로 볼 수 있다. 첫 번째는 특정한 공격에 치명적인 것이다. 한국 전설에 등장하는 '불가사리'나 여러 게임에서 물리적 공격에 면역이 있는 것으로 설정되는 '트롤[1]' 같은 생명체들은 불이나 산(酸)과 같은 특정한 속성을 가진 공격으로만 죽일 수 있다. 또 수없이 쏟아진 뱀파이어물에서는 뱀파이어를 죽일 수 있는 공격법(은총알, 십자가, 마늘, 심장에 말뚝 박기, 성수 등등)의 설정이 이야기 전개에 꽤 중요한 역할을 한다. 두 번째는 특정한 조건이 갖추어진 상태에서 공격을 받는 것이다. 그리스 신화 속 트로이 전쟁에서 그리스 진영을 이끈 이기적인 영웅 아가멤논은 뭍에서도, 물에서도, 집 안에서도, 집 밖에서도 죽지 않을 것이란 불사의 조건을 타고 태어났다. 하지만 어이없게도 아가멤논은 아내인 클리타임네스트라의 계략에 의해 집에서 돌출된 욕실에서, 욕조에 들어가기 위해 한 발만 욕조에 담근 순간 아내와 아내의 정부의 공격을

---

[1] 트롤(Troll)은 유럽의 여러 지역에서 전래되고 있지만, 지역에 따라 서로 다른 모습으로 그려진다. 주로 사람보다 훨씬 큰 거인족으로 그려지며, 물리적인 타격에 상해를 입지 않아, 불이나 강한 산을 이용한 공격으로 태워 죽여야 하는 것으로 설정될 때가 많다.

〈그림 17〉 물리적인 공격에 의해서는 죽일 수 없는 동양의 불가사리(左)와 서양의 트롤(右)

받으며 어이없는 죽음을 맞게 된다. 〈삼손과 데릴라〉에서 삼손의 머리카락이나, 아킬레스의 아킬레스건 역시 비슷한 설정이라고 할 수 있다. 그리고 마지막으로 어떤 특정한 조건을 지속적으로 만족시켜야만 불사하는 것으로 설정되는 경우가 있다. 정기적으로 살아 있는 생명체의 피를 마시거나 기를 빨아들여야만 삶을 지탱할 수 있는 뱀파이어나 '서큐버스'[1]의 설정 등이 이에 해당한다. 미국 드라마 〈트루 블러드〉에서는 정기적으로 피를 마셔야만 생명이 유지되는 뱀파이어가 사람과 공존하기 위해, 피와 유사한 성분의 V주스를 개발해 그것으로 피를 대체하는 설정을 이용하여 기존의 뱀파이어물과는 또 다른 재미를 선사하고 있다. 또 캐나다 드라마 〈로스트 걸〉에서 주인공인

1_ 몽마의 일종으로 남자와의 성관계를 통해 정기를 빨아들이며 살아가는 생명체.

'보'는 생명체의 기를 흡수해 자신을 치료하고, 초월적인 힘을 얻는 서큐버스로 등장한다.

지적 능력의 설정

"저 친구, 정말 머리가 좋아. 천재야!"라는 말이 의미하는 바는 상황에 따라서 조금씩 다른 의미를 갖는다. 어떤 때는 기억력이 좋다는 의미로, 어떤 경우는 수리적 연산력, 또 어떤 경우는 주어진 상황이나 상태를 잘 분석하는 이해력, 그리고 드물긴 하지만 적절한 의사 결정 능력과 현명한 대처 능력을 높이 살 때 이렇게 표현하기도 한다. 이렇게 어떤 존재의 지적 능력을 한마디로 명쾌하게 정리하기는 어렵다. 게임에서 지적 능력은 주로 마법적 능력이나 계략의 성공 가능성 등을 가늠하는 매개 변수로 이용되지만, 판타지 세계를 설계하는 단계에서의 지적 능력 설정은 보다 개념적인 것이어야 한다. 더구나 한 개체가 아니라 어떤 종의 지적 능력을 설정하는 데 있어서는 IQ니 EQ니 하는 지표를 사용할 수도 없는 노릇이다.

그렇다면 판타지 설계에 있어서 어떤 종족의 지적 능력의 설정은 어떤 식으로 이루어질 수 있을까? 한 가지 방법은 다른 비형태적 특성들과 마찬가지로 인간에 비추어 상대적 수준을 설정하는 것이다. 다시 말해 기억력, 관찰력, 연산력, 이해력 등 대표적인 지적 역량을 나타내는 지표들의 수준이 인간에 비해서 얼마나 우월하거나 열등한

지를 설정하는 것이다. 예를 들어 미국 드라마인 〈카일 XY〉에서 신인류로 탄생한 카일은 인간보다 월등한 기억력과 연산력을 보유하고 있는 것으로 그려진다. 또 동서양을 막론하고 많은 작품에서 용(드래곤)은 인간보다 월등한 기억력과 이해력, 현명함 등을 갖추고 있는 것으로 그려진다.

또 다른 설정은 지적 역량을 상징하는 간접적인 요소들을 활용하는 것이다. 대표적인 것이 의사소통의 수준일 것이다. 종족 고유의 혹은 그 종족이 속한 세력의 언어를 똑같이 이해하고 능숙하게 사용하는지 여부를 결정하는 것이다. 이런 설정은 어떤 종족이 지적 생명체인지 그렇지 않은지를 설정하는 다분히 이분법적인 접근을 할 때 주로 사용된다. 인간에 버금가는 의사소통을 하는지, 혹은 일정 수준 의사소통이 되지만 그 수준이 현격하게 낮은지, 아니면 전혀 의사소통이 되지 않는지 등을 설정하는 것이다. 예를 들어 〈반지의 제왕〉의 경우에는 드워프, 엘프, 호빗, 엔트(고대 나무) 등은 첫 번째 경우에 해당하며, 오크나 트롤 등은 두 번째 경우에 해당된다. 그리고 와이번이나 거대한 거미인 쉴롭, 지하동굴에서 간달프를 끌고 들어간 발록 같은 개체들은 의사소통이 거의 되지 않는 것으로 그려진다.

또 한 가지 지적 역량을 설정하는 데 동원되는 것이 도구 사용 수준이다. 이것은 어쩌면 과학 기술 혹은 문명의 발달 정도라고도 할 수 있다. 각종 문명의 이기에 대해서 얼마나 이해하고 있고, 또 익숙해져 있는지를 설정하는 것은 다양한 작품에서 곧잘 사용된 방식이다. 예를 들어 지역적으로 분리되어 있는 미개한 지역에 살고 있는 종족들

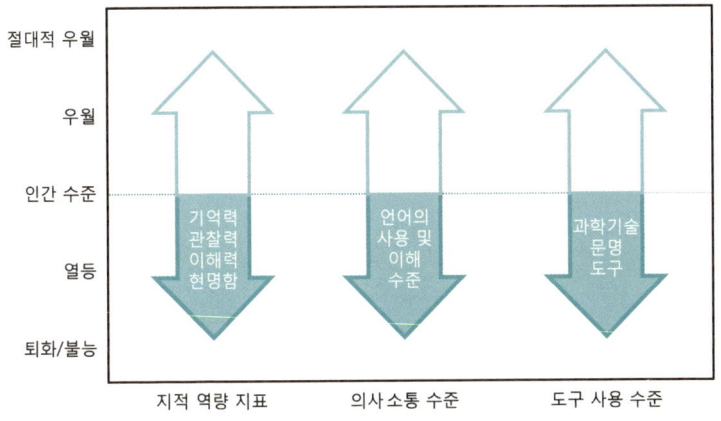

〈그림 18〉 지적 역량 설정 및 표현 방식

의 지적 수준을 표현하는 방식으로, 총이나 녹음기처럼 우리에게 익숙한 것들로 그들에게 놀라움을 줌으로써 간접적으로 그들의 지적 역량이 높지 않음을 보여주는 것은 익숙한 장면이다.

이렇게 어떤 종족의 지적 역량을 설정하는 것은 그 수준 자체를 결정하는 것보다는, 오히려 설정된 지적 역량을 어떤 매개 변수를 통해서 효과적으로 나타낼 것인가 하는 표현의 문제일 수 있다. 예를 들어 이질적이고 동떨어진 문명 세계를 가정할 때는 도구 사용의 수준을 통해서 표현하는 것이 좀 더 효과적일 것이다. 반면에 시공간적으로 우리가 살고 있는 현실 세계와 유사한 문명을 접하는 어떤 새로운 종족은, 인간에 대비한 기억력이라든지, 연산력이 얼마나 뛰어나거나 떨어지는지를 통해서 표현하는 것이 좀 더 나은 방법일 것이다. 또 다양한 종족들이 섞여 있는 세력에서 종족 간 종속 또는 상하 관계에 따라 의사소통 수준을 달리하는 설정을 통해 종속 관계가 성립하는 이유를 설명할 수도 있다.

신체적 능력의 설정

신체적 능력을 측정한다고 하면, 많은 사람들은 소위 '체력장'이란 단어를 떠올릴 것이다. 백 미터 달리기, 턱걸이(매달리기), 제자리 멀리뛰기, 던지기, 윗몸 일으키기, 오래 달리기 등 여섯 개 종목으로 구성된 재미없는 시험. 이 종목들은 어떤 사람이 얼마나 힘이 센지(턱걸이, 윗몸 일으키기), 민첩한지(백 미터), 정확한지(던지기), 오래 버티는지(오래 달리기) 등을 군대식으로 평가하기 위한 것들이다. 어쨌든 체력장을 통해서 평가하려는 지표들은 힘(Strength), 민첩성(Agility), 정확성(Dexterity), 지구력(Endurance)으로서 각종 게임에서 신체적인 능력을 결정하는 데 주요 요소로 항상 등장하는 것들이다.

판타지 세계를 설계할 때 어떤 종족의 신체적 능력을 결정하는 데 있어서는 힘, 민첩성, 정확성, 지구력이 다른 종족에 대비해 어떤 수준인지를 결정하는 것도 중요하지만, 그 종족의 특성을 나타내기 위해서 한 종족 내에서 지표들 간의 상대적인 수준을 결정하는 것도 중요하다. 예를 들자면 어떤 종족이 힘을 바탕으로 하고 있는 좀 무식한 스타일인지, 힘은 약하지만 뛰어난 민첩성으로 치고 빠지기에 능한지 등을 결정하는 것이다. 앞서 여러 차례 언급한 바지만, 판타지 설계자

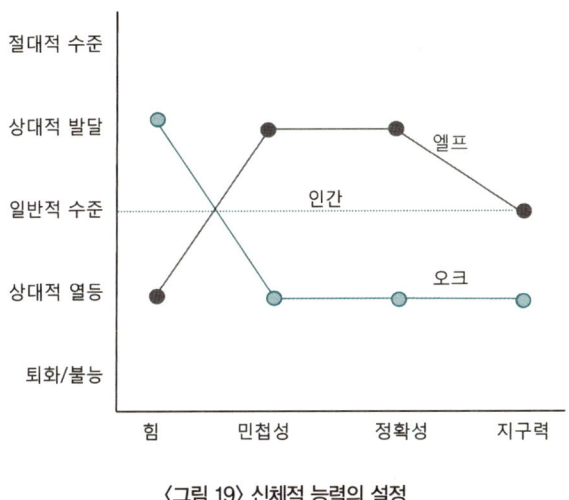

〈그림 19〉 신체적 능력의 설정

들이 모두 인간이다 보니 이것 역시 인간을 기준으로 설정하는 이기적인 방법을 취하는 것이 일반적이다. 즉, 인간은 힘, 민첩성, 정확성, 지구력에 있어서 아주 균형 있는 종족으로 설정하고, 인간 이외의 종족들이 상대적으로 어디에 방점을 찍고 있는지를 결정하는 것이다. 오크나 트롤은 힘에 방점을 찍고, 엘프는 민첩성과 정확성에 방점을 찍는 것이다. 〈서유기〉 같은 작품에서도 손오공은 네 가지 지표에서 대부분 뛰어나지만 원숭이답게 민첩성과 정확성에, 저팔계는 다른 역량은 좀 떨어지지만 힘만은 다른 존재들보다 뛰어난 것으로 설정하고 있다. 물론 용과 같은 초월적 존재는 네 가지 요소 모두에서 다른 어떤 존재들보다 더 뛰어난 것으로 설정될 때가 많다. 무협물에서는 이런 특성들을 종족 탄생이 아니라, 어떤 캐릭터의 발전 방향으로 이용하기도 한다. 예를 들어 호권(虎拳)을 익힌 자는 힘과 민첩성은 뛰어나지만 지구력에 약점이 있는 것으로, 학권(鶴拳)을 쓰는 사람은 힘과 민첩함은 좀 떨어지지만 정확성과 지구력은 더 뛰어난 것으로 설정하는 방식을 취하기도 한다.

마법적 능력의 설정

다른 장르의 작품들과는 달리 판타지 설계에 있어서 빠트릴 수 없는 특수한 역량이 있으니, 바로 마법적인 능력이다. 마법적인 능력은 다른 능력들처럼 우열을 가릴 수는 있으나, 우열을 설정하는 것의 중요성은 좀 떨어지는 편이다. 그도 그럴 것이 다른 대부분의 능력은 우리가 잘 알고 익숙한 인간을 기준으로 상대적으로 얼마나 우월한지 열등한지를 설정하면 쉽게 이해가 되지만, 마법 능력이란 것은 애초에 인간으로서도 가져본 적이 없는 낯선 능력이기 때문이다. 당연히 인간이 어느 정도 마법적인 능력을 가지고 있느냐라는 보편적인 잣대가 없으니, 그에 대한 상대적인 우열을 논하는 것이 크게 의미가 없는 것이다. 따라서 어떤 종족에 대한 마법 능력의 설정은 우열이 아닌, 유무(有無)를 중심으로 이루어진다. 즉 마법적인 능력을 사용할 수 있느냐, 없느냐 하는 것을 설정하는 것이다.

이런 마법적 능력은 그것을 습득하는 방식을 두 가지로 나누어 설정하게 되는데, 하나는 유전적 상속에 따른 습득이고, 다른 하나는 살

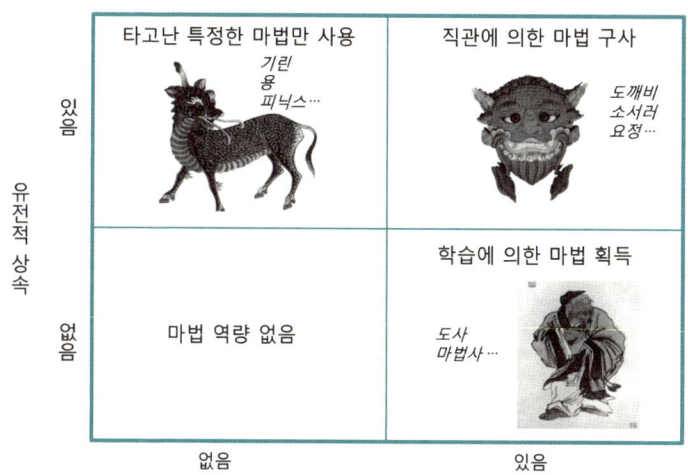

〈그림 20〉 마법적 능력의 설정

아가며 획득하게 되는 것이다. 유전적 상속은 애초에 그 종족으로서 태어나면서, 유전적으로 당연히 누리게 되는 마법적 능력이다. 새가 하늘을 날고, 물고기가 물속을 자유롭게 헤엄치는 것처럼, 이런 능력은 특별한 학습이나 훈련 없이, 그 종족으로서 태어나고 자라면서 점차 그 역량이 강해지는 것이다. 반면 획득은 경험에 의해 새로운 마법 능력을 익혀나갈 수 있는 것이다. 획득의 과정은 학습일 수도 있고, 직관에 의한 것일 수도 있고, 특정한 조건을 만족시키는 것일 수도 있다.

유전적 상속에 의해 마법 능력이 있는 종족이라고 해서 반드시 획득 능력까지 있는 것은 아니다. 동양의 신성한 영물 중 하나인 기린(麒

麟)은 불을 뿜는 능력을 타고 태어나지만, 기린이 다른 어떤 마법적 능력을 획득해나가지는 않는다. 또 많은 게임에서 드워프라는 종족은 애초에 마법적 능력을 타고나지 않으며, 다른 어떤 마법도 획득할 수 없는 것으로 설정되는 경우가 종종 있다. 또 많은 경우 마법사들은 어떤 마법적 능력을 타고나지는 않지만, 학습을 통해 점차 다양한 마법을 배워나가는 설정을 이용하곤 한다. 이렇게 획득하는 과정은 문서나 스승에게서 배우기도 하고, 직관적인 마법 역량을 타고나서 다른 이의 마법을 보는 것만으로 획득하거나, 심지어 자신의 의지에 따라 다양한 마법을 그냥 자연스럽게 깨우치거나 만들어가며 구사하는 설정을 이용할 때도 있다. 또 미국 드라마 〈히어로즈〉에 나오는 사일러처럼 특정한 마법력을 가진 사람을 죽여서 그 능력을 획득하거나, 피터 페트렐리처럼 접촉을 통해서 다른 사람의 능력을 흡수하는 설정을 사용하기도 한다.

더불어 살기 위한
생태학적 특성의 부여

대부분의 판타지 세계의 설계는 어떤 한 종족만 살고 있는 세상이 아니라, 여러 종족들이 섞여서 살고 있는 생태계를 목표로 한다. 따라서 어떤 종족을 설계하는 데 있어서도 어떻게 생겼고, 어떤 능력을 가졌고 하는 생물학적 특성도 중요하지만, 그에 못지 않게 어떤 생태학적 특성을 가지고 있는지도 중요하다. 생태학에 대한 사전적인 정의는 "생물과 환경 및 함께 생활하는 생물과의 관계를 논하는 과학"으로 되어 있다. 즉, 어떤 종족의 생태학적 특성은 그 종족이 처해 있는 환경과 어떤 영향을 주고 받으며 살고 있는지를 설계하는 것이다. 그만큼 수없이 많은 변수들, 무엇을 주로 먹으며, 군집은 어떤 식으로 이루는지, 어떤 환경 변수에 따라 어떻게 행동하는지 등등이 있을 수 있다. 하지만 가상의 세계에서 모든 변수를 일일이 다 설계할 수는 없기 때문에 그 범위를 좁힐 필요가 있다. 이 책에서는 해당 종족이 다른 종족과 어떤 관계를 가지고 있는지에 가장 큰 영향을 미치는 두 요소, 그 종족이 주어진 환경 내에서 얼마나 번창해 있는지와 이동과 거주는 어떤 방식으로 하고 있는지 등에 대해서만 다루고자 한다. 나머지 다른 구체적인 변수들은 이야기를 전개하는 과정에서 하나하나 별도로 설정해야 할 것이다.

창궐과 멸종에 대한 선택 – 종의 번창 수준 설정

어떤 종족이 얼마나 번창하고 있는지는 크게 두 가지 측면에서 설계될 수 있다. 하나는 양적인 측면, 다른 하나는 질적인 측면에서의 번창 수준이다.

양적인 번창 수준은 해당 종족의 개체수가 양적으로 다른 종족에 대비해 얼마나 많은가 하는 것과 그 양의 흐름, 즉 개체수가 늘어나고 있는지, 줄고 있는지에 따라 결정된다. 개체수는 몇 백 명이라든가, 몇 백만 명이라든가 하는 절대적인 숫자는 큰 의미가 없다. 어차피 가상의 세계를 가정하는 것이므로, 세력의 상대적 크기와 마찬가지로 종족 역시 상대적인 크기가 중요하다. 즉, 해당 종족이 거주하고 있는 세력권에서 해당 종족이 창궐하고 있는지, 쉽게 만나고 눈에 띄는 보편적 존재인지, 다른 종족에 비해서 소수인지, 아니면 쉽게 만나기 어려운 아주 희귀한 존재인지 등에 대한 설정이 필요한 것이다. 또한 경우에 따라서는 세력권 내에서의 상대적 수준뿐만 아니라 세력권을 넘어서 다른 세력까지 포함한 전체 세계에서 해당 종족이 어느 정도의 번창 수준을 보이고 있는지에 대해서도 설계를 할 필요가 있을 수 있다. 특히 한 종족이 여러 세력을 형성하고 있는 것을 가정한 판타지 세계에서 이에 대한 설정은 더더욱 중요한 요소가 될 수 있다.

〈위처〉에서는 엘프를 세상 전체에 창궐한 인간 때문에 삶의 터전을 빼앗겨 소수 종족으로 전락해가고 있는 존재로 그리고 있고, 이것을 작품 전체를 아우르는 중요한 설정으로 삼고 있다. 〈위처〉 같은 작품에서는 엘프가 인간에 비해 아주 소수만 존재한다는 사실도 중요하지만, 인간과의 동맹을 거부한 순수 혈통의 엘프들은 점점 수가 줄어 멸종되어간다는 설정이 더 중요하다. 이렇게 한 종족의 번창 수준을 설정하는 데 있어서는 현재 시점에의 상대적인 개체수도 중요하지만, 시간의 흐름에 따른 그 개체수의 증감 방향도 중요한 역할을 한다. 인간들의 사냥으로 점차 수가 줄어가다 멸종 위기에 처한 용에 대한 이야기나, 이런저런 이유로 개체수가 지나치게 많아진 특정 생물로 인한 인류 멸종의 위기 같은 것들은 여러 작품에서 만날 수 있다. 예를 들어 다음 그림과 같은 종의 번창 수준에 대한 설계가 가능할 것이다.

인간은 점점 개체수를 늘려가며 다른 모든 종족에게 위협이 되고 있고, 드워프는 인간과 협력 관계를 잘 유지하며 적당히 개체수를 유지하고 있다. 반인

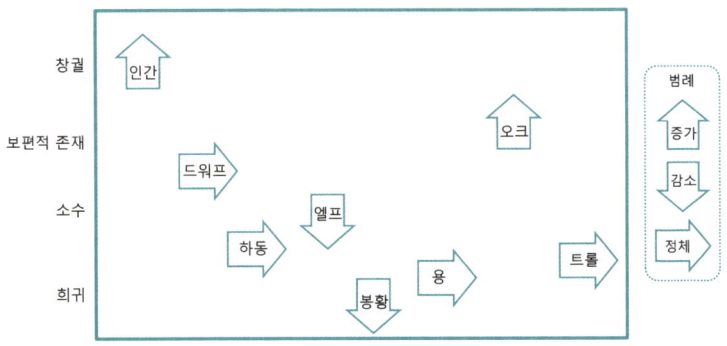

<그림 21> 종족의 양적인 번창 수준에 대한 설정(예시)

반어인 하동[1]은 인간의 노예 상태가 된 대가로 간신히 멸종 위기를 면하고 있다. 반면 엘프는 인간을 적대시하며 협력을 거부해 점차 개체수가 줄어가고 있으며, 봉황 역시 환경의 변화에 적응하지 못하여 멸종 직전이다. 용은 개체수가 점점 줄다가 인간들의 보호 정책이 발동되면서 멸종 위기는 면한 채, 개체수가 유지되고 있는 상황이다. 한편, 인간의 세력이 강하게 미치지 않는 바다 건너 미지의 대륙에서는 오크가 점차 개체수를 늘리며 번창해가고 있으며, 트롤들 역시 오크에 협력하며 개체수를 유지하고 있다. 이런 상황에서 엘프들은 오크를 끌어들여 인간과의 일전을 준비하고 있으며, 드워프들은 은밀히 엘프와 접촉하며 저울질을 하고 있는 중이다.

1_ 일본 설화에 전해 내려오는 반인반어(半人半漁)의 종족. 물에서 주로 거주하지만, 뭍으로 나올 수도 있다. 하지만 물 밖에 오래 나와 있으면 죽는다.

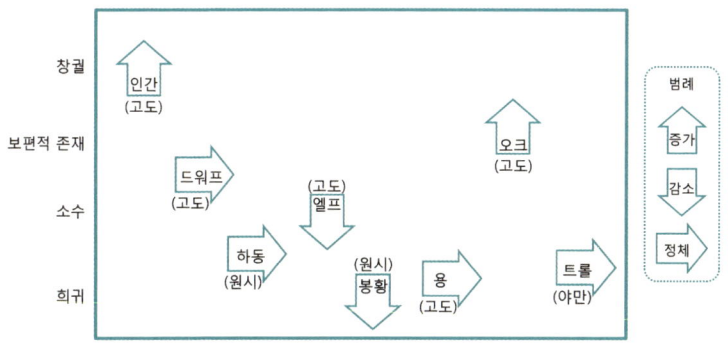

〈그림 22〉 문명 수준을 포함한 종족의 번창 수준 설정(예시)

 어떤 종의 번창 수준을 결정하는 데 있어서 또 하나 중요한 것은 질적인 번창의 수준이다. 개체수가 많든 적든 그 종족이 수준 높은 문명을 만들어내고 하나의 세력을 형성할 수 있는 수준인지, 아니면 여전히 원시적인 수준에서 생존을 위한 협력과 최소한의 도구 이용 수준에 그치는지, 아니면 아예 본능적인 생존 이외에는 아무런 문명의 진보가 없는 야만적 상태에 머물러 있는지 등을 결정하는 것이다. 개체수가 적더라도 상대적으로 높은 수준의 문명 건설과 협업을 통해 다른 종족에 비해 우월한 지위를 가질 수도 있고, 반대로 문명 수준은 낮더라도 많은 개체수를 기반으로 한 인해 전술로 상대적 우위를 점할 수도 있는 것이다. 앞선 예에 이런 설정들을 반영해보면, 〈그림 22〉에서와 같이 엘프는 인간 못지 않은 독자적인 문명을 갖추고 있어서, 인간에 대한 굴욕적인 협력을 거부하며 대항하는 것으로 그려질 수 있을 것이다. 또 하동은 원시적인 상태에서 그다지 벗어나지 못한 탓에 인간의 노예로 전락한 것으로, 트롤은 생존 본능만 있는 야만적 상태에서 오크에 의해 길들여져 있는 것으로 설정할 수도 있을 것이다.

지형과 종족 간의 관계 설정

사람과 물고기의 가장 큰 차이점이 사람은 뭍에서 살고, 물고기는 물에서 산다는 것에 특별히 반대할 사람은 없을 것이다. 사람이 물속에 들어가거나 물을 건너지 못하는 것은 아니지만, 일정 수준의 제한된 시간 동안만 가능하다. 물론 배를 집으로 삼아 살아가는 사람들도 있지만, 그것 역시 물 위에 떠다니는 뭍을 만든 것이라고 할 수 있다. 다시 말해 사람은 기본적인 거주는 뭍에서 하고, 물을 지나갈 수는 있지만 거주를 할 수 없는 생명체라고 할 수 있다. 반면에 같은 물고기라도 담수에서 서식하는 것들의 대다수는 해수에서는 살 수 없으며, 인간 정도의 적응력조차도 없다. 이렇게 어떤 생명체가 특정 유형의 장소와 갖는 관계는 거주와 이동이나 다른 어떤 목적을 위한 일정 시간의 체류, 그리고 생존의 위협에 따라 특정 장소에는 아예 접근조차 불가능한 경우 등 세 가지로 크게 나누어 볼 수 있다. 물론 그 안에서도 아주 미묘한 차이가 다양하게 설정될 수 있다.

이동에 있어서는 직접적인 이동 가능 여부와 간접적인 이동 가능 여부를 결정해야 한다. 사람을 예로 들자면 물에서는 제한적인 수준에서 직접적인 이동도 가능하고, 배나 잠수함 등 도구를 이용한 간접

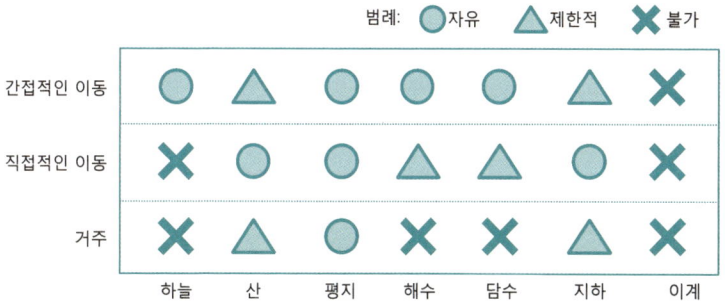

〈그림 23〉 지형과 종족 간 관계 설정(예시)

적인 이동도 가능하다. 하지만 하늘에서는 직접적인 이동은 아예 불가능하고 도구를 이용한 간접적인 이동만 가능하다. 간접적인 이동은 도구뿐만 아니라, 다른 종족을 활용하는 것도 포함되어야 한다. '와이번을 타고 하늘을 나는 간달프'는 전형적인 판타지의 로망이지 않은가.

또 어떤 종족의 거주 형태를 결정하는 것도 중요하다. 농경을 중심으로 도시를 형성하는 정착형인지, 특정 범위 내에서 돌아다니는 유목형인지, 아니면 아무런 제약 없이 넓은 범위를 다니는 집시형인지를 결정해야 한다.

판타지 설계에 있어서 종족과 지역 간의 관계를 설계할 때는 거주와 이동 가능 여부 이외에도 한 가지 더 추가해야 할 것이 있다. 그것은 종족의 역량 발휘와 지역 간의 상관 관계다. 즉 어떤 종족이 뭍에서도 얼마든지 거주할 수 있지만 물에서는 역량이 배가된다든지, 나무가 많은 숲에서는 제 기량을 다 발휘하지만, 그렇지 않은 초원이나 사막으로 갈수록 능력이 약화된다든지 하는 설정이다. 물론 제 기량을 십분 발휘하는 것은 거주가 가능한 지역 중에 선택되는 것이 자연스럽다.

시간과 종족 간의 관계

새벽닭이 울면 아직 한을 풀지 못한 안타까움을 안은 채, 귀신은 떠나야 한다. 태양이 떠 있는 한낮에 뱀파이어는 관 속에서 휴식을 취해야만 한다. 일본 애니메이션 〈캐산〉에서 캐산은 태양열을 에너지원으로 하기 때문에, 밤이나 흐린 날에는 별도의 에너지 공급이 없으면 능력을 발휘하기 어렵다. 이렇게 판타지 세계에서 주변 환경 중 무시할 수 없는 것이 시간이라는 변수다.

하루를 기준으로 하면 낮과 밤, 조금 더 세부적으로는 아침, 점심, 저녁, 늦은 밤, 새벽 등이 종족의 어떤 특성에 영향을 주는지의 여부를 설정하는 것이 필요하다. 예를 들면 대부분의 언데드 생명체들이나 늑대 인간과 같이 사악한(?) 영혼이 깃든 것으로 설정되는 종족들은 밤 12시를 최고의 능력을 발휘할 수 있는 기점으로 삼고, 그 시간과 멀어질수록 모든 역량이 감소하는 것으로 설계된다. 서양적 판타지뿐만 아니라 동양적 판타지에서도 새벽닭이 울면 이승을 떠나야 하는 존재는 흔히 볼 수 있는 설정이다.

하루 중 시간대가 종족에 미치는 영향 외에도, 달의 모양, 계절, 혹

〈그림 24〉 종족과의 관계 설정에서 고려해야 할 시간적 요소

은 어떤 이벤트(일식, 행성의 배열, 혜성과의 거리 등등)적인 시간이 해당 종족에 어떤 영향을 미치는지에 대한 설정이 작품에서 중요한 역할을 하는 경우도 많다. 달의 모양은 잘 알려진 대로 늑대 인간을 비롯한 다양한 종족들의 역량에 영향을 미친다. 또 〈어둠의 왼손〉 같은 작품에서는 겨울이 계속되는 환경에 적응해 있는 종족과 그 속에 끼어든 인간이라는 전체적인 설정 속에서 다양한 메시지를 던지기도 한다. 계절의 변화에 따라 역량의 변화가 생기는 종족이란 설정 역시, 설인이나 북극곰[1] 등에 적용되기도 한다. 또 주기적인 변화 외에 어쩌다 한 번씩 일어나는 이벤트적인 시간과 특정 종족을 연관시키는 경우도 종종 있다. 꽤 많은 공포 영화에서 일식이나 월식이 다가옴에 따라 악의 화신 격인 종족이 등장하고, 혜성이 가까워지면 잠들어 있던 고대의 종족이 깨어나는 설정들이 등장한다.

---

[1]_ 판타지 작품에서 북극곰(Polar Bear)은 단순히 북극에서 서식하는 곰 이상의 의미를 가진다. 인간에 필적하는 지적 능력을 가지고, 다른 곰들을 압도하는 힘을 가진 전설적인 종족으로 등장할 때가 있다.

주변 세력과의 관계

판타지 세계 역시 더불어 살아가는 사회가 대부분이다. 어떤 종족이 살아가는 환경을 결정하는 데 있어서 주변의 세력을 무시할 수 없다. 어떤 의미에서는 시공간적인 환경보다 더 중요할지도 모른다.

어떤 종족이 충분한 지적 능력을 가진 생명체로 그려질 때는 대부분 그들 스스로 어떤 세력을 형성하고 있다. 이런 경우는 크게 두 가지로 나뉠 수 있다. 하나는 그들 스스로 그들만의 독자적인 세력을 형성하고 있는 것이고 다른 하나는 타 종족이 주가 되어서 형성한 세력에 편입되어 있는 것이다. 독자적인 세력을 형성하고 있는 경우는 2부에서 다룬 공간 내 세력의 배치에서 다른 세력과의 관계 문제로 이어지며, 다른 세력에 편입되어 있는 경우는 3부에서 다른 세력 내 종족의 구성 문제로 이어지게 된다.

하지만 많은 경우 새롭게 등장하는 종족은 세력을 형성할 만한 지적 능력을 갖지 못하거나 혹은 지적 능력은 충분하지만 개체수 부족으로 인해 세력을 형성할 수 없는 것으로 설정될 때가 많다. 이런 경우는 해당 종족이 주변 세력에 위협적인지, 무관한지, 아니면 혜택(식량, 노동력 등)을 제공하는지에 대한 설정이 필요하다. 생존을 위한 공격 본능 등으로 주변 세력의 거주민에게 위협이 되는 경우는 다시 두 가지로 나뉘게 된다. 하나는 자신의 영역을 정해두고 그 영역으로 누군가 침입할 때만 위협적으로 변하는 '방어적 위협'의 경우이며, 다른 하나는 주변 세력의 영역을 침범하기까지 하는 '공격적 위협'의 경우

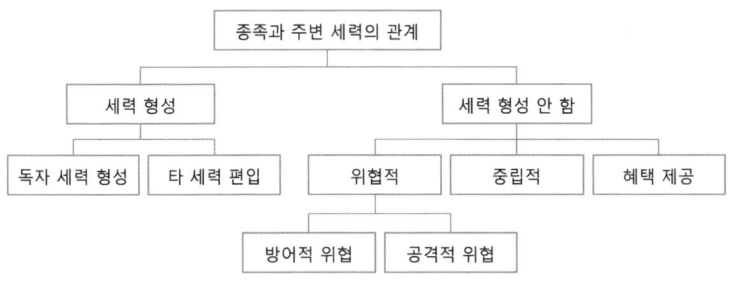

〈그림 25〉 종족과 주변 세력의 관계 설정

다. 전자의 경우에는 거주민의 안전을 위협하는 수준에 그치므로, 그냥 내버려두고 조심하거나, 해를 입은 존재와 가까운 이로부터 사사로이 복수의 대상이 되는 설정이 뒤따를 것이다. 후자의 경우에는 세력의 정치적 안정성을 위협하거나, 세력 자체의 존망에 영향을 미칠 수 있다. 따라서 주변 세력이 그 세력의 조직적인 공격으로부터 자신들을 보호하기 위해 해당 종족을 격리시킬 방법을 강구하는 것에 대한 세부적인 설정이 뒤따라야 한다. 일본 만화 〈진격의 거인〉에서는 거인들이 자신의 거주지를 벗어나, 인간들의 영역으로 적극적으로 침범해오자, 그들을 막기 위해 거대한 장벽을 겹겹이 쌓아두는 설정이 등장한다. 〈얼음과 불의 노래〉에서도 비슷한 설정으로 '월(Wall)'이 등장한다.

5부

상상력의 정수
'마이트 앤 매직'

마법 설계의
프레임워크

　상대 진영을 초토화시키는 불덩어리를 날려대는 마법사나, 한 번의 칼질로 적군을 추풍낙엽처럼 쓰러뜨리는 초인적인 전사가 등장하지 않는 판타지 작품은 '앙꼬 없는 찐빵'이나 다름없다. 물론 〈어둠의 왼손〉이나 〈판의 미로〉처럼 앙꼬 없는 찐빵에 해당하지만 아주 훌륭한 이야기와 메시지를 담은 작품들도 종종 눈에 띄지만, 그래도 여전히 판타지의 백미는 '마이트 앤 매직(Might and Magic)'일 것이다. 힘 혹은 무(武)라고 불리는 '마이트'와 초자연적 힘인 '매직'이 서양적인 판타지에서는 비교적 명확하게 구분되어 설계되는 경우가 많은데, 동양적인 판타지에서는 이 둘이 뒤섞여 명확하게 구분되기 어려울 때가 많다. 예를 들어 무협물에 자주 등장하는 장풍이라든가, 상대의 기를 흡수하는 여러 이름의 신공들, 금강불괴로의 변신 등을 마법이라고 지칭을 하기도 그렇고, 단순히 뛰어난 무라고 지칭을 하기도 좀 애매한 측면이 있다. 또 사실 마법이라고 불리는 것들도, 실상 사람이 불덩어리를 날리면 마법이지만, 똑같은 효과를 가지고 있더라도 대포에서 불덩어리가 날아가는 것은 무라고 부르는 것이 더 자연스러울 것이다. 그래서 일본 만화 〈해황기〉나 〈원피스〉 같은 작품에서는 많은 마법적 능력의 원천은 과학이라는 설정을 사용해서 이야기를 풀어가기도 한다. 또 많은 경우 초인적인 전사들 역시 단순히 타고난 엄청난 힘으로 타인들을 제압하기보다는, 수련을 통해 비기(秘技)를 익힌 뒤 상상을 초월하는 속도로 칼질을 하거나, 무기에서 기를 발산해서 칼날이 직접 닿지 않더라도 적을 쓰러뜨리는 역량을 갖고 있다. 이런 전사들의 능력을 그것은 마법이 아니고 다른 무엇이다라고 딱 잘라 말하기도 어렵다. 따라서 5부에서 다룰 힘과 마법, 즉 '마이트 앤 매직'의 설계는 둘을 구분해서 진행하기보다는 하나의 '초월적 역량'으로서의 마법으로 설계하는 것이 더 적절할 것으로 보인다. 이렇게 통합된 관점으로 속성들을 정리하더라도, 실제 작품의 설계에서는 초월적 역량 중 어느 쪽에 초점을 맞추느냐에 따라 한 캐릭터가 마법사가 되기도 하고, 위대한 전사가 되기도 할 것이다. 물론 둘 다 능한 양수겸장의 무적 캐릭터가 탄생할 수도 있을 것이다.

 마법 혹은 초월적 역량의 설계는 크게 세 가지 측면에서 이루어진다. 첫 번째는 그 목적이 무엇이냐는 것이다. 상대를 공격하기 위한 것인지 혹은 자신을 방어하기 위한 것인지, 아니면 저 멀리 있는 물잔을 지금 내가 앉아 있는 자리로 가져오기 위한 것인지를 설정하는 것이다. 마법의 목적은 한마디로 '누구에게 어떤 효과를 가져올 것인가'의 문제다. 즉 대상과 효과를 설계하는 것인데, 사람들의 상상력은 대단한 것이어서 전체적으로 다 정리하기 힘들 만큼 다양한 방식들이 등장해왔다. 어떤 초보 마법사는 자기 손에 불꽃이 피어나게 하는 것이 고작인 반면에, 영화 〈동방불패〉의 한 장면처럼 어떤 무림의 고수는 손짓 한 번에 바람이 온 숲을 뒤흔들기도 한다. 또 어떤 드루이드는 자기 자신이 고양이로 변신하는 것이 고작인 반면에, 그리스 신화의 오디세이에 등장하는 키르케 같은 마법사는 주변의 모든 사람들을 짐승으로 만들어버리기도 한다. 심지어 〈미녀와 야수〉에 등장한 마법사는 왕자가 자신에게 무례했다는 이유로 성 안의 모든 사람을 무생물인 가구로 만들어버리기도 한다.

두 번째는 그 마법이 어떤 방식으로 이루어지느냐 하는 방법론이다. 〈아앙의 전설〉에서처럼 불, 물, 공기, 흙이란 네 가지 원소 중 무엇을 사용하는지, 또 해당 마법을 시전하는 데 있어서 시간과 공간은 어떤 식으로 작용하는지 등의 문제를 설정하는 것이다. 시간에 대한 문제는 마법의 지속 시간이나 시간적 지연(Time-Delay)에 대한 설계나 특정한 시간 조건과 마법과의 관계를 포함한다. 예를 들어 어떤 마법은 밤 시간에만 사용할 수 있다거나, 일식이 일어나는 순간에만 가능하다든가 하는 식의 설정이 이에 해당된다. 공간 역시 특정 마법을 시전하는데 있어서 그 시전자와 마법의 효과가 작용하는 지점 간 거리의 문제일 수도 있고, 특정 지역에서만 가능하거나 반대로 특정 지역

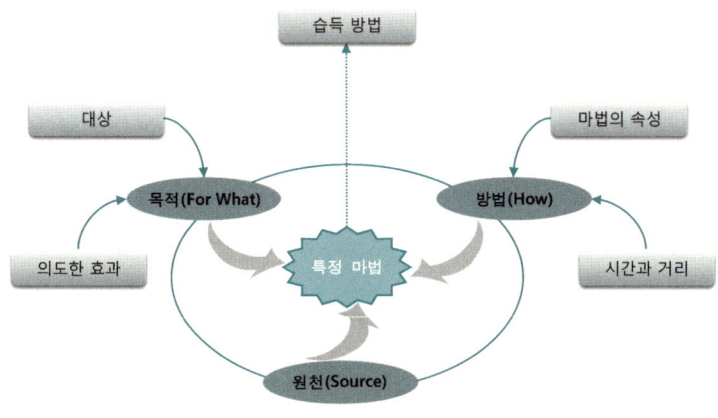

〈그림 1〉 마법(초월적 역량) 설계의 3요소

에서는 마법을 발동시킬 수 없는 등의 문제를 설계하는 것이다.

그리고 마지막 세 번째는 그 힘을 사용할 수 있는 원천이 무엇인지를 설정하는 것이다. 〈해리 포터〉에서는 유전적으로 어떤 힘을 타고난 이가 학습과 훈련을 통해서 그것을 발전시켜 사용하는 설정을 한 반면에, 〈드래곤 볼〉에서는 여의주라는 매개체를 통한 초월적 힘의 사용이라는 판타지 세계를 설계했다. 이렇게 초월적 힘의 원천은 유전적인 것에서부터, 유물에 내재된 힘, 겹쳐진 이계에서 빌려오는 힘, 시간이나 여러 생명체들의 에너지 응축 등으로 다양하게 설정될 수 있다.

그리고 마법 자체를 설계하는 것과 직접적으로 연관은 없지만, 마법을 시전하는 이가 마법을 습득하는 방법에 대한 설정도 판타지에서 마법을 설계하는 데 중요한 역할을 한다. 누구든 노력을 통해서 배우고 익히면 되는 것인지, 비밀리에 전해오는 특정한 비법을 손에 넣는 것이 필요한지 등에 대한 설정이 판타지 작품에서는 굉장히 중요한 역할을 한다. 실제로 〈의천도룡기〉에서는 어릴 때 '현명신장'에 당한 주인공 장무기가 그것을 치료하기 위해서 '구음진경'을 배우는 과정이 전체 작품의 맥을 이루기도 한다.

목적과 방법에 따른 마법의 설계

물리적 타격과 방어를 위한 마법의 설계

누구에게 어떤 타격을 입힐 것인가? – 목적의 설계

 마법의 효과 중 가장 쉽게 생각할 수 있는 것이 '초자연적으로 생성된 힘으로 상대를 직접 공격'하는 '물리적 타격'일 것이다. 마법을 시전하는 이의 역량과 마법의 대상이 되는 이의 역량에 따라 실제 일어나는 효과는 달라지겠지만 이런 마법의 목적은 단 하나, 직접적인 타격을 통해 상대에게 해를 입히는 것이다. 잠깐 멈칫하는 수준의 타격일 수도 있고, 단 한 번의 공격으로 상대를 죽음에 이르게 할 수도 있겠지만, 어쨌든 그 목적 자체는 상대에게 상해를 입히는 것이다.

따라서 이런 마법의 설계에서는 그 대상을 설정하는 것이 아주 중요하다. 일단 대상이 특정한 타깃인지, 아니면 특정한 위치인지를 설정해야 한다. 대상이 타깃이라는 것은 마치 아주 정교하게 설계된 유도탄처럼 시전자가 목적으로 삼은 대상에만 영향을 미칠 뿐, 그 주변의 다른 생명체나 사물에는 영향을 미치지 않는 것을 의미한다. 마법 대상이 피하거나 방어해낼 경우, 그 마법은 그대로 소멸될 뿐 다른 어떤 것에도 영향을 미치지 않는다(물론 마법이 반사될 경우 시전자에게 도로 돌아오는 설정은 곧잘 등장한다. 하지만 여전히 시전자와 그 대상으로 국한된 경우가 대부분이다). 반면에 마법의 타깃이 특정 영역인 경우는 현실 세계에서 현대식 화기를 이용한 공격과 유사하다. 잘 알려진 〈앵그리 버드〉나 예전 도스 시절의 게임인 〈고릴라〉의 경우와도 흡사하다. 힘과 방향에 따라 대상물이 있는 영역에 물리적인 타격을 가하는 것이다. 목표로 삼은 대상이 피할 경우 대상은 아무런 상해를 입지 않지만, 해당 영역에 있던 생명체나 사물은 마법의 영향을 받는다. 심지어 아군이 그 영역에 있었다면 당연히 아군도 상해를 입는 것이다.

대상의 설정에 있어서 또 하나 중요한 것은 그것이 얼마나 협소한지 광범위한지를 결정하는 것이다. 대상이 생명체라면 단 하나의 생명체를 목표로 한 것인지, 여러 생명체를 목표로 한 것인지를 설정해야 한다. 또 어떤 영역을 대상으로 한 것이라면 타깃팅된 좁은 지역을 대상으로 할 것인지, 좀 더 넓은 영역을 대상으로 할 것인지를 설정하게 된다. 많은 컴퓨터 게임에서 불화살(Fire Arrow)은 단 하나의 적에

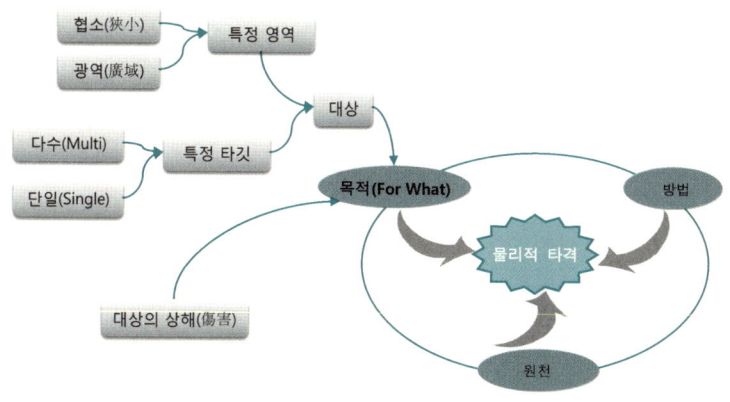

〈그림 2〉 물리적 타격의 목적 설정

게 작용하고, 연쇄적 번개(Chain Lightning)는 여러 생명체에, 불덩어리(Fire Ball)는 좁은 영역을, 불비(Fire Rain)나 유성비(Meteor Shower)는 좀 더 넓은 영역을 대상으로 한 마법으로 설정되곤 한다. 물론 게임에 따라서 조금씩 세부적으로 설정이 바뀌는 건 당연하다.

그리고 어떤 마법을 설계하는 데 있어서 대상을 특정 타깃으로 할지, 영역으로 할지, 몇 개의 타깃을 대상으로 할지, 얼마나 넓은 범위를 대상으로 할지를 결정하는 문제는 물리적 타격과 방어뿐만 아니라, 앞으로 다룰 다른 모든 마법에서도 언제나 선택해야 하는 공통 요소다.

물리적 힘(그것이 마법적인 것이든, 일반적인 것이든 상관없음)에 의한 공격을 '초자연적으로 생성된 물리적 힘을 통해 방어'하는 것이 '물리적 방어'다. 물리적 방어는 물리적 타격에 대한 반작용이므로, 설계 방식이 물리적 타격과 아주 비슷하다. 즉 특정 타깃을 방어하는 것인지, 아니면 특정한 영역을 대상으로 하는 것인지, 그리고 그것이 단일 대상인지, 복수 대상인지, 협소한 지역인지 광범위한 지역인지를 정하는 것이다.

공격과 달리 방어에 있어서는 한 가지 더 설정해야 하는 것이 있는데, 그것은 방어의 목적이 공격을 흡수하는 데 있는 것인지, 공격을 튕겨내는 데 있는 것인지이다. 흡수하는 것은 그야말로 방어막으로 공격을 흡수해서 공격을 무력화시키는 것이다. 흡수에서도 두 가지 방향이 있을 수 있는데, 흡수한 힘을 그대로 소멸시켜버릴 수도 있고, 힘을 흡수한 뒤 자신의 힘으로 만들어 다른 마법을 사용하는 원천으로 삼을 수도 있다. 반면 공격을 튕겨내는 것은 가해진 공격을 반사시켜 도로 상대를 공격하게 만드는 것이다. 공격을 반사하는 정확도나 의도에 따라 힘을 가한 대상 자체로 반사될 수도 있고, 그냥 무작위로 반사되어 불특정한 타깃이 상해를 입도록 설계할 수도 있다.

또한 물리적 방어의 대상이 반드시 자기 자신이나 아군이어야 하는 것은 아니다. 예를 들어 적군에 사로잡혀 있는 포로를 구출한다든가, 혹은 적군 중 특정 인물의 생포가 전제된다면, 적군 전체에 상해를 입힐 수 있는 공격을 시도하되 특정 인물을 보호해야 한다. 그럴 경우, 자기 자신이 아닌 다른 대상, 심지어 적을 목표로 한 방어 마법을 시전할 수 있는 것이다.

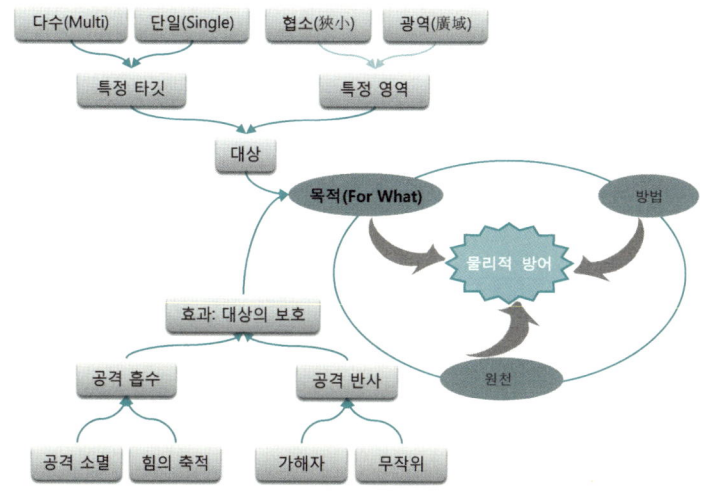

〈그림 3〉 물리적 방어의 목적 설정

물리적 타격을 가하는 네 가지 요소 – 방법의 설계

이렇게 마법의 목적이 정해졌다면, 물리적인 타격을 하는 방법, 즉 어떤 물리적인 힘을 동원할 것인가 하는 문제를 결정해야 한다. 어떤 도사가 화룡을 불러내어 불 속성의 공격을 가하면, 상대 도사는 수룡을 불러내어 물 속성의 공격을 가하는 장면은 어디선가 한 번쯤 본 광경이다. 이 물리적인 타격에 동원되는 물리력의 속성은 동서양을 막론하고 흔히 세계를 이루는 네 가지 기본 원소라고 생각했던 불(火, Fire), 물(水, Water), 흙(土, Earth), 공기(空氣, Air)를 이용하는 경우가 많다. 그리고 공기는 다시 바람(風, Wind), 소리(音, Sound), 전기(電,

Electricity)의 세 가지 요소로 세분화될 수 있다. 그런데, 게임에서 자주 등장하는 마법 갑옷이나, 일본 만화 〈쿵후보이 친미〉에 등장하는 통배권(외상이 아닌 내상을 주로 입히는 공격)처럼 네 가지 원소적 특성을 딱히 띠지 않지만 물리적 타격이나 방어가 가능한 마법이 있을 수 있다. 이런 힘은 통칭 기(氣, Energy)라고 부를 수 있을 것이다. 따라서 이 책에서는 불, 물, 흙, 공기, 기의 다섯 가지 요소를 물리적 타격과 방어 마법이 표출되는 방식으로 사용하려 한다.

이 다섯 가지 요소는 물리적 타격뿐만 아니라 물리적 방어에 있어서도 똑같이 적용될 수 있다. 〈아앙의 전설〉에는 물의 부족이 얼음벽을 만들어 불의 부족의 공격을 막아내는 장면이 나온다. 〈해리 포터〉 시리즈의 마지막 권인 '죽음의 성물'에서는 볼드모트 일당의 수많은 마법적인 공격을 호그와트 교사들이 다 같이 펼쳐낸 무형의 기로 이루어진 방어막으로 막아내는 장면이 나온다. 〈쿵푸 허슬〉에서는 두 맹인 킬러가 악기 소리로 만들어내는 공격을 안주인이 고함소리(사자후, 獅子吼)를 통해 방어와 공격을 동시에 해내는 장면이 나온다. 이렇게 물리적 타격과 방어는 네 가지 기본 원소를 통해 이루어질 때가 많기 때문에, 흔히 서양 판타지에서는 '원소(元素, Element) 마법'으로 분류되기도 한다.

물리적 타격과 방어의 원소적인 특성이 결정되고 나면, 시간과 거리의 문제에 대한 설정이 필요하다. 시간의 문제는 마법을 시전하고자 하는 이가 그것을 의도한 순간부터 실제로 효과가 나타나기까지의 시간 차이(Time Lag)에 대한 설정과 마법 지속 시간(Duration Time)에 대한 설정이다. 시간 차이는 크게 세 가지 종류로 나뉘는데, 첫 번째는 마음먹는 순간 즉시 발동되는 것이며, 두 번째는 일정 수준의 시간 지연이 있는 것이다. 무림의 고수들은 손을 뻗기만 하면 장풍이 발사되는데 반해, 도사들이 홍수를 일으키기 위해서는 꽤 길게 느껴지는 시간 동안 주문을 외워야 할 때가 많다. 〈삼국지〉의 제갈량이 동남풍이 불기를 비는 데는 사흘 밤낮이 걸리지 않았는가. 그리고 세 번째 시간 차이의 설정은 소위 발동(Triggering)이다. 어떤 조건이 성립되었을 때 마법이 시전되는 것이다. 마치 시한 폭탄이나 덫, 지뢰 등과 같은 원리로 마법이 발동되는 것이다. 어떤 물건을 건드렸다든지, 마법을 시전한 이후 일정 시간이 지났다든지(이것은 마법을 시전하는 데 걸리는 시간과는 다른 개념이다), 누군가를 만났다든지 하는 조건이 성립되면 마법이 펼쳐지는 것이다.

거리의 문제는 시전자와 마법이 효과를 내는 지점까지의 거리를 설정하는 것이다. 크게는 마법을 펼치는 자의 시야에 따라 분류될 수 있다. 직접 눈으로 볼 수 있는 지점에 한해서만 마법을 구사할 수 있는지, 아니면 지형지물의 방해와 상관없이 마음먹은 곳이면 어디든 마법적인 힘을 가할 수 있는지를 결정하는 것이다. 물론 얼마나 먼 거리까지 가능할 것인지에 대한 설정도 뒤따라야 한다. 직접 손이 닿는 거리에 있는 대상에만 시전이 가능한지, 어느 정도 떨어져 있는 대상에도 가할 수 있는지 등에 대한 설정인 것이다.

이렇게 마법과 관련된 시간과 거리를 설정하는 문제는 마법 대상의 범위를 정하는 것과 마찬가지로 앞으로 다룰 다른 모든 마법에서

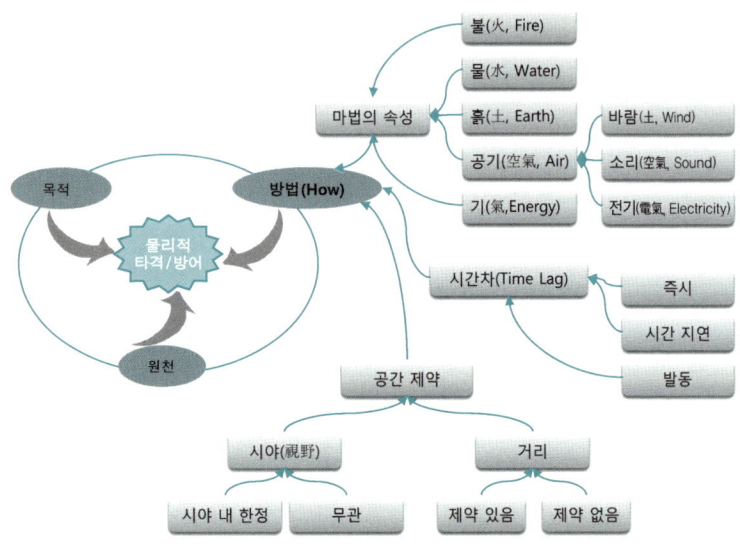

〈그림 4〉 물리적 타격과 방어의 방법 설정

도 언제나 설정해주어야 하는 공통의 요소이므로, 이후의 마법의 설명에서는 생략하기로 한다.

변화를 기반으로 한 마법의 설계

사람들은 누구나 살아가면서 몇 번쯤 다른 어떤 것으로 변하거나, 무언가를 다른 것으로 바꾸는 것을 꿈꿔본다. 직장에서는 상사가 되는 것을 상상해보기도 하고, 마음이 답답할 때면 날아가는 새를 보며 자신이 새가 되어 날아오를 수 있었으면 하기도 한다. 또 가끔은 쌓여 있는 이면지를 돈으로 바꾸거나, 막힌 도로에서 차를 오토바이로 바꾸어서 갈 수 없을까 하는 생각도 해본다. 이렇게 변화는 일상에서도 가장 쉽게 떠올리게 되는 친근한 마법인 덕분에 판타지의 원조 격인 신화에도 자주 등장한다. 우리의 단군 신화에서는 곰이 인간으로 변하고, 그리스 신화의 제우스는 종종 매로 변신한다. 또 제우스와 관계를 맺은 여러 여성들이 헤라의 저주로 다른 동물로 변해버리기도 한다.

누구를 무엇으로 바꿀 것인가? - 목적의 설계

변화를 기반으로 한 마법의 목적은 마법의 대상이 가진 '일반적인 스펙(Specification)'이나 '처해진 상황(Context)'을 바꾸는 것이다. 비정상적인 스펙을 정상적으로 변화시키는 것은 나중에 다루게 될 회복 마법의 목적이다. 어떤 대상이 가진 스펙은 속성(Attribute)과 그 대상물을 이루고 있는 구성물(Composition)로 나뉜다. 어떤 제품을 설명할 때의 스펙과 같은 개념이라고 생각하면 된다. 노트북의 스펙을 이야기할 때 그것을 이루고 있는 부품(구성물)들과 그 부품들의 성능(속성)을 모두 포함해서 설명하는 것과 비슷하다. 따라서 변화의 대상이 생명체이건 사물이건 간에 스펙의 변화는 다분히 성능을 염두에 둔 것이다. 당연히 일반적으로는 대상이 자기 자신이나 아군, 혹은 그들에게 속한 어떤 사물이라면 더 좋은 속성과 구성물을 가진 존재로 만들려고 할 것이며, 적군이나 적군의 물건이라면 더 나쁜 스펙으로 만들

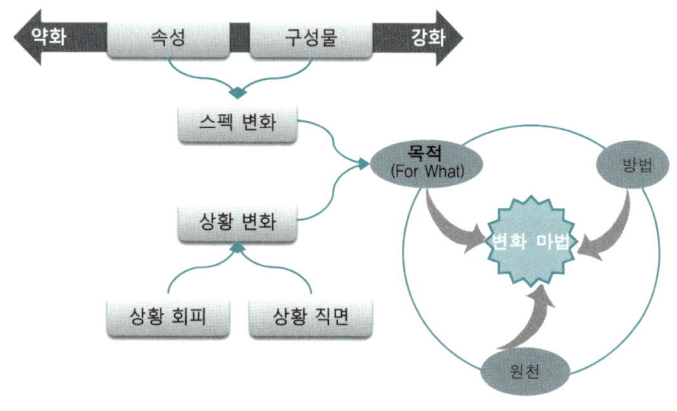

〈그림 5〉 변화 마법의 목적 설정

려고 할 것이다. 자기 물건의 좋은 점을 내세우고, 경쟁사 물건의 나쁜 점을 부각시키고 싶은 기업들의 심리와 크게 다르지 않다. 일반적으로 보다 더 나은 상태로 만들고자 하는 의도들은 '강화(强化, Strengthening) 마법'이라고 부르고, 반대로 더 나쁜 상태로 만드는 것은 '약화(弱化, Weakening) 마법'이라고 부른다.

변화의 대상은 생명체나 사물일 수도 있지만, 처해 있는 상황일 수도 있다. 우리는 실생활에서도 상황을 바꾸고 싶을 때가 종종 있다. 예를 들어 헤어진 연인을 그리워하는 사람이라면 헤어지기 전의 시간으로 돌아가고 싶을 것이고, 시험 시간에 늦은 택시 안의 수험생이라면 택시가 아닌 시험장 안에 앉아 있고 싶을 것이다. 이렇게 상황을 바꾸고자 하는 목적은 어떤 상황을 회피하거나 혹은 특정한 상황에 처해지거나 직면하고 싶은 두 가지 경우로 나뉜다.

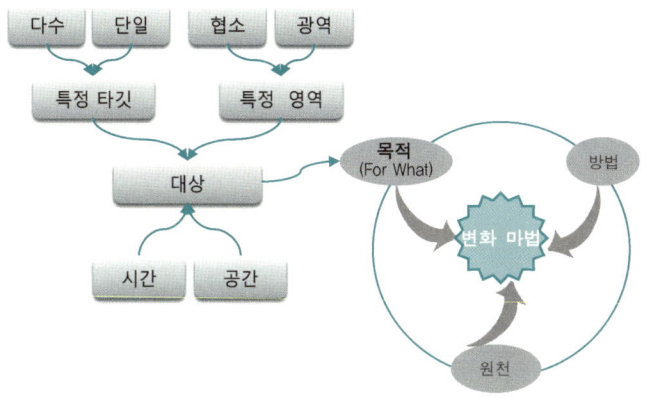

〈그림 6〉 변화 마법의 대상

　대상을 특정한 타깃으로 할 것이냐, 영역으로 할 것이냐의 문제는 물리적 타격이나 방어와 동일하게 적용될 수 있다. 그러나 변화 마법에 있어서 대상은 특정한 타깃이나, 영역 이외에도 시간과 공간 그 자체도 될 수 있다. 예를 들어 어떤 이를 미래로 보내서 상황을 변화시킬 수도 있지만, 시간 자체를 빨리 흐르게 하거나 느리게 흐르게 하는 것으로 상황을 변화시킬 수도 있다. 공간 역시 〈해리 포터〉의 플루 가루처럼 대상의 공간 내 좌표를 변화시킬 수도 있지만, 동양 도사들의 축지법처럼 공간을 접거나 축소시켜서 상대적으로 자신의 이동 속도를 빠르게 할 수도 있다. 또 손오공을 부처님 손바닥 안에서 못 벗어나게 하는 것은 손오공을 작게 만들거나, 느리게 만들 수도 있지만, 부처님 손바닥 자체를 광활하게 팽창시켜 벗어나지 못하게 할 수도 있는 것이다. 어차피 시간과 공간은 대상에 대해 상대적인 개념이므로 무엇을 방법으로 할 것인가는 판타지 설계자의 철학적 배경에 따라 달라진다.

대상의 무엇을 변화시킬 것인가? – 방법의 설계

변화 마법의 목적이 설정되었다면 어떤 방법을 통해서 그것을 달성할 것인가도 설계해야 한다. 변화 마법의 목적 달성 방법에 있어서 가장 중요한 것은 대상의 무엇을 변화시킬 것인가의 문제다. 대상이 살아 있는 생명체인 경우와 사물인 경우, 그리고 그 대상의 스펙 중 구성물을 변화시킬 것인지, 속성을 변화시킬 것인지의 조합에 따라 서로 다른 이름의 마법으로 불린다.

생명체의 구성물을 다른 생명체의 것이나, 어떤 사물로 바꾸는 것도 두 가지로 나뉘는데, 하나는 한 생명체를 아예 다른 생명체로 바꾸어버리는 '변신(變身, Metamorphosis) 마법'이 있고, 일부 구성물을 바꾸는 '변이(變異, Variation) 마법'이 있다. 변신 마법은 드루이드나 구미호처럼 아예 다른 종족으로 바뀌는 경우도 있으며, 〈해리 포터〉에서 해리와 론이 고일과 크레이브로 변신하는 것처럼 동일 종 내에서 다른 존재로 바뀌기도 한다. 또 다른 어떤 존재로 바뀌는 것 이외에도, 크기가 커지는 '확대(擴大, Enlargement)'나 크기가 작아지는 '축소(縮小, Reduction)'도 변신 마법의 한 축을 이룬다. 또한 축소가 극단적으로 진행된 것이든, 구성물의 변화에 따른 것이든 아예 다른 개체의 시야에서 사라지는 '투명화(Invisibility)'도 있다. 투명화는 상황 회피나 직면에 있어서 빼놓을 수 없는 변신 마법의 한 유형이다. 즉, 다른 존재들의 시야에서 사라지는 변신을 통해서 공격받는 상황을 회피하거나, 다른 이들에게 들키지 않고 어떤 상황을 직면할 수 있게 되는 것이다.

변이 마법은 신체의 일부를 바꾸는 것으로 팔이 날개로 바뀌든지, 손이 칼날로 바뀌는 변신 로봇을 연상시키는 것들이다. 변이는 신체 일부를 다른 것으로 바꾸는 교체뿐만 아니라, 신체 일부의 개수를 늘리는 '추가(追加, Addition)'나 줄이는 '박탈(剝奪, Removal)'도 포함한다. 전투에 뛰어든 전사의 팔을 네 개로 만들거나, 상대방의 발언을 막기 위해 입을 없애버리는 것도 변이 마법에 해당하는 것이다. 특히 컴퓨터 게임에서 상대 마법사가 주문을 외는 것을 막기 위해 상대의 말을 빼앗아버리는 침묵 마법은 아주 유용한 박탈 마법 중 하나다. 구성물을 추가하는 것이 개체 자체에 이르면 자기 자신을 여러 개로 만드는 '분신(分身)'[1]이 된다. 〈서유기〉에서 손오공이 자신의 머리카락을 날리며 구사하는 바로 그 마법이다.

변신 마법이나 변이 마법의 목적이 자기 자신이나 아군에게 시전하는 것이라면, 대부분 스펙을 강화하는 쪽에 초점을 맞춘다. 자신보다 강력한 생명체로 바뀌기 위해 스펙을 바꾸는 것인데, 어떤 생명체로 바뀌느냐에 따라 강화되는 스펙의 종류가 달라질 것이다. 예를 들

---

[1] 자신이나 다른 개체의 환영을 만들어내는 'Hallucination'과는 개념이 다르다. Hallucination은 기본적으로 상대의 의식을 혼란시켜 헛것을 보게 하는 것이므로 의사 소통을 기반으로 한 마법에서 다룬다.

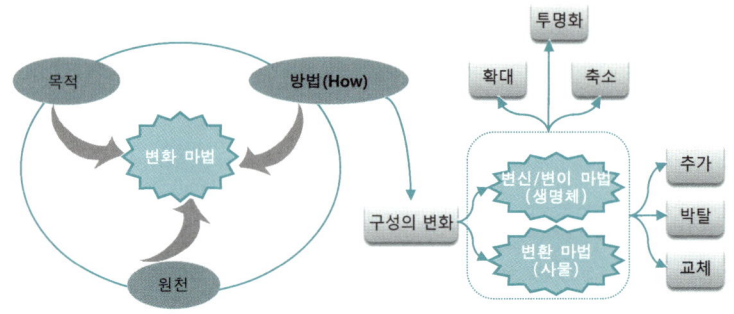

〈그림 7〉 대상의 구성 변화 방법에 따른 변화 마법의 종류

어 표범으로 변신한다면 민첩성에 방점을 두는 것이, 곰으로 변신한다면 힘에 방점을 두는 것이 자연스럽다. 변신이나 변이 마법이 적에게 사용된다면, 일반적으로 스펙을 약화시키기 위한 목적일 것이다. 그렇다면 당연히 적은 그에 맞는 생명체로 바뀌어야 하는데, 많은 게임에서는 양으로 변신시켜서 공격력을 상실하게 하는 양 변이 마법이 등장하곤 한다. 이렇게 강화와 약화 이외에도 종종 어떤 공격을 회피하거나 전장을 벗어나는 상황 회피나 반대로 어떤 상황에 빨리 도달하기 위해 변신 마법이나 변이 마법이 사용되기도 한다. 꽤 많은 판타지 작품에서 전황이 불리해진 인물이 새를 비롯한 날 수 있는 존재로 변신하거나, 팔이 날개로 변하면서 날아올라 전장을 벗어나는 장면이 등장한다.

유명한 프랑스 만화인 〈아스테릭스〉에서는 마을 장로가 만든 물약을 먹으면 누구든 힘이 세져서 천하무적이 되는 설정이 등장한다. 즉,

어떤 생명체의 구성물을 바꾸는 것이 아니라, 구성물이나 그 생명체 자체가 가진 어떤 속성을 변화시키는 마법인 것이다. 이렇게 대상이 가진 어떤 속성을 변화시키는 것을 흔히 '보조(補助, Assisting) 마법'이라고 부른다. 보조의 대상은 일반적으로 대상 생명체가 가진 힘, 민첩성, 정확성, 지구력, 지력 등의 다섯 가지 기본 속성이 대상이 된다. 혹은 이 다섯 가지 기본 속성의 조합을 기반으로 표출된 속성이 대상이 될 수도 있다. 즉, 공격력, 빠르기, 방어력, 건강(Health)[1], 마나(Mana)[2] 등이 대상이 되기도 하는 것이다. 소설이나 영화로 표현되는 판타지에서는 이런 보조 마법이 표출된 속성의 변화가 주를 이루고, 게임에서는 기본 속성 변화가 주가 되는 경우가 많다. 어차피 게임에서는 표출된 속성은 기본 속성의 연산으로 만들어질 때가 많기 때문이다. 물론 어떤 절대적인 수치를 사용자가 보다 쉽게 이해할 수 있도록 표출된 속성을 직접 변화시키기도 한다. 여하튼 보조 마법의 대상을 기본 속성으로 할 것인지, 표출된 속성으로 할 것인지는 상황에 따라 적절히 판타지 설계자가 선택할 몫이다. 보조 마법 역시 이런 기본 속성이나 표출 속성의 강화나 약화 이외에도, 어떤 능력을 더하는 추가와 빼앗는 박탈까지 포함한다. 예를 들어 상대의 시력을 빼앗거나, 짐승에게 말을 할 수 있는 능력을 부여하는 것이 이에 해당한

---

[1]_ 게임에서는 흔히 '피통'이라고 불리기도 한다.
[2]_ 마법을 얼마나 더 사용할 수 있느냐 하는 문제로, 마법의 강도와는 다른 개념이다. 원래 마나는 멜라네시아(호주 북동쪽의 여러 섬들, 피지 제도, 뉴기니 섬 등으로 이루어짐) 일대에서 초월적 힘을 상징하는 단어이다.

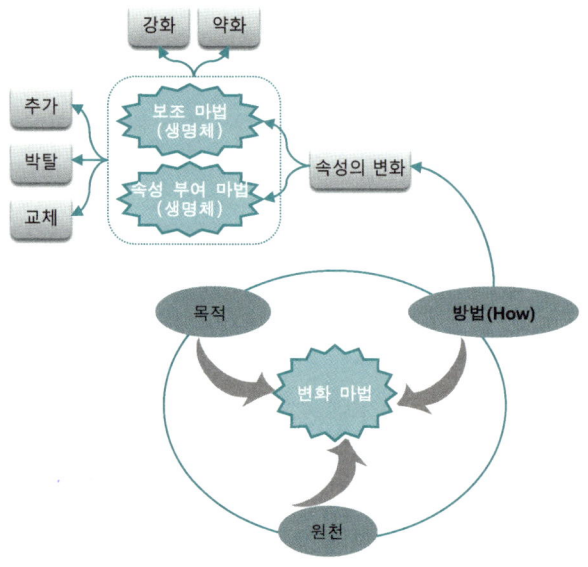

〈그림 8〉 대상의 속성 변화 방법에 따른 변화 마법의 종류

다. 심지어 도둑질하는 기술을 강화시키거나 부여할 수도 있고, 악기를 다루어본 경험조차 없는 사람이 어느 누구보다도 훌륭한 연주를 하게 할 수도 있다. 또한 특정 시점의 기억을 없애버리는 장면은 〈맨 인 블랙〉이나 〈히어로즈〉 같은 영화나 드라마에서도 흔히 볼 수 있는 마법이다.

변화 마법의 대상이 사물인 경우에는 변신 마법처럼 사물을 구성하고 있는 구성물을 다른 것으로 바꾸는 것을 '변환(變換, Conversion) 마법'이라고 부르며, 연금술(鍊金術, Alchemy)이 대표적인 예다. 또한 사물이 원래 가지지 못했던 어떤 속성을 갖도록 하는 '속성 부여 (屬性

附與, Attribute Grant) 마법'이 있다. 어떤 칼에 불의 속성을 부여해서 칼날이 닿는 대상을 불태울 수 있도록 하는 것이다. 속성 부여나 변환은 어떤 사물이 가진 가치를 증대시키거나, 그 사물의 본연적 기능을 강화하거나 약화시키려는 목적으로 사용된다. 철을 금으로 바꾸는 연금술은 그 가치를 증대시키기 위한 것이고, 어떤 곳을 단단히 지키고 있는 철문을 부식시키는 것은 출입을 통제하는 문의 역할을 약화시키는 것이다. 사물이 가진 속성의 종류는 너무나도 많기 때문에 어떤 속성을 부여할지에 대해서는 왕도가 없다. 작품의 상황에 맞게 판타지 설계자가 적절히 잘 선택해야 한다.

변화 마법은 어떤 대상의 속성이나 구성 이외에, 대상의 시공간적 위치를 바꾸는 것도 포함한다. 어떤 경우에는 대상의 시공간적 위치가 아닌 시공간 자체를 바꾸는 때도 있다. 대상의 시간적인 위치를 바꾸는 것은 '시간 여행(Time Travel)'이고, 공간적인 위치를 바꾸는 것은 '공간 이동(Teleport)'이다. 공간 이동은 한 위치에서 갑자기 사라져서 다른 위치에 나타나는 것을 말하며, 정신력으로 접시를 자기 앞으로 가져온다든지 하는 염력(Telekinesis)은 의사소통 마법이 극대화된 경우라고 볼 수 있다. 앞서 언급한 것처럼 대상이 처한 시간이나 공간이 상대적인 개념이기 때문에 결과적으로 비슷할 수는 있지만, 방법상에 큰 차이가 있다. 어떤 사람을 3년 뒤로 보내는 것과 시간의 흐름을 빠르게 해서 3초 만에 3년이 흐르게 하는 것은 전혀 다른 개념인 것이다. 3년 뒤로 보내면 대상에게는 3년간의 공백이 생기는 것이고, 시간을 빨리 흐르게 하는 것은 대상이 3년의 시간을 압축해서 경험하게

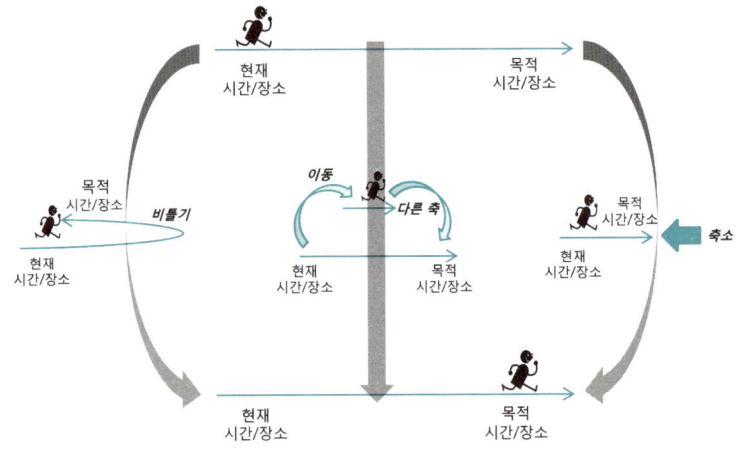

〈그림 9〉 시공간 여행의 세 가지 방식

하는 것이므로 전혀 다른 경험이 될 수밖에 없다.

이렇게 대상이 처해진 시간이나 공간상의 위치를 초월적으로 이동시키는 것은 크게 세 가지 방법으로 나누어진다. 첫 번째는 축을 비틀어 목적한 시간/장소를 현재와 만나게 한 후, 그 시간이나 장소로 순간적으로 이동하는 것이다. 〈백 투 더 퓨처〉에서는 시간의 간격을 건너뛰어서 과거나 미래로 가는 것으로 설정되는데, 이런 방식이 시간을 비틀어서 순간적으로 다른 좌표로 이동한 것이다. 이런 경우 시간을 여행하는 사람은 시간의 흐름을 전혀 느끼지 못하고, 어느 순간 자신이 전혀 다른 시간축상의 좌표에 와 있는 것이다. 두 번째는 샹그릴라 같은 이상향을 이야기할 때, 그곳에서 '신선들이 바둑 한 판 두는 걸 보고 왔다거나, 하룻밤 신나게 놀고 왔는데, 현실 세계에서는 백 년이 흘렀더라'와 같은 설정인데 주인공을 전혀 다른 시간축으로 옮겼다가 원래의 시간축으로 데리고 오면서 다른 좌표에 갖다 둔 것이다. 〈황금 나침반〉 2부인 '마법의 검'에서는 마법의 힘을 가진 칼로 겹쳐진 공간들 사이에 틈을 만들어 다른 장소로 이동한다. 즉 시간축은 그대로 두고 서로 다른 공간축을 오가는 것이다. 마지막으로 대상 자체는 원래대로 축 상을 움직이는데, 축 자체를 축소시키거나, 빠르게 흐르게 함으로써 시간이나 공간 이동을 시키는 경우가 있다. 이것은 엄밀히 말해 뒤에서 언급할 시간 왜곡에 해당하지만, 목적 자체가 시간축상의 좌표를 바꾸는 것이므로 시간 여행의 한 방식으로 봐도 무방할 것이다. 시간 여행 작품의 고전이 된 〈타임머신〉에서는 시간 여행을 하는 사람이 엄청나게 빠른 속도로 주변의 시간이 흐르는 것을 보면서 시간 여행을 하는 설정이 나온다. 그야말로 사람은 그대로 두고 시간을 빨리 흘러가게 하는 것이다. 이런 경우 다른 시간 여행과는 달리 대상이 된 사람은 시간의 흐름에 따른 사건들을 모조리 겪게 된다. 이런 방식이 공간 여행에 적용된 것이 우리 도사들이 흔히 쓰는 축지법이다. 즉, 땅을 축약해서 한 걸음으로 백 걸음을 가는 것이 축지법이다.

　시간 여행은 앞서 언급한 것처럼 어떤 상황을 회피하거나, 다른 상황으로 바꾸기 위해서 사용된다. 미래에 일어날 어떤 일을 미리 알기 위해서 사용되기도 하지만, 이 역시 그 상황을 다시 현재로 돌아와 바꾸려고 하는 동기로 작용하게 된다. 공간 이동의 목적 역시 해당 공간의 상황을 회피하기 위해서 사용되기도 하며, 다른 공간으로의 이동

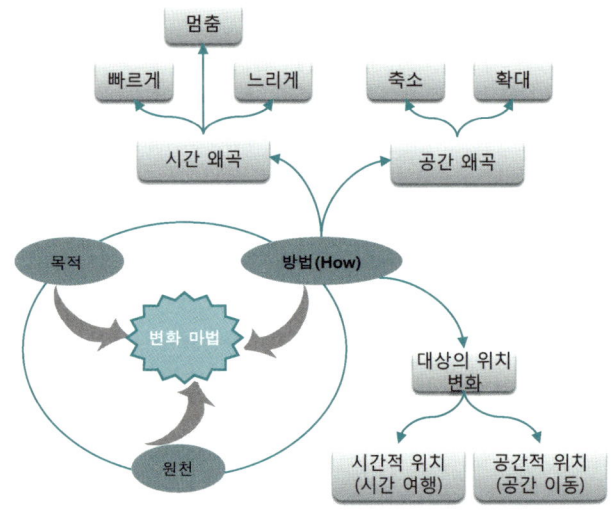

〈그림 10〉 시공간의 변화 방식에 따른 변화 마법의 종류

을 효율적으로 하기 위해서 사용되기도 한다. 공간 이동은 단순히 먼 거리를 빨리 이동하기 위한 것 외에도, 막혀 있는 곳으로의 자유로운 이동이라는 또 하나의 목적이 있다. 그런데 막혀 있는 곳으로의 자유로운 이동을 위해서는 대상의 공간적인 좌표를 이동시키는 방법 이외에도 그냥 장애물을 가로질러 가는 방법, 즉 '관통(貫通, Penetration) 마법'도 종종 사용된다. 벽을 뚫고 지나가는 것이다. 물론 벽에 아무런 흔적을 남기지 않아야 한다. 벽을 부순다면 그것은 물리적 타격이 된다. 이렇게 어떤 장애물을 가로지르는 것은 대상의 공간적 좌표를 이동시키는 것과는 엄밀한 의미에서 전혀 다른 개념[1]이지만, 설계의 단순성과 고객들의 이해를 쉽게 한다는 관점에서 공간 이동을 위한 하

나의 방식으로 설명하는 것이 오히려 더 합리적일 것이다.

변화 마법의 대상이 시간이나 공간 그 자체일 경우, 즉 시간을 잠시 멈추게 하거나, 천천히 혹은 더 빨리 흐르게 하는 '시간 왜곡(時間 歪曲, Time Distortion)'이 되든지, 공간을 축약시키거나, 확대시키는 '공간 왜곡(空間 歪曲, Space Distortion)'이 된다. 〈해리 포터〉나 〈도라에몽〉에서 선보인 엄청나게 많은 물건들을 담을 수 있는 주머니라든가, 밖에서 보면 작지만 안에 들어가면 엄청나게 큰 공간이 있는 집 같은 것들이 공간 왜곡 마법에 해당한다.

의사소통을 기반으로 한 마법의 설계

의사소통은 인류가 공동으로 가지고 있는 과제다. 사랑에 빠진 사람은 상대의 마음이 무엇인지 물어보지 않고 알 수 있기를 갈망하고, 거래를 하는 이는 상대의 진심을 알고 싶어 하고, 피의자 중 범인을 가려야 하는 형사는 피의자들의 속마음을 알고 싶을 것이다. 이런 사람들의 갈망은 비단 판타지라는 장르에 속하지 않더라도, 다분히 초

---

[1]_ 구성의 변화에서 벽을 통과할 수 있는 물질로 자신을 변신시키거나, 혹은 인력(引力)이라든가 몸을 구성하고 있는 전기적 작용을 모조리 해체함으로써, 원자 간 혹은 소립자 간의 간격으로 빠져나간 뒤 다시 속성을 되찾는다든가 하는 것은 보조 마법으로 봐야 하지만, 그렇게까지 엄밀하게 할 경우 판타지 설계가 지나치게 복잡해져서 독자나 사용자의 이해만 어렵게 할 수 있다.

월적인 역량을 가진 사람들을 소재로 한 영화나 드라마를 통해 자주 표출된다. 〈멘탈리스트〉나 〈라이 투 미〉 같은 미국 드라마나, 수없이 많은 탐정물의 주인공들은 일반인으로서는 흉내 내기조차 어려운 수준으로 상대방의 속마음을 알아차린다. 이런 의사소통에 대한 갈망이 판타지에서는 조금 더 극적으로 표현되면서 다양한 마법이 등장한다.

누구의 마음을 사로잡아 어떤 일을 시킬 것인가? - 목적의 설계

우리가 의사소통을 하는 목적은 누군가에게 내가 가진 생각을 전달하는 것이며, 나아가서는 그런 전달을 통해서 어떤 행동을 하거나 혹은 비슷한 생각을 하도록 설득하는 것이다. 의사소통을 기반으로 한 마법은 일반적인 의사소통의 과정이나 수단을 생략하고, 내가 아닌 다른 존재의 생각을 파악하거나, 그들의 행동을 조정하는 것을 의미한다.

현실 세계에서 우리가 의사소통을 하는 대상은 대면을 통해서든, 아니면 전화나 편지 같은 매개 수단을 통해서든 언어를 가진 사람인 경우가 대부분이다. 간혹 사람이 아닌 동물들도 그 대상이 되기도 하지만, 아무래도 사람에 비해서는 빈도나 그 수준이 낮을 수밖에 없다. 그런데 판타지의 세계에서 의사소통 마법의 대상은 사람이나 동물뿐만 아니라, 다른 세계에 있는 미지의 생명체, 의식이 없는 사물일 수도 있다. 심지어 시간이나 공간까지도 그 대상이 된다. 미래의 일을 미리 알아내는 예지력은 시간과의 의사소통이며, 다른 곳에서 벌어지고 있는 일을 아는 것은 공간과의 의사소통이라고 할 수 있다. 따라서 의사소통 마법은 그 대상에 따라, 그리고 그 대상과의 교감 목적에 따라 서로 다른 이름의 마법으로 불린다.

우선은 현실 세계와 비슷하게 의사소통의 대상이 인간이나 동물 등 생명체인 경우, 단순히 대상의 생각을 상대의 의지와 관계 없이 알아채는 것이 목적인 '독심술(讀心術, Mind Reading)'이 있을 수 있다. 독심술이란 표현을 쓰지만 마음을 읽기보다는 상대의 생각이 모두 말로 표현되어 환청처럼 들리는 설정을 많이 사용한다. 미국 드라마 〈트루 블러드〉에서 여주인공 수키는 끊임없이 들려오는 다른 사람 생각들 때문에 괴로워하며, 유일하게 생각이 들려오지 않는 뱀파이어에게 사랑을 느낀다. 그리고 상대와의 신체 접촉이나, 능력자의 의지로 상대의 머릿속에 떠오른 생각들이 형상화되어서 보이거나 머릿속에 저장된 어떤 기억이 보이는 설정을 사용하는 경우도 종종 있다. 미국 드라마 〈데드 존〉이나 일본 만화 〈사이코메트리 에지〉에서는 상대와 신체 접촉을 하는 순간 그 사람이 겪었던 과거의 기억이나 미래에 겪을 일들이 머릿속에 그려지는 사이코메트리가 주인공으로 등장한다. 사이코메트리라는 설정을 이용하는 경우는 상대가 지금 당장 하고 있는 생각 이외에, 상대가 인식하지 못하지만 그의 행동이나 생각을 만들어낸 잠재적인 의식 세계를 파악하는 것으로 심화되기도 한다. 일본 만화 〈영원한 안식처〉는 주인공 류스케가 상대의 뇌에 접속해서 잠재된 무의식까지 들여다본다는 설정을 하고 있다. 독심이 한 방향(One-way)으로 한 사람이 다른 사람의 마음을 읽어내는 것이라면, '텔레파시(Telepathy)'는 흔히 양방향으로 그려진다. 즉, 내 생각을 일반적인 의사소통 수단인 말이나, 행동, 글자 등의 수단을 빌리지 않고 상대방에게 알려주고, 상대방의 생각도 읽어내는 것이다.

마음 속을 읽는 독심과는 달리 대상의 감각기관을 빌리는 '감응(感應, Sensing) 마법'도 있다. 이것은 말 그대로 다른 존재의 눈과 귀를 빌려서, 그 존재가 보고 듣는 것을 자신도 보고 듣는 것을 의미한다. 기억을 더듬어서 보고 듣는 것이 아니라, 현재 그 대상이 느끼고 있는 것을 똑같이 느끼는 것이다. 그리고 독심까지는 아니지만, 어떤 생명체의 존재 자체를 인식하는 '감지(感知, Perception) 마법'도 있다. 〈위처〉에서는 위처의 메달이 위협적 존재나 초자연적 힘에 반응하며 떨린다는 설정을 사용하기도 한다.

독심술이 상대의 생각을 읽어내는 능력이라면 '최면(催眠, Hypnosis)'은 더 나아가 상대의 의식이나 행동을 제어하는 것을 목적으로 한다. 최면은 어떤 암시를 통해 대상에게 특정한 명령을 수행하도록 하는 것인데, 그 정도에 따라 잠시 자신이 할 일을 잊고 아무런 행동을 하지 않게 하는 '망각(忘却, Oblivion/Bewilderment)', 이성을 잃은 채 피아를 구별하지 못하고 원래의 본능적인 행동을 하게 하는 '혼란(混亂, Confusion)', 시전자의 명령에 충실하게 움직이는 '현혹(眩惑, Seduce)'의 3단계가 있다. 물론 작품에 따라서는 그 수준에 대한 명명이 조금씩 달라서 똑같은 이름으로 불리는 마법이 서로 다른 효과를 내기도 하지만, 크게 보면 이 세 가지 단계로 나뉜다. 또 때로는 이렇게 망각과 혼란, 현혹이라는 효과는 이차적인 것이고, 이를 위해서 일차적으로 환시(幻視), 환청(幻聽) 등 오감을 왜곡시키는 마법을 사용하기도 한다. 또 변화 마법의 분신 비슷한 개념이 의사소통 마법에 적용되면, 대상의 모습을 여러 개로 만들어내는 '환영(幻影, Phantom) 마법'이 탄생한다. 환영은 엄밀히 말해서 나 자신이 하나 혹은 여러 개 더 생겼다기보다는 그렇게 된 것으로 믿도록 상대에게 최면을 거는 것이다. 이렇게 최면에 관련된 효과는 감각의 왜곡인 환각을 통해서 이루어질 때가 많기 때문에, 많은 게임에서 이 마법들은 '환각(幻覺, Illusion) 마법'으로 분류되기도 한다.

살아 있는 생명체의 머릿속을 헤집고 다니는 최면 마법이 있는 반면에, '죽은 자는 말이 없다'는 유명한 문구를 정면으로 위배하는 마법이 있다. 죽은 자와 의사소통을 하는 '영매(靈媒, Medium)'다. 영매도 아주 다양한 방식으로 이루어지는데, 죽은 자의 영혼이 이승을 떠돌아다니는 경우에만 그들과 의사소통을 하기도 하고, 이미 저승에 간 자를 이승으로 불러내거나 자신의 영혼을 저승으로 보내서 그들과 이야기하기도 한다. 미국 드라마 〈미디엄〉의 주인공 앨리슨 드부아는 죽은 뒤 아직 편안히 저쪽 세계로 가지 못한 영혼과 의사소통하는 영매적 능력과 그 사람의 물건을 통해 기억의 단편을 볼 수 있는 사이코메트리 능력을 통해 사건을 해결한다. 또 영화 〈사랑과 영혼〉이나 우리의 무당처럼 죽은 자의 혼이 시전자의 몸에 빙의되어서 다른 사람과 의사소통을 가능하게 하기도 한다. 영매가 단순히 망자와 의사소통을 하는 반면에, '리애니메이션'은 죽은 자를 자기 뜻대로 움직이게 하는 마법이다. 이것은 죽은 자를 되살리는 소생이나 부활, 혹은 죽은

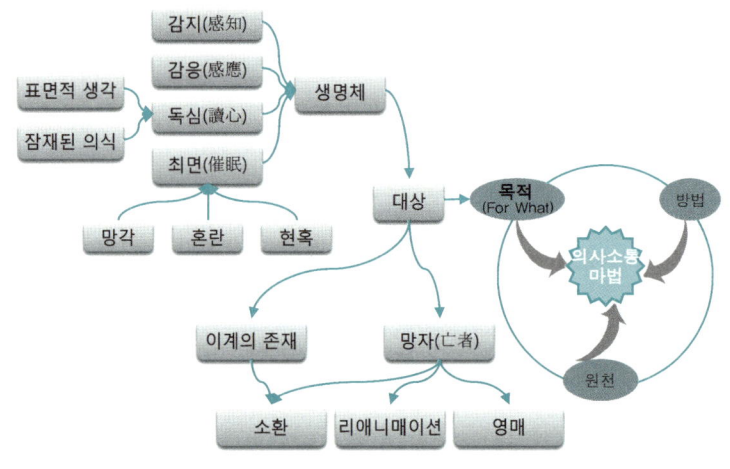

〈그림 11〉 대상에 따른 의사소통 마법의 종류 1

자를 다시 불러내는 소귀(召鬼)와는 다른 개념이다. 생명을 부여하거나 죽은 자를 저승에서 다시 불러들이는 것이 아니라, 그야말로 죽은 상태의 시신을 살았을 때처럼 움직이게 하는 것이다. 강시에 부적을 붙여서 무당이 마음대로 움직이는 것이 이에 해당하는 것으로, 사물을 조정하는 염력과 비슷하다.

의사 소통의 대상이 사물인 경우에는 비교적 단순한 목적을 갖는다. 바로 사물을 내 의지대로 움직이는 '염력(念力, Telekinesis)'을 설정한다. 동양의 무협에서는 절정 고수들이 칼이나 검을 날려서 자신의 기로 조정하는 장면이 종종 나오고, 다양한 판타지에서 잠긴 문을 연다든지, 손을 대지 않고 물건을 움직이는 장면을 심심찮게 볼 수 있다. 다만 사물은 의식이 없기 때문에, 의식을 지배한 뒤 그 의식에 따

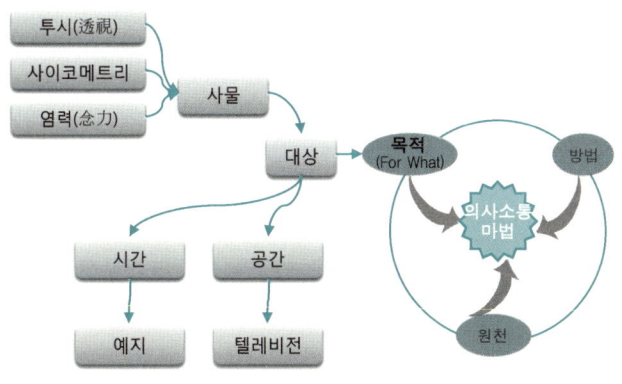

〈그림 12〉 대상에 따른 의사소통 마법의 종류 2

라 행동하게 하는 생명체의 현혹과는 전개 양상이 다르다. 현혹은 설정에 따라 꽤 긴 시간 지속되는 것도 가능한데 반해, 염력은 마법 시전자의 시야 내에서만 순간적으로 이루어지는 경우가 대부분이다. 또 사물에 의식이 없다는 것 때문에, 생명체의 독심술에 대응되는 개념으로 '투시(透視, See through)'가 있다. 벽 너머나 어떤 사물의 속을 훤히 꿰뚫어보는 것이다. 또 사물을 소유했거나, 접촉했던 생명체들과 관련된 기억이나 그 생명체의 위치 등을 파악하는 '사이코메트리(Psychometry)'도 여러 작품에서 종종 나오는 설정이다. 앞서 언급한 것처럼 사이코메트리는 사물뿐만 아니라 사람이나 동물에게도 적용된다.

판타지 세계에서 의사소통의 대상은 생명체나 사물에 그치지 않고, 시간과 공간까지도 포함된다. 미래의 시간과 의사소통을 하면서 앞으로 일어날 일들을 알아내는 것은 '예지(叡智, Foresight) 마법'이 된다. 물론 과거의 시간과 의사소통을 할 수도 있겠지만, 이것은 주로 사람이나 사물과의 의사소통을 통해 그들의 기억으로 알아내는 방식을 사용한다. 또 공간과 의사소통을 하면 먼 곳이나 보이지 않는 곳에서 벌어지는 일을 알아내는 '텔레비전(Television) 마법'이 된다. 수정 구슬을 통해 멀리 있는 공주의 일거수일투족을 훔쳐보는 장면이 대표적이다. 다른 공간을 들여다보는 텔레비전은 공간과의 의사소통을 통해서도 가능하지만, 앞서 언급한 해당 공간 내에 있는 다른 존재의 감각기관을 빌리는 감응 마법을 통해서 구현되기도 한다.

무엇을 통해 의사소통할 것인가? - 방법의 설계

의사소통 마법은 굉장히 직관적으로 이루어지기 때문에 물리적인 타격이나 방어처럼 여러 가지 다양한 수단들이 동원되지는 않는 편이다. 다만 의사소통하고자 하는 대상과의 거리와 마법의 지속 시간에 대해서는 여러 가지 다양한 방식들이 사용되기도 한다. 대상과의 거리는 크게는 직접적인 접촉, 간접적인 접촉, 비접촉의 세 가지로 나누어볼 수 있다. 직접적인 접촉은 말 그대로 의사소통하고자 하는 대상과 신체적인 접촉을 해야만 의사소통이 가능한 경우다. 물론 그 정도에 따라 악수처럼 어디든 맨살이 닿기만 하면 되는 설정이 있는가 하면, 성적인 교감 같은 아주 깊은 상호작용이 있어야만 가능한 설정도 있을 수 있다. 이런 경우 마법의 지속 시간은 접촉하고 있는 순간만

소통이 가능할 수도 있고, 한번 접촉하고 나면 일정 시간 동안 지속되거나, 주술을 건 사람이 의도하는 시각까지 지속될 수도 있다.

간접적인 접촉은 마법의 대상이 지녔거나, 접촉했던 어떤 사물을 매개체로 해서 의사소통을 하는 것이다. 이것 역시 매개체로 사용할 사물과 대상의 관계에 대해 여러 가지 설정을 할 수 있다. 머리카락이나 손톱처럼 신체의 일부여야만 한다는 설정부터, 소유했던 물건, 심지어 대상이 접촉했던 사물이면 무엇이든 좋다는 설정도 가능하다. 또 대상과 사물의 관계를 접촉이 아니라 유사성을 띠는 어떤 것으로 설정할 수도 있다. 닮은 인형이라든가, 그 대상의 진짜 이름을 이용한다든가 하는 것이 이에 해당된다. 이런 경우는 대부분 그 물건을 주술자가 소유하고 있는 동안만 주술의 힘이 지속되는 설정을 사용하지만, 더 짧게 하거나 길게 하는 건 상황에 따라 설계자가 선택할 몫이다.

비접촉은 아무런 신체적 접촉이나, 그와 유사한 매개체 없이 주술자의 힘으로 대상과 의사소통하는 것이다. 비접촉의 의사소통 대상은 대부분 주술자의 시야 내에 있는 존재로 한정되지만, 가끔 주술자가 존재를 알고 있는 모든 대상이 의사소통 대상이 되기도 한다. 일본 만화 〈데스 노트〉에서처럼 상대를 인지하고 그의 이름을 알면, 주술자의 의지로 대상을 죽음에 이르게 할 수 있는 설정이 대표적인 예다.

의사소통 마법을 설계하는 데 있어서 간과하지 말아야 할 것은 대상의 조건이다. 의사소통 마법을 대상의 상태나 상황을 고려하지 않고 무차별적으로 적용 가능한 것으로 할 것인지, 아니면 특정 조건을

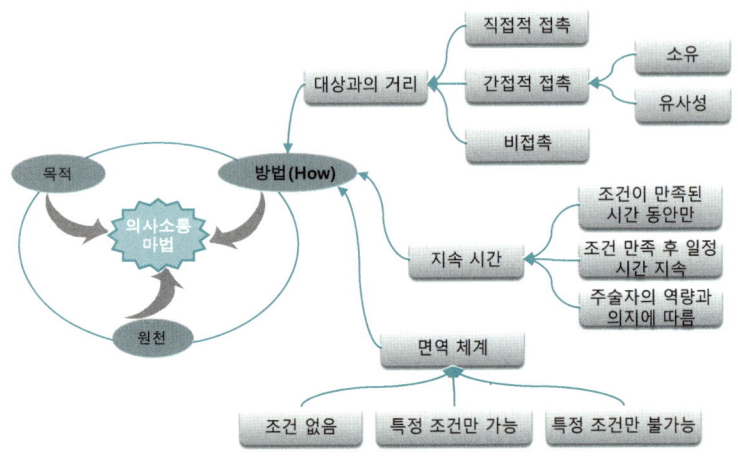

〈그림 13〉 의사소통의 방법 설계

가진 대상만 가능한 것으로 할 것인지, 아니면 반대로 특정 조건을 가진 대상은 불가능하게 열외로 할 것인지를 설정하는 것이 작품에서 중요한 역할을 한다. 의사소통을 기반으로 한 마법은 상대의 마음을 읽거나 조정하는 것이기 때문에, 그 영향력이 다른 마법에 비해서 훨씬 더 강력하다. 따라서 그에 대한 반작용으로 이런 설정이 필요한 것이다. 모든 사람의 마음을 모조리 지배할 수 있는 강력한 주술사가 등장해버린다면, 사실 아무도 대적할 수 없는 존재에 의해 세상이 지배된다는 아주 싱거운 이야기가 탄생할 수밖에 없기 때문이다. 따라서 다른 마법에서도 해당 마법에 대한 면역 조건을 설정하는 것이 중요하지만, 의사소통 마법에 대해서는 '면역(免疫, Immunity) 체계'를 설정하는 것이 마법 자체를 설정하는 것 이상으로 중요한 경우가 많다.

〈영원의 안식처〉에서처럼 순수한 마음을 가진 사람의 의식은 지배할 수 없다거나, 〈바벨 2세〉처럼 능력자들끼리는 서로의 마음을 읽을 수 없다거나 하는 설정이 등장하는 것은 이 같은 이유 때문이다.

회복 마법의 설계

'회복(恢復, Restoration) 마법'은 글자 그대로 비정상적인 상태를 정상적인 상태로 돌려놓는 것이다. 여기서 비정상적인 상태는 크게 두 가지로 나누어서 생각할 수 있다. 하나는 대상의 약화를 동반한 상태 이상(異狀)이다. 질병에 의해서, 물리적 타격에 의한 부상으로, 혹은 단순한 체력 고갈로 인해 어떤 존재의 능력이 정상적인 상태에 비해 약화된 경우다. 또 하나는 대상의 강화를 동반한 상태 이상이다. 힘이 극도로 강해졌다든지, 어떤 공격에도 면역이 되었다든지, 아무리 뛰어다녀도 체력이 고갈되지 않는다든지 하는 상태인 것이다. 이렇게 강화된 경우 역시 정상적인 상태는 아닌 것이다. 그리고 앞서 언급한 것처럼 육체적인 변화로 인한 상태 이상도 있지만, 정신적인 변화로 인한 상태 이상도 있을 수 있다. 정신적인 타격으로 아무런 사고나 행동을 할 수 없는 상태가 될 수도 있고, 또 반대로 정신적인 차단으로 인해 고통을 느끼지 못하면서 공포를 모르는 강력한 전사가 될 수도 있는 것이다.

따라서 회복 마법의 목적도 약화된 것을 강화시키면서 정상화하는

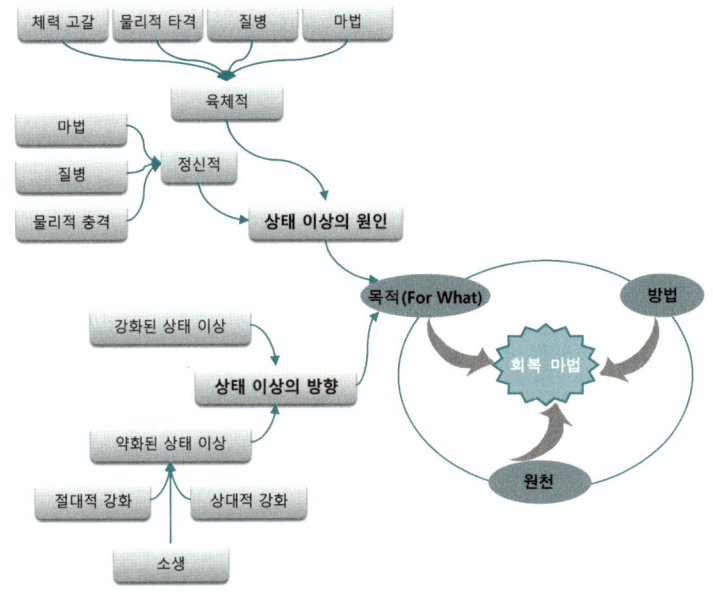

<그림 14> 회복 마법의 목적 설정

것인지, 강화된 것을 약화시키면서 정상화시키는 것인지로 크게 나누어지게 된다. 여기서 회복 마법은 상대의 능력을 약화시키거나 강화시키는 변화 마법과는 개념이 다르다는 것에 유의해야 한다. 또한 이러한 상태 이상의 원인에 따라 회복 마법의 목적이 달라질 수 있다. 즉, 상태 이상의 원인이 질병에 의한 것인지, 물리적 타격에 의한 부상에 따른 것인지, 단순한 체력 고갈 탓인지, 혹은 또 다른 마법에 의한 것인지에 따라 마법의 목적이 바뀔 수 있다. 의사가 외과, 내과, 정신과 등으로 전문화되는 것과 비슷하다(어차피 의사도 비정상적인 상태를

정상으로 돌려놓기 위한 존재인 셈이니 당연한 결과일지도).

또한 회복 마법의 목적은 회복시키려는 대상의 상태 이상 수준에 따라 달라질 수 있는데, 첫 번째는 현재의 상태보다 좀 더 나은 상태로 만들어주는 것이다. 죽기 직전의 생명에게는 생명 연장을, 중상을 입은 이는 경상으로, 경상을 입은 이는 정상 상태로 만드는 것이다. 두 번째는 현재의 비정상적인 수준과는 상관없이 어떤 수준까지 절대적으로 회복시키는 것이다. 죽기 직전이든, 중상이든, 경상이든 상관없이 완전한 정상 상태로 만들어주는 것이 예가 될 수 있다. 마지막 세 번째는 이미 생명이 끊어진 존재를 소생 혹은 부활시키는 것이다. 이것은 죽은 이를 다시 불러내는 소환과는 개념이 다르다. 숨이 끊어졌지만 아직 온기가 남아 있는 육체가 다시 자생적으로 움직이며 생명력을 이어나갈 수 있도록 치료가 극대화된 개념이다.

회복 마법에 있어서는 그 방법과 원천의 구별이 다소 모호하다. 예를 들어 상태 이상을 회복시키기 위해 마법의 물약을 만들어 먹이는 것을 방법이라고 할 수도 있을 것이고, 그 마법의 원천이라고 할 수도 있을 것이다. 즉, 회복 마법은 마법의 원천 자체가 방법인 것이다.

복합 마법의 설계

여러 성질의 것들이 조합되어서 복합적으로 작용하는 마법들이 있다. 단순히 여러 마법의 조합이 아니라 그 자체가 하나의 계보를 갖는 독자적인 마법이다.

여러 마법적 요소가 복합적으로 작용한 대표적인 마법이 '소환(召喚, Summoning) 마법'이다. 현실 세계의 생명체가 아니라, 이 세상과 겹쳐 있거나 멀리 떨어져 있는 다른 세상, 즉 이계의 어떤 존재를 현실 세계로 불러내서 주술자의 의지에 따라 행동하게 만드는 마법이다. 이를 위해서는 의사소통을 통해 소환될 대상을 현혹시켜야 하고, 이계에 있던 대상의 시공간적 위치를 바꾸는 변화 마법이 동시에 작용해야 한다. 마술램프 속에 갇힌 지니를 불러내는 것은 이 두 가지 복합적 마법에 크기의 축소와 확대라는 또 하나의 마법까지 결합되어야 하는 삼중의 고위 마법이다. 이런 소환 마법의 대상은 이계의 대상뿐만 아니라 저승의 망자나 귀신도 해당된다. 저승도 하나의 이계로 보고, 망자나 귀신도 저승이라는 하나의 세계에 살고 있는 존재로 본다면 굳이 분리해서 생각할 필요가 없을지도 모르겠다. 그리고 이것은 죽은 이를 되살려내는 소생이나 부활과는 또 다른 개념이다. 소생이나 부활은 대상에게 생명을 부여하는 것이지만, 소환은 필요에 따라 잠시 불러냈을 뿐 육신을 되찾아준다든가 생명을 돌려주는 것은 아니기 때문이다. 또 소환의 대상이 반드시 의식을 가지고 움직이는 존재일 필요는 없다. 대상이 사물이 되는 경우도 많은데, 몸속에 칼을 품고 있다가 필요할 때면 자기 의지에 따라 칼이 움직인다는 설정도 가능하다. 하지만 단순히 다른 곳에 있는 각종 물건이나 음식 같은 것들을 자신의 시공간으로 옮겨 오는 것은 대상의 시공간적 위치를 바꾸는 변화 마법으로 보아야 하며, 엄밀한 의미에서 소환과는 다른 것이다.

또한 쉽게 생각할 수 있는 조합이 공격과 방어를 동시에 하는 것이다. 그래서 물리적인 타격과 방어를 동시에 가능케 하는 여러 원소 마법들이 탄생하게 된다. 예를 들어 불이나 물의 속성을 이용해서 대상의 주변에 방어막(고리, 구, 대상의 몸과 똑같이 생긴 막 등 다양한 형태를 띨 수 있다)을 형성하는 것이다. 이것은 외부에서 가해지는 물리적 타격의 강도를 줄여주기도 하지만, 한편으로는 방어막에 접촉한 다른 대상들에게 물리적 타격을 가하기도 한다. 이런 것들은 흔히 원소 방어막이라고 불린다. 이것과 비슷한 개념으로 회복 마법의 경우, 그 원천이 신성한 존재로부터 나오는 것이라면, 어떤 존재에게는 치료의 효과를, 또 다른 존재에게는 타격을 주는 것으로 설정될 때가 많다. 생명체에게 사용하면 치료지만, 뱀파이어와 같은 언데드 계열의 종족에게 사용하면 타격이 되는 설정이다.

또 원소 마법을 통해 변화 마법의 효과를 유도하는 경우도 많다. 물의 속성을 가진 원소 마법의 공격을 통해 물리적인 타격을 주기도 하지만, 상대의 이동이나 공격 속도를 늦추는 보조적 효과를 만들어 내기도 하는 것이다. 또 심한 경우 아예 꼼짝 못하게 결빙을 시켜버리기도 하는데, 이것은 최면을 통해서 망각 상태를 만들어내는 것과 동일한 효과를 가져온다. 즉, 물의 속성을 이용한 물리적 타격을 통해 보조 마법의 효과와 최면 마법의 효과를 동시에 가져오는 것이다.

이렇게 하나의 속성을 가진 마법이 복합적으로 여러 가지 효과를 동시에 발휘하게 하거나, 하나의 효과를 만들어내기 위해 여러 속성을 가진 마법을 복합적으로 사용하기도 한다. 작품의 상황에 맞게 가장 매력적인 마법의 조합을 그때그때 만들어내는 것 역시 판타지 설계자의 몫이다. 현재까지 거론된 마법들만 해도 최소 일곱 가지가 넘는 다양한 차원을 가지고 있는데, 이런 다차원의 복잡한 조합을 만들어내는 데 왕도가 있을 리 없다.

마법사의 형태를 결정짓는 마법의 원천

앞서 몇 차례 언급한 폴란드 판타지 소설 〈위처〉에는 다음과 같은 표현이 나온다.

살아오면서 게럴트는 관리처럼 생긴 도둑도 만나봤고, 거지 같아 보이는 관리도 만나봤다. 공주처럼 보이는 매춘부, 젖소 같은 공주, 산적처럼 생긴 왕도 만나봤다. 하지만 스트레고볼은 늘 그야말로 전형적인 마법사처럼 보였다. 큰 키, 마른 몸매, 구부정한 자세, 무성한 회색 눈썹, 길고 삐뚤어진 코. 거기다 쓸데없이 소매가 넓은 데다 바닥에 질질 끌리는 검은 색 로브를 입고, 끝에 수정 구슬이 붙어 있는 긴 지팡이를 휘둘러댔다. 게럴트가 아는 어떤 마법사도 스트레고볼처럼 생겨먹질 않았다. 무엇보다 놀라운 건, 스트레고볼이 진짜 마법사라는 사실이었다.

마법사에 대해 대부분의 사람들이 떠올리는 전형적인 묘사다. 수정구슬이나 지팡이의 힘을 빌어 번갯불을 쏘아대는. 하지만 조금만 더 넓게 생각해보면 마법, 혹은 초월적인 힘을 구사하는 사람들의 모습은 너무나도 다양하다는 걸 바로 알게 된다. 번개를 던지고 독수리로 변신하는 제우스는 대부분 근육질의 남자로 그려지고, 장풍을 날리는 무림의 고수는 움직임이 쉽도록 간편한 복장을 하고 있고, 곰에서 사람으로 변신한 웅녀는 곰과 평범한 여자의 모습을 오갔을 것이다. 또 한국의 무당이나 일본이나 중국의 도사라는 사람들의 행색은 위에서 인용한 마법사의 전형적인 모습보다는 어쩌면 더 요란해야 할지도 모르겠다. 또 귀신을 쫓는 엑소시스트들은 신부복을 걸치고 있고, 일본인이 뜨겁게 달군 방을 얼음장으로 만들었다는 사명대사는 승복을 입고 있을 것이다. 이렇게 마법을 구사하는 사람들의 행색이나 출신이 다양한 것은, 그들이 그런 힘을 가질 수 있는 원천이나 그것을 습득하는 과정이 판타지 설계자들에 의해 여러 방식으로 그려졌기 때문이다.

마법은 현실에서 만나지 못하는 초월적 힘을 사용하는 것이기 때문에, 그것을 사용할 수 있는 힘의 원천을 설계하는 것이 작품의 짜임새를 만들어내는 데 결정적인 역할을 할 때가 많다. 마법을 사용하는 존재 자체는 불사에 가깝거나, 대적불가한 존재라 그들과의 정면 대결을 피하지만, 그들이 그런 힘을 사용할 수 있는 원천을 파괴하거나 빼앗음으로써 그들에게 패배를 안겨준다는 설정은 여러 작품에 등장한다.

반대로 초월적인 힘을 가질 수 있는 원천을 서로 차지하려는 다툼이나, 그런 원천을 누군가가 독점하면서 힘의 균형이 무너지는 것을 막기 위해서 온갖 권모술수가 등장하는 설정도 곧잘 이용된다. 또 그 힘의 원천 자체가 일반인의 안전을 위협하는 것이라, 그 힘을 사용하는 존재가 만인의 공적이 되는 경우도 있다. 이렇게 초월적 힘의 원천은 그 자체가 이야기가 진행되는 데 있어서 가장 중요한 실마리가 되기도 한다. 아마 이런 이유로 판타지 설계자들은 마법적 힘의 원천을 설계해내는 데 노력을 아끼지 않았을 것이고, 그 결과 수많은 판타지에서 정말 다양한 방식으로 마법의 원천이 설정되었다. 하지만 그 많은 설정들도 크게 나누어보면 자기 자신의 내재된 힘, 대자연의 힘, 신성, 이계, 시간, 타인, 물건 등 일곱 가지로 귀결된다.

자기 자신의 내재된 힘

마법의 원천 중 가장 흔히 사용되는 설정은 자기 자신의 내재된 힘이다. 그야말로 마법적인 재능과 힘을 가지고 있고, 그것을 밖으로 표출하는 것이다. 이렇게 내재된 힘을 원천으로 할 경우 뒤따라야 하는 설정이 있는데, 그 재능이 주어지고 발현되는 조건이다. 마법적인 힘을 사용할 수 있는 재능이 선택된 소수에게만 부여된 것으로 할 것인지, 아니면 모든 존재에게 부여된 힘으로 가정할 것인지를 결정하는 것이 우선 필요하다. 소수에게만 부여되는 것은 선천적으로 그 능력을 가지고 태어난 존재 외에는 아예 마법적 힘을 사용할 가능성조차 허락되지 않는 설정이다. 물론 이런 설정에도 아주 작은 예외를 두어서, 힘을 사용하던 누군가가 그 힘을 넘겨준다든지, 어떤 특별한 조건을 만족시켜서 획득하게 할 수도 있지만, 기본적으로 그것은 몇몇에게만 주어지는 폐쇄적인 힘이다. 모든 존재에게 부여하는 설정은 당연히 누구나 마법적 힘을 사용할 수 있다는 설정이다.

마법적 재능의 부여를 어느 쪽으로 설정하더라도, 그 재능을 발현시키고 향상시키는 것은 또 다른 문제다. 따라서 부여된 마법적 재능을 발현시키고 유효한 수준으로 향상시키는 것에 대한 설정이 별도로 필요하다. 우선 그리스 신화의 신들처럼 태어나면서부터 그 힘을 가지고 있으며, 자연스럽게 그 힘을 사용할 수 있다는 단순한 설정이 가능하다. 특정 종족의 특성으로 마법적 능력을 부여하는 설정 역시 이런 설정에 해당한다. 불을 뿜거나 불 속에서 살아가는 것으로 그려지는 살라만더(Salamander)[1]나 기린(麒麟), 독을 뿜으며 목을 잘라내면 다시 새로운 목을 만들어내는 히드라 등은 종족적인 특성으로 마법적 힘을 내재하고 있어서, 태어나서 자연스럽게 그 힘을 사용한다. 하지만 이런 단순한 유전적 설정보다는 오히려 선천적으로 마법적인 힘을 타고 났지만, 그것이 제대로 발현되기 위해서는 어떤 계기가 필요하다는 설정이 더 많이 쓰인다. 이 계기의 설정에 대해서는 다음 장 마법의 습득 방법 및 트레이드 오프 설계에서 다루기로 한다.

---

[1] 유럽의 전설에 등장하는 불 속에서 살아가는 도마뱀과 비슷하게 생긴 불의 정령.

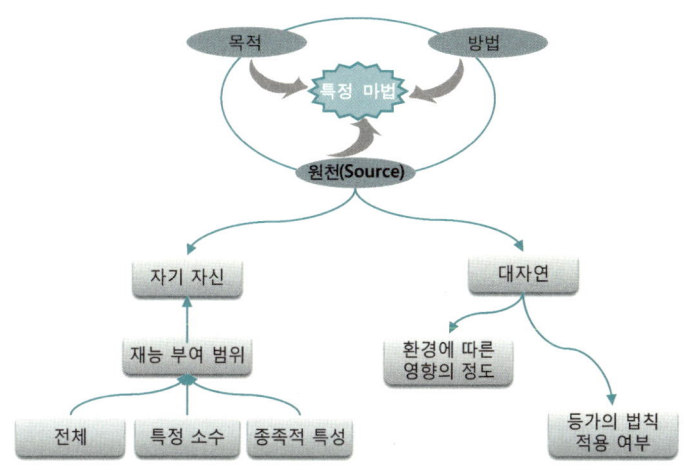

〈그림 15〉 자기 자신과 대자연을 원천으로 한 마법의 부가적 설정 요소

대자연의 힘

두 번째는 자신을 둘러싸고 있는 자연의 힘을 끌어와 그 힘을 기반으로 마법을 펼치는 경우가 있다. 이런 경우는 대부분 대자연에 내재되어 있는 원래의 힘을 모아서 방향을 바꾸는 설정을 이용하기 때문에, 어떤 환경에 처해 있느냐에 따라 그 힘의 종류나 강도가 달라지기도 한다. 예를 들어 천둥 벼락이 치는 날은 번개를 이용할 수 있지만, 그렇지 않은 날은 다른 힘을 이용해야 한다든가, 주변에 나무가 있다면 나무를, 짐승이 있다면 짐승을 부려서 초월적인 힘을 발휘하는 것이다. 따라서 대자연의 힘을 원천으로 하는 주술사가 주로 이용하는 것은 의사소통 마법이다. 즉, 시전자의 주변에 있는 자연과 의사소통

하며 그들이 자신을 돕도록 부탁하거나 현혹하는 것이다. 북유럽의 판타지에 자주 등장하는 드루이드들이 대표적으로 자연의 힘을 활용하는 존재들이다. 또 가끔은 어떤 상징적인 동물이 주변의 자연을 지배하며 자신을 따르게 하거나, 생명들을 소생시키는 힘을 가지고 있는 예도 있다. 일본 애니메이션 〈원령 공주〉에서는 숲의 신령스러운 사슴이 산 전체를 지배하며 새로운 생명을 싹트게 하거나, 죽은 생명을 되살리는 힘을 가지고 있는 것으로 설정되어 있다. 이런 대자연의 힘을 활용하는 주술사는 등가의 법칙에 따라서 힘을 사용하는 것을 전제로 하는 경우가 많다. 자신을 돕던 동물을 치료하기 위해서는 주변의 나무가 시들거나 죽어버리거나 하는 것이다. 따라서 자연의 힘을 원천으로 삼는 주술사 집단은 과도한 힘의 사용을 자제하는 것을 원칙으로 삼는 경우가 대부분이다.

신앙을 전제로 한 신들의 힘

세 번째는 신앙을 통해서 신들의 힘을 빌어오는 개념이 있다. 여러 게임에서 소위 '사제(司祭, Priest)'라고 불리는 직업을 가진 존재들이 마법적 능력을 발휘하는 원천이다. 이들의 힘이 발현되는 양식은 그 원천이 신인 만큼 종교적 색체에 따라 전혀 다른 양상을 띠게 된다. 따라서 종교의 색깔을 설정하는 것이 반드시 뒤따라야 한다. 신들이 자애롭기만 한 것은 아니어서, 어떤 신들은 현세에 있는 생명체들에 대해 우호적인 태도를 취하지만 그렇지 못한 경우도 많다. 그리스 신화의 제우스만 해도 정의로움보다는 비열하고 속 좁은 모습[1]을 곧잘 보여준다. 따라서 신앙을 기반으로 한 힘을 이용하는 경우에는 종교의 색깔을 어떻게 설정할 것인지가 아주 중요하다. 만약 현세의 생명들에게 자애로운 신이라면 회복 마법을 통해 이들을 보호하는 방식으로, 그들에게 적대적인 신이라면 오히려 파괴적인 방식으로 그 힘이 나타나는 것이 자연스럽다. 또 이렇게 신앙을 전제로 강력한 힘을 발휘하는 경우는 그 신앙의 대상이 되는 신적인 존재에 대응되는 악마와 같은 반신적인 존재가 있어야만 힘의 균형을 이루며 이야기의 갈등이 생겨날 수 있다.

이계의 힘

네 번째는 이계의 힘을 빌어오는 것인데, 대자연이나 신들의 힘을 빌어오는 것과는 개념으로나 그것이 표현되는 양상에 있어서 차이가 있다. 이계의 힘을 빌어오는 만큼 대자연의 힘을 이용하는 것처럼 어떤 장소의 제한이 있거나, 현실 세계에서의 등가의 법칙 등은 무시되

---

[1] 자신이 원하는 예언을 들려주지 않는다는 이유로 프로메테우스를 끝없는 형벌에 처하는가 하면, 원하는 모든 여성은 자신에 대한 감정 따위는 개의치 않고 취한다거나, 자신에게 불경하다는 이유로 온 세상을 물바다로 만들어버리는 모습을 아주 자주 보인다.

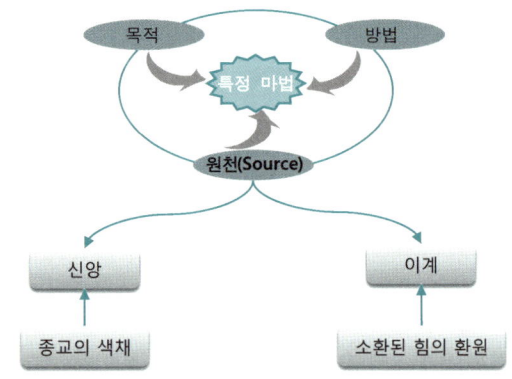

〈그림 16〉 신앙과 이계의 힘을 원천으로 한 마법의 부가적 설정 요소

어도 무방하다. 이계의 힘을 빌어오는 것은 대부분 소환 마법의 형태를 띤다. 그 대상이 살아 있는 생명체이건, 아니면 다른 어떤 원소적인 힘이든 마찬가지다. 일본 만화 〈베르세르크〉에 등장하는 마법사는 자신에게 내재된 힘이나 현세에 존재하는 어떤 힘이 아닌, 겹쳐져 있는 다른 세계의 힘을 빌어오는 것으로 초월적 힘을 발휘한다.

　이계의 힘을 빌어오는 경우, 뒤따라야 할 설정이 하나 있는데, 그것은 소환된 생명체나 힘을 어떻게 할 것이냐 하는 것이다. 그것들이 현세에 남아 있으면 현세를 지탱하던 힘의 균형이 무너질 수 있기 때문이다. 대부분의 게임에서는 그냥 일정 시간이 지나면 돌아가버리거나, 일정 수준 이상 타격을 입으면 알아서 자신이 왔던 세계로 돌아간다고 설정한다. 하지만 게임이 아닌 소설이나 영상물의 형태로 만들어지는 작품에서는 이렇게 설정할 경우 개연성을 잃어버리며 이야기가 싱거워질 수 있다. 그래서 가끔은 이계에서 소환된 존재들이 소환자를 해치고, 자신들이 그 세계를 지배하거나 그 틈에 끼어서 살려고 하는 데서 시작된 갈등을 다루는 작품들도 등장한다. 수많은 에일리언류의 작품들이 사실은 이런 설정의 SF적인 변형이다. 또 악마의 힘을 빌리기 위해 봉인된 어떤 장소를 열었다가, 악마만 풀어주고 자신은 악마에게 먹히거나 희생당한다는 설정 역시 수많은 공포 영화에서 자주 등장한다. 따라서 이계의 힘을 원천으로 한 마법에는 반드시 소환한 힘을 돌려보내는 규칙에 대한 설정이 뒤따라야 한다.

시간

다섯 번째는 시간으로부터 힘을 빌어오는 설정이 있다. 즉 긴 시간 동안 발휘될 어떤 힘을 한순간으로 응축시켜 사용한다는 설정이다. 이 설정은 시간을 응축시키는 만큼 그 힘을 사용한 이에게 육체적/정신적 타격을 동반하게 된다. 즉, 어떤 목적을 위해 어쩔 수 없이 사용하지만, 그 힘을 쓰면 쓸수록 시전자의 건강이나 수명을 해치게 되는 것이다. 한 시간 동안 걸을 거리를 1초 만에 걷는다면 어떤 힘을 3600분의 1로 응축시킨 것이다. 당연히 시전자는 1초를 걸었지만, 한 시간을 걸은 것과 동일한 피로감을 느끼게 된다. 일본 만화인 〈바벨 2세〉가 이런 설정을 사용한 전형적인 예다. 〈바벨 2세〉에서도 등장했지만, 이런 경우 그 힘을 사용한 뒤 시전자가 늙어갈 것인지, 그렇다면 얼마나 빨리 늙어갈 것인지에 대한 설정이 뒤따라야 한다. 혹은 영화 〈인타임〉에서처럼 다른 사람의 시간을 빼앗아 자기의 것으로 만들 수 있다는 설정을 통해 힘을 보충할 수도 있을 것이다.

다른 개체의 힘

캐나다 드라마인 〈로스트 걸〉의 주인공 보는 부상을 입거나 힘을 소진했을 때, 다른 남자들과의 성적 접촉을 통해서 치유하거나 힘을 회복한다. 이렇게 어떤 초월적 힘의 원천을 다른 개체의 에너지로 삼는 설정이 종종 등장한다. 각종 흡혈귀물의 뱀파이어나 〈로스트 걸〉에서의 서큐버스가 대표적인 경우로 그들은 정기적으로 다른 사람의 피나 기를 섭취해서 힘을 보충하는 설정으로 등장한다. 많은 무협 작품에 등장하는 '흡성대법'이니 '흑마공'이니 하는 무공도 다른 사람들의 내공을 흡수해서 자기 것으로 만들어버리는 대표적인 예다.

이런 경우 일반적으로 뒤따르는 설정이 몇 가지 필요하다. 우선은 다른 사람의 에너지를 섭취하지 못했을 때 어떤 상태가 되느냐에 대한 설정이다. 일정 기간 이상 타인의 기를 빼앗지 못했을 경우, 초월적 힘을 발휘하지 못하는 것으로 끝나는지, 아니면 심지어 자신의 생명이나 건강까지 위협받는지 등을 결정해야 한다. 이어서 다른 개체의 기를 빼앗는 수준에 대한 설정이 필요한데, 반드시 목숨을 빼앗아야만 가능한지, 단순히 기력이 빠진다거나 건강을 약간 해치는 수준에서 제어 가능한 것인지에 대해 결정해야 한다. 마지막으로 다른 생

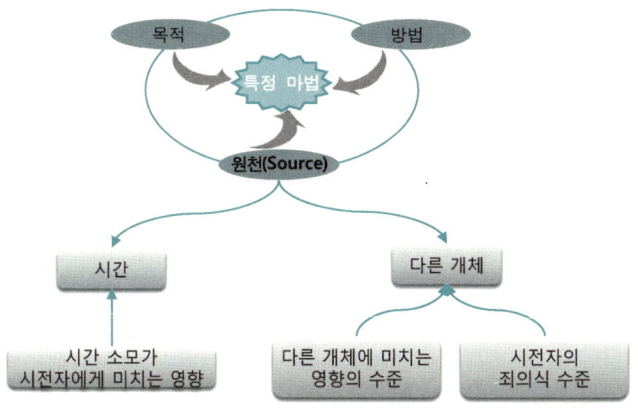

〈그림 17〉 시간과 다른 개체의 힘을 원천으로 한 마법의 부가적 설정 요소

명체의 건강이나 목숨을 담보로 해야 하는 만큼, 대부분의 경우 만인의 타도 대상이 되기 십상이다. 따라서 이에 따른 부가적인 설정이 필요하다. 우선은 능력자가 다른 존재의 생명을 빼앗는 것에 대해 양심의 가책을 느끼는지 그렇지 않은지의 내면적 갈등과 그 갈등에 따른 능력자들 간의 갈등 구조에 대한 설계가 필요하다. 또 능력자가 만인의 타도 대상이 되지 않기 위해서 다른 사람의 생명을 해치지 않을 대체적인 방법이 있는지 등에 대한 설정도 필요하다. 〈트루 블러드〉에서는 뱀파이어와 인간이 공존하기 위해서, 뱀파이어가 인간의 피 대신 섭취하면서 생명을 유지할 수 있는 V쥬스라는 특이한 설정이 등장한다. 앞서 예로 든 〈로스트 걸〉의 주인공 보 역시 자신이 기를 흡수하더라도 목숨에 지장이 없는 몇몇 존재들을 만나고, 자신의 성적 접촉을 그들과의 관계로 한정시키면서 양심의 가책과 공공의 적이 되는

상태에서 벗어난다.

이렇게 다른 개체의 무언가를 힘의 원천으로 삼는 설정에는 한 가지 특이한 점이 있는데, 이 힘이 회복 마법에 적용되는 것이다. 즉 누군가의 건강을 회복시키기 위해서는 다른 누군가가 아파야 하고, 누군가의 생명을 살리기 위해서는 다른 누군가가 죽어야 한다는 등가의 법칙을 적용시키는 것이다. 이런 설정을 이용할 경우, 누구를 살리고, 누구를 죽일 것이냐에 대한 주술자의 내면적 갈등이 이야기의 핵심을 이루는 경우가 많다. 미국 드라마 〈카니발〉이나, 〈푸싱 데이지〉 같은 작품은 이런 설정을 이야기 진행의 핵심으로 삼는다. 〈카니발〉에서는 주인공이 누군가를 치료하면 주위의 여러 생물들이 죽어나가며, 소중한 누군가를 살리기 위해서는 다른 사람의 생명을 앗아야 하는 데서 오는 갈등을 종교적인 관점에서 풀어나간다. 〈푸싱 데이지〉 역시 누군가를 살리면 1분 안에 도로 죽여야 하며, 그렇지 않을 경우 주변의 누군가가 무작위로 죽는다는 설정을 기반으로 다양한 에피소드들을 다루고 있다.

특정한 물건에 잠재된 힘

여의주, 성배, 롱기누스의 창, 절대 반지, 부적, 마스코트……. 어떤 것들은 본 적은 없지만 귀에 익숙한, 또 어떤 것들은 대부분의 사람들이 실제로도 한두 개씩은 가져봤음직한 것들이다. 그것에 잠재된 어떤 힘을 내 것으로 함으로써, 무언가 크든 작든 자신이 바라는 것들이 이루어지거나 지켜지기를 바라는 판타지 작품들의 단골 소도구들이다. 마지막 마법의 원천은 앞에서 말한 여섯 가지 힘의 원천이 어떤 물건이라는 매개체에 함유되어 있다는 설정이다.

   물건의 종류에 따라 세부적으로 다른 양상을 띠는데, 가장 흔히 쉽게 등장하는 물건은 '유물(遺物, Relic)'이다. 고대로부터 전해 내려오는 어떤 물건에 초월적 힘이 잠재되어 있다는 설정이다. 유물이 어떤 힘을 잠재하고 있는 경우 뒤따르는 설정이 있는데, 유물의 힘을 발휘하는 조건에 대한 것들이다. 우선은 유물의 힘을 발휘하기 위해서는 그 유물을 지니고 있어야 하는지 아닌지에 대한 설정이 필요하다. 항상 지니고 있으면서 유물에서 초월적 힘이 발현되는 것으로 할지, 아니면 그 유물을 찾아서 어떤 과정(접촉, 의식 등)을 거치면 그 힘이 주술자에게 옮겨가서, 그 이후로는 유물과 상관없이 주술자가 힘을 사용할 수 있도록 할지를 결정하는 것이다. 또 다른 하나는 그 유물을 사용할 수 있는 존재에 대한 설정이 필요하다. 특정한 자격을 지닌 자만 유물의 힘을 사용하는 것이 가능하게 할 것인지, 아니면 단순한 소유 자체만을 조건으로 할 것인지 설정해야 한다. 아더 왕의 전설을 기반으로 한 작품들에서는, 초월적 힘이 내재된 엑스칼리버는 다른 어느 누구도 사용할 수 없고, 아더 왕만 사용할 수 있는 것으로 설정되는 것이 보통이다. 혹은 아더 왕의 피를 물려받은 후손만 가능하다거나, 혹은 그들 중 우연히도 아더 왕과 유전적으로 거의 흡사한 선택받은 누군가만 가능하다는 설정으로 확대되기도 한다. 소유한 자가 초월적

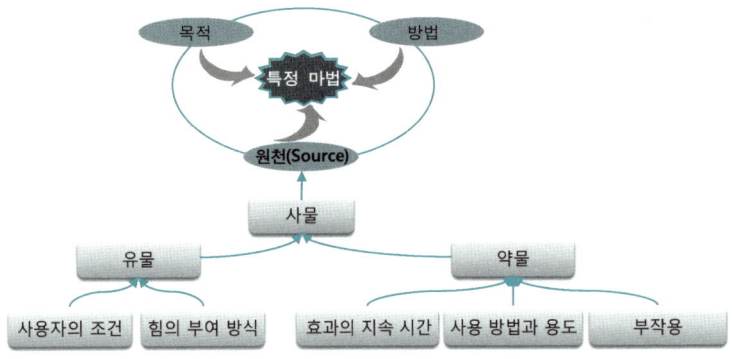

〈그림 18〉 사물의 힘을 원천으로 한 마법의 부가적 설정 요소

능력을 발휘하는 어떤 것들, 여의주나 용이빨 같은 것들도 넓은 의미에서 유물이라고 봐도 무방하다.

또 힘의 원천이 되는 매개체 중 유물 이외에 자주 등장하는 것이 '마법 물약(Potion)' 혹은 '부적(符籍, Talisman, Charm)'이다. 이른바 연금술사라고 불리는 직업을 가진 주술사들이 만들어내는 약을 이용해서 초월적인 힘을 발휘하거나, 종이나 물건에 주술사가 자신의 힘을 불어넣는 방식이다. 물약이나 부적을 매개체로 하는 경우에도 유물처럼 반드시 뒤따라야 하는 설정이 세 가지 있다. 사용 방법과, 효과의 지속 시간, 그리고 부작용이다. 사용 방법은 초월적 힘을 사용할 자가 복용하거나 지니고 있는 것인지, 아니면 물약이나 부적 자체가 상대를 향해 던지는 공격 무기로 사용되는지, 아니면 다른 무기의 힘을 향상시키는 보조재로 사용할지를 결정하는 것이다. 은혜를 입은 스님이 준 세 개의 주머니를 구미호를 향해 던지자, 하나는 불바다를, 또 하나는 물바다를, 마지막 하나는 다른 짐승을 소환해서 주인공을 위기에서 구해줬다는 설정은 우리에게 친근한 〈전설의 고향〉에 종종 등장한다. 또 각종 게임에서 무기를 강화하기 위해 부적을 붙이거나, 불이나 독 등의 속성이 부여된 물약을 바르거나, 각종 보석을 끼워 넣는 것은 보편적인 설정이다.

효과의 지속 시간은 부적보다는 물약에 주로 적용된다. 물약을 마시면 약효가 영원히 지속될 것인지, 일정 시간 동안만 지속될 것인지를 설정하는 것이다. 성배의 물을 마시면 영원한 생명을 얻지만, 〈아스테릭스〉에서의 물약은 일정한 시간이 지나면 힘이 사라진 것이다.

다른 원천에서와 마찬가지로 초월적 힘은 등가의 희생을 요구하는 경우가 많다. 부적이나 물약도 마찬가지로 부작용에 대한 설정이 필요하다. 물약이나 부적을 통해서 원하는 목적은 달성할 수 있지만, 다른 어떤 것을 대가로 치를 것이냐를 설정하는 것이 극의 긴장감을 유지하는 데 도움이 된다. 물약이 순간적으로 사람이 가진 힘을 폭발시킬 경우, 약의 효과가 떨어지면 건강을 해친다거나 하는 설정이 그렇다. 혹은 물약이나 부적의 힘을 발휘하는 동안은 기억이나 이성을 상실해서 비인간적인 존재로 폭주한다는 설정도 곧잘 이용된다.

마법의 습득 방법 및 트레이드 오프 설계

초월적 힘은 쉽게 사용할 수 없다 – 습득 방법의 설계

초월적 역량을 가진 이는 대부분 일당백, 만인적의 존재가 되기 때문에, 너무 쉽게 그 능력을 부여하게 되면 극 진행이 부자연스러울 때가 많다. 많은 작품에서는 마법적 능력을 손에 넣거나, 잠재된 힘을 최대로 끌어내 사용할 수 있게 되기까지 천신만고의 과정을 설정한다. 이 과정에서 이용되는 몇 가지 전형적인 유형이 있는데, 작품에 따라 한 가지 유형을 이용하거나, 혹은 이 유형들을 차례차례 겪는 복합적인 과정을 적용하기도 한다.

먼저 가장 쉽게 생각할 수 있는 것은 학습과 훈련을 통해서 습득하는 방식이다. 이런 경우 같이 고려해야 할 설정이 이 학습과 훈련을 돕는 공식적인 교육기관의 존재 유무다. 〈해리 포터〉의 호그와트 같은 학교나, 무협물에서의 소림사와 같은 정규적인 교육기관이 있는 작품이 있는 반면, 살아가다 이런 저런 인연으로 만난 누군가에게서 배우는 설정도 있을 수 있다. 이런 설정에서 흔히 등장하는 부속 장치가 어떤 비밀이 담긴 문서를 입수하는 것이다. '추혼 12절'이니, '독고구검'이니 하는 무림비급을 손에 넣는다든가, 영화 〈미이라〉나 〈스파이더위크가의 비밀〉에서처럼 고대 주술사의 주문이 적혀 있는 파피루스를 발견한다든가 하는 식의 설정이다. 이런 경우는 그것을 손에 넣는 즉시 초월적 힘을 습득하기보다는 그것을 해독하고, 자기의 것으로 만드는 학습 과정이 뒤따르며, 그것을 이끌어줄 가이드가 등장해서 깨달음을 줄 때가 많다.

두 번째는 기연을 통해 그 힘을 단번에 손에 넣는 설정이다. 이런 경우는 대부분 그 즉시 초월적 역량을 손에 넣지만, 그것을 자유자재로 다루기 위한 조건을 따로 설정할 것인지에 대한 결정이 뒤따른다. 습득한 자의 역량이 어느 정도 수준이 되어야 한다든지, 그 힘으로 인해 목숨을 위협받는 부작용을 이겨내야 한다든지 하는 설정이다. 뱀파이어나 늑대 인간을 다룬 많은 작품에서 이런 설정이 이용되어 왔다. 뱀파이어나 늑대 인간에게 물린 사람은 초월적 힘을 갖게 되지만, 변화하는 과정에서 엄청난 육체적 정신적 고통을 느끼는 것이다. 또 많은 무협물에서 기연으로 자신의 몸이 감당하기 힘든 내공을 지니게 되면, 그것이 몸에 체화될 때까지 고통이 뒤따르거나 주화입마

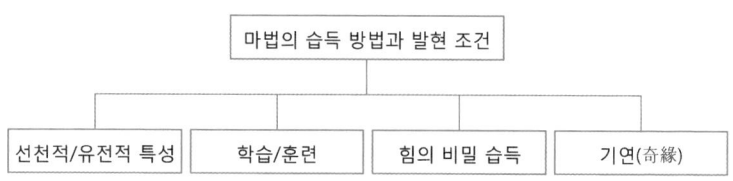

〈그림 19〉 마법의 습득 방법과 발현 조건 유형

를 입어 장애가 생기거나 생명을 잃기도 한다. 그리고 그 기연이 반드시 초월적 역량을 가진 누군가일 필요는 없다. 많은 경우 어떤 물건이나, 마법적 힘이 잠재되어 있는 장소와의 접촉, 심지어 어떤 약초를 먹는다든가 특이한 생물과의 접촉을 통해 그렇게 된다는 설정도 이용된다. 〈스파이더맨〉에서는 거미와의 만남을 통해서, 〈플라이〉에서는 파리와 유전적 결합을 하면서 주인공이 초월적 힘을 보유하게 된 것처럼.

그리고 마지막으로 가장 흔히 사용되는 설정이 있는데, 선천적으로 그 힘을 가지고 태어나서 별다른 어려움 없이 마법을 쓸 수 있다는 설정이다. 그리스 신화에서 신들의 자식들이 갖는 능력이다. 헤라클레스는 갓난아기일 때도 뱀의 목을 비틀어 죽여버리기도 한다. 단지 신의 아들이라는 이유로 아무런 어려움 없이 초월적 힘을 사용하는 것이다. 하지만 현대 작품에서는 이런 단선적인 구조로는 갈등을 만들어내기 어렵기 때문에, 선천적인 습득에 대해서는 사회 구조적 배척이라는 설정을 도입하곤 한다. 영화 〈엑스맨〉이나 미국 드라마 〈히어로즈〉 등에서 이런 초월적 역량을 가진 존재들은 오히려 사회적으로 배척당한다는 설정을 통해 갈등 구조를 만들어낸다. 아더왕의 전설을 아더왕과 멀린의 성장기를 기반으로 각색한 영국 드라마 〈멀린〉에서는 마법이 국법으로 금지된 상태에서 마법을 가진 존재와 그렇지 않는 존재들 사이의 갈등을 중심으로 이야기를 전개시키기도 한다.

마법적 역량의 수준 차이와 트레이드 오프 설계

세상만사에는 항상 이른바 '트레이드 오프(Trade-Off)'가 있기 마련이다. 같은 돈으로 좀 더 쾌적하고 넓은 집에서 살고 싶다면, 중심가에서 멀리 떨어지는 불편함을 감수해야 한다. 반대로 좀 더 편리하고 효율적인 삶을 살고 싶다면 어쩔 수 없이 공기 나쁘고 좁은 집에서 살 수밖에 없다. 두 가지를 동시에 추구하고 싶다면 그것을 감당할 수 있는 재력을 보유하기 위해 더 가열차게 노력해서 벌어들이는 돈의 수준을 몇 단계 업그레이드할 수밖에 없다. 초월적 힘을 설계하는 데 있어서도 항상 이 트레이드 오프를 염두에 두어야 한다. 산 좋고 물 좋으면 이야기가 너무 밋밋해질 테니까 말이다.

초월적 힘의 트레이드 오프에서 그 중심에 서는 것은 뭐니 뭐니 해도 그 힘의 위력이다. 판타지에서 초월적 힘의 위력은 손에서 온몸이 짜릿할 정도의 전기를 만들어내는 수준에서부터 산을 뽑아들 만큼 강력한 역발산기개세의 힘을 발휘하는 수준까지 설계자의 의도에 따라 정말 다양하게 등장할 수 있다. 문제는 어떤 위력의 힘을 발휘하든 그 힘에 걸맞은 무언가를 양보해야 하는 트레이드 오프를 설계해야 한다. 역발산기개세의 힘을 한도 끝도 없이 사용한다면, 사실상 그 시점에서 이야기의 끝자락에 와 있거나 결말이 뻔히 보일 것이다. 그럴 경우 그 결말을 좀 바꾸거나 반전을 배치하기 위해서는 여러 용두사미의 무협물에서처럼 고수 위에 절정 고수, 절정 고수 위에 초절정 고수, 그 위에 다시 백 년간 무림에 나타나지 않았던 숨어 있던 초초절정 고수를 등장시키며 살짝 우스꽝스럽고 억지스러운 진행을 할 수밖에 없다.

따라서 많은 판타지에서는 초월적 힘의 위력에 대해 일정한 패턴의 트레이드 오프를 설정해왔는데, 그것은 바로 그 위력이 위험(Risk)에 비례하고, 힘을 사용할 수 있는 기회(Opportunity)에 반비례한다는 것이다.

$$(\text{초월적 힘의}) \text{ 위력} \propto \frac{\text{위험(실패 확률, 부작용, 위험 노출 수준)}}{\text{기회(작용 범위, 지속 시간, 사용 빈도)}}$$

〈그림 20〉 초월적 힘의 트레이드 오프

여기서 말하는 위험에도 여러 가지 요소가 복합적으로 작용한다. 우선은 위력이 클수록 초월적 힘이 제대로 작동하지 못하고 실패할 확률이 점점 더 커진다는 것이다. 애초에 성공 확률이 낮은 것으로 설정될 수도 있고, 아니면 마법을 시전하는 데 시간 지연이 길어서 도중에 방해받을 가능성이 큰 것으로 설정되기도 한다. 혹은 위력이 큰 힘일수록 그것을 발현하기 위한 조건이 까다로워서 준비 자체에 어려움이 많은 것으로 실패 확률을 높이기도 한다. 많은 게임에서 위력이 강한 마법이나 공격 기술을 발휘하려면 그것을 준비하는 시간이 길어서, 그 시간 안에 상대에게 공격을 받으면 마법 자체가 무산되는 리스크를 설정하고 있다.

　두 번째 리스크 요소는 부작용이다. 위력적인 힘을 발휘하고 나면, 시전자의 건강을 해친다거나, 가까운 누군가를 희생시켜야 한다거나 하는 식이다. 신에게 무언가를 기원할 때, 그 기원이 클수록 더 많은 제물을 바치는 것은 인류 역사 속에서도 심심찮게 등장하는 장면이다. 그리스 신화의 아가멤논은 트로이와의 전쟁에 앞서 신의 분노를 잠재우기 위해서 자기 딸을 제물로 바쳤고, 〈삼국지〉의 제갈량은 노수를 무사히 건너기 위해서, 사람 머리를 닮은 마흔아홉 개의 만두를 바치기도 했다. 앞서 예로 든 〈바벨 2세〉에서 바벨 2세와 요미는 초월적 힘을 사용할수록 자신의 수명이 줄어든다. 여러 게임에서도 아군을 희생시키며 강력한 공격을 상대에게 가하는 기술이 등장하고, 〈스타크래프트〉 같은 전략 시뮬레이션 게임에서는 스커지, 맹독충, 리버의 스캐럽 같은 위력적인 자폭 부대가 등장하기도 한다.

　그리고 또 다른 리스크는 위험에 노출되는 수준이다. 이것은 비단 판타지 게임뿐만 아니라, 여러 역사물이나 갱(Gang) 영화에 자주 등장한다. 왕을 암살하는 강력한 수단을 실행하기 위해서는 수많은 위험한 관문을 통과해서 왕의 침소에 잠입하는, 목숨을 건 모험을 감행해야 한다. 또 뿌리 깊은 범죄 집단을 섬멸하기 위해서는 들킬 경우 목숨을 잃을 각오를 하고, 몇 년간 범죄 집단 내부에 잠입하는 형사가 등장해야 하는 것이다. 판타지에서도 상대를 한 번에 제압할 수 있는 힘을 발휘하기 위해서는 상대와의 직접적인 신체 접촉이 가능해야 한다거나, 주문을 외우는 동안은 무방비 상태가 된다거나 하는 위험 수준을 높임으로써, 강력한 위력에 대한 개연성을 설정하게 되는 것이다.

위력이 반비례하는 기회 역시, 작용 범위, 지속 시간, 사용 빈도 등 복합적인 요소로 이루어진다. 작용 범위는 하나의 타깃을 목표로 할수록 강력한 힘을 발휘하고, 여러 타깃을 목표로 할수록 힘이 약해지는 설정을 말한다. 여러 타깃을 공격하거나 방어할 기회가 있을수록 개별 타깃에 가해지는 위력은 반감되는 것이다. 지속 시간은 초월적 힘이 강할수록 그것이 지속되는 시간이 짧고, 약할수록 지속 시간이 길게 설정되는 것이다. 단지 주위를 밝히는 수준의 빛을 만들어내는 마법이라면 밤새도록 사용할 수 있지만, 상대를 불태워 죽일 수 있는 수준의 불덩어리는 아주 짧은 순간 동안만 작용하는 것이다. 그리고 사용 빈도는 동일 시간 동안 초월적 힘을 얼마나 자주 사용할 수 있느냐는 것에 대한 설정이다. 게임에서는 마법을 사용할 수 있는 양인 '마나'라는 개념을 이용해서, 위력이 강한 마법일수록 많은 마나를 소비하는 설정을 통해 사용 빈도에 대한 트레이드 오프를 설정한다. 또 무협물에서도 강력한 위력을 가진 초식을 구사하고 나면, 제아무리 고수라도 녹초가 되어서 힘이나 호흡을 다시 회복할 시간이 필요하다는 설정이 자주 등장한다.

이렇게 초월적 힘의 위력은 위험에 비례하고, 사용 기회에 반비례하도록 설정하는 것이 일반적이다. 그리고 고수와 하수의 차이는 바로 이 트레이드 오프의 기준점을 바꾸는 것에서 나타난다. 똑같은 위력을 발휘하더라도 덜 위험해지거나, 그 힘을 발휘할 기회가 줄어들지 않는다면 점점 고수에 가까워지는 것이다. 고수가 될수록 실패 확률이 줄어들고, 부작용이 약해지며, 위험에 노출되는 수준이 약해지거나, 혹은 작용 범위가 넓어지고, 지속 시간이 길어지고, 사용 빈도가 늘어나는 것이다. 게임에서는 마나를 늘리거나, 특정 마법을 사용하는 데 필요한 마나를 줄여주는 방식으로 레벨업이 이루어진다. 물론 반대로 똑같은 마나를 소비하는데 더 강한 위력을 발휘하는 쪽으로 설계될 수도 있고, 둘이 동시에 이루어질 수도 있을 것이다.

맺음말

지금까지 그것이 소설이든, 영상물이든, 혹은 게임이든 상관없이 판타지 작품을 어떤 식으로 설계할 것인지에 대해서, 인간의 상상력을 모델링한다는 관점에서 풀어놓았다. 텍스트북이라고 불리는 책들이 모두 그러하듯이 이 책 역시 판타지를 만들고자 하는 사람들이나, 혹은 관심을 가진 사람들에게 판타지라는 것이 어떻게 만들어지는지에 대한 원칙론을 가능한 광범위하게, 또 단순화시켜서 전달하는 데 초점을 맞추었다. 당연히 지금까지 늘어놓은 긴 글을 읽는다고 해서, 보다 훌륭한 판타지 작품을 만들어갈 충분한 역량이 저절로 갖추어질 리 없다. 텍스트북이라는 것은 언제나 어떤 분야에 낯선 사람들을 위한 가이드를 제시하거나, 익숙한 사람들이 과제를 진행하는 와중에 뭔가 잘 풀리지 않을 때 실마리를 찾기 위해서, 혹은 자신이 빠트린 것이 없는지를 되돌아보기 위해서 간간이 참고하는 역할을 하는 것이다. 텍스트북을 읽는 것만으로 그 분야의 전문가가 된다면, 코틀러의 〈마케팅 원론〉을 읽은 사람들은 모두 마케팅 전문가가 되어 있겠지만, 그건 천만의 말씀이다.

하지만 꽤 오랜 시간 동안 나름 성공적인 컨설턴트와 사업 전략 수립가로 활동을 해오면서 필자가 항상 느낀 게 있다면, 그것은 '복잡하고 어려운 일을 해결하기 위해서는 일단 그것을 단순화시키는 모델링 작업이 선행되어야 한다'는 것이다. 얽히고설킨 실제 상황을 몇 가지 중요한 변수들의 관계로 모델링시키지 않고서는, 그냥 상황이 어떻게 흘러가는지 지켜본 다음에 대응하자는 웃기는 결론으로 귀결되기 십상이다. 아주 단순한 짧은 이야기를 만드는 것이 아니라, 여러 인간 군상이 담겨 있고, 그들 간의 복잡한 이해관계를 기반으로 짜임새 있는 작품을 만들기 위해서는, 적절한 프레임 워크를 가지고 단순하게 모델링하는 작업을 반드시 선행해야만 한다. 물론 천재적인 역량을 갖고 있어서 복잡한 여러 상황들이 바둑판 위의 돌들처럼 선명하게 그려져서 별도의 설계가 필요 없는 작가들도 있겠지만, 모든 사람들이 이런 역량을 갖고 태어날 수는 없는 것이다. 또 설사 그런 천재적 역량을 갖추었더라도, 보다 진화하거나 혹은 관점이 바뀐 또 다른 방식의 훌륭한 작품을 보다 효율적으로 만들어내기 위해서는 여전히 모델링이 유효하다.

이 책 역시 판타지를 만들기 위해서 우리가 가진 상상력이라는 것을 어떻게 모델링할 것인지를 다루고 있다. 판타지의 매력에 빠져 그것을 한번 만들어보고 싶지만, 도대체 어디서부터 손을 대야 할지 난감한 입문자라면 일단 이 책을 따라 읽으며, 시공간에서 시작해 세력과 종족, 그리고 그들이 가진 역량들을 하나씩 만들어 가 볼 수 있을 것이다. 또 이미 작품을 만들고 있는 이들은 혹시 자신이 빠트린 것이 없는지, 현재 꽉 막혀 있는 부분에 대한 해결책은 없는지를 찾기 위해 이 책을 참조해볼 수 있을 것이다. 또 쏟아져 나오는 판타지 작품들을 제대로 즐기고 싶지만, 도대체 이해가 잘 되질 않아 난감해하는 독자, 관객, 사용자들에게 이 책은 판타지에 대한 안내서가 될 수 있을 것이다.

모쪼록 이 책이 밑거름이 되어서 세상에 보다 더 완성도 높은 판타지 세계들이 만들어지고, 그 위에 멋진 이야기를 펼치는 판타지 설계자들이 쏟아져 나오기를. 그리고 그들이 만들어낸 작품들을 보다 많은 사람들이 제대로 즐기기를. 그리고 그 모든 사람들의 책상 한 켠에, 혹은 책장 한 구석에 이 책이 자리 잡고 있기를 기대해본다.

부록

인용 소설/만화/기타 책 목록

걸리버 여행기, 조너선 스위프트

검신검귀, 이재학

나니아 연대기, C. S. 루이스

다빈치 코드, 댄 브라운

데스 노트, 오바 츠쿠미 & 오바타 다케시

도라에몽, 후지코 F. 후지오

드래곤 볼, 토리야마 아키라

레미제라블, 빅토르 위고

몽테크리스토 백작, 알렉상드르 뒤마

미솔로지카, 그레그 베일리 외 19인

바벨 2세, 요코야마 미츠테루

반지의 제왕, J. R. R. 톨킨

베르세르크, 미우라 켄타로

비곡 소오강호, 1967, 김용

더 로드, 코맥 맥카시

삼국지, 나관중

서유기, 오승은

실마릴리온, J. R. R. 톨킨

아스테릭스, 르네 고시니 & 알베르 우데르조

어둠의 왼손, 어슐러 K. 르귄

얼음과 불의 노래, 조지 R. R. 마틴

영원의 안식처, 소료 후유미

영원한 제국, 이인화

의천도룡기, 김용

우주 전쟁, 허버트 조지 웰즈

원피스, 오다 에이치로

위처, 안제이 사프콥스키

이방인, 알베르 카뮈

이상한 나라의 앨리스, 루이스 캐럴

잃어버린 지평선, 제임스 힐턴

장미의 이름, 움베르토 에코

진격의 거인, 이사야마 하지메

초한지, 정비석

추혼 12절, 이재학

타임머신, 허버트 조지 웰즈

투명인간, 허버트 조지 웰즈

프랑켄슈타인, 메리 셸리

플루토, 우라사와 나오키

피터팬, 제임스 매튜 배리

해리 포터, 조앤 롤링

해저 2만리, 쥘 베른

해황기, 카와하라 마사토시

햄릿, 윌리엄 셰익스피어

헐크, 스탠 리 & 잭 커비

헝거 게임, 수잔 콜린스

황금나침반, 필립 풀먼

인용 영화/드라마/애니메이션 목록

2012, 2009, 롤랜드 에머리히 감독

28일 후, 2002, 데니 보일 감독

가디언즈, 2012, 피터 램지 감독
광해, 왕이 된 남자, 2012, 추창민 감독
나이트메어, 1984, 웨스 크레이븐 감독
나자리노, 1974, 레오나르도 파비오 감독
니모를 찾아서, 2003, 앤드류 스탠튼 감독
데드 존, 2002, USA Network 방영
데몬스, 1985, 렘베르토 바바 감독
동방불패, 1992, 정소동 감독
디스트릭트 9, 2009, 닐 블롬캠프 감독
디워, 2007, 심형래 감독
레이더스, 1981, 스티븐 스필버그 감독
로마, 2005, HBO 방영
로스트 걸, 2010, Showcase 방영
맨 인 블랙, 1997, 베리 소넨필드 감독
맨 프럼 어스, 2007, 리처드 쉔크만 감독
멀린, 2008, BBC 방영
미녀와 야수, 1991, 디즈니 제작
미디엄, 2005, NBC 방영
미이라, 1999, 스티븐 소머즈 감독
바디 캡슐, 1966, 리처드 플레이셔 감독
반지의 제왕, 2001, 피터 잭슨 감독
백 투 더 퓨처, 1988, 로버트 저메키스 감독
블레이드 러너, 1982, 리들리 스콧 감독
사랑과 영혼, 1990, 제리 주커 감독
서스페리아, 1977, 다리오 알젠토 감독
소오강호, 1990, 호금전 외 4인 감독
소오강호, 2001, CCTV 방영
송곳니, 2009, 지오르고스 란디모스 감독
007 스카이폴, 2012, 샘 멘데스 감독
스타더스트, 2007, 매튜 본 감독

스타워즈, 1977, 조지 루카스 감독

스파르타쿠스, 2010, Starz 방영

스파이더맨, 2002, 샘 레이미 감독

스파이더위크가의 비밀, 2008, 마크 워터스 감독

스피시즈, 1995, 로저 도널드슨 감독

신조인간 캐산, 1973, 후지TV 방영

십계, 1956, 세실 B. 데밀 감독

아앙의 전설, 2007, Nickelodeon 방영

에일리언, 1979, 리들리 스콧 감독

엑스맨, 2000, 브라이언 싱어 감독

오페라의 유령, 2004, 조엘 슈마허 감독

요괴인간, 2006, Animax 방영

원령공주, 1997, 미야자키 하야오 감독

이상한 나라의 폴, 1976, 다트노코 프로덕션 제작

E. T., 1982, 스티븐 스필버그 감독

인디애나 존스, 1985, 스티븐 스필버그 감독

인디애나 존스 −최후의 성전, 1989, 스티븐 스필버그 감독

인 타임, 2011, 앤드류 니콜 감독

인셉션, 2010, 크리스토퍼 놀란 감독

쥬라기 공원, 1993, 스티븐 스필버그 감독

지금 만나러 갑니다, 2004, 도이 노부히로 감독

찰리와 초콜릿 공장, 2005, 팀 버튼 감독

초콜릿 공장, 1971, 멜 스튜어트 감독

카니발, 2003, HBO 방영

카일 XY, 2006, ABC Family 방영

캐리비안의 해적, 2003, 고어 버빈스키 감독

큐브, 1997, 빈센조 나탈리 감독

타이타닉, 1997, 제임스 캐머런 감독

타임머신, 1960, 조지 펄 감독

터미네이터, 1984, 제임스 캐머런 감독

트랜스포머, 2007, 마이클 베이 감독
트루 블러드, 2008, HBO 방영
포레스트 검프, 1994, 로버트 저메키스 감독
프리즌 브레이크, 2005, Fox TV 방영
푸싱 데이지, 2007, ABC 방영
헤이븐, 2010, syfy 방영
히어로즈, 2006, NBC 방영

참고 및 인용 게임

네버윈터나이츠 1, 2002, Bioware 제작
네버윈터나이츠 2, 2006, Obsidian Entertainment 제작
드래곤 에이지(Dragon Age: Origins), 2009, Bioware 제작
디아블로 1, 1996, Blizzard 제작
디아블로 2, 2000, Blizzard 제작
마이트 앤 매직 6(The Mandate of Heaven), 1998, New World Computing 제작
마이트 앤 매직 히어로즈 6(Might & Magic Heroes VI), 2011, Black Hole Games 제작
발더스 게이트(Baldur's Gate) 1, 1998, Bioware 제작
발더스 게이트(Baldur's Gate) 2, 2000, Bioware 제작
〈삼국지〉 시리즈 1~12, 1991~2012, Koei 제작
삼국외전, 1991, 탄식천지 제작
스타크래프트 1, 1998, Blizzard 제작
스타크래프트 2, 2010, Blizzard 제작
아이스 윈드 데일, 2000, Black Isle Studios 제작
앵그리 버드, 2011, Rovio Mobile
어스토니시아 스토리, 1994, 손노리 제작
엘더 스크롤 3(Elder Scroll: Morrowind), 2002, Bethesda Softworks 제작
엘더 스크롤 4(Elder Scroll: Oblivion), 2006, Bethesda Softworks 제작
엘더 스크롤 5(Elder Scroll: Skyrim), 2011, Bethesda Game Studios 제작

워크래프트 1, 1994, Blizzard 제작

워크래프트 2, 1995, Blizzard 제작

워크래프트 3, 2002, Blizzard 제작

월드 오브 워크래프트, 2004, Blizzard 제작

위처 1(The Witcher), 2007, Atari 제작

위처 2(Assassins of Kings), 2012, CD Projekt Red Studio 제작

질리어드, 1990, Game Arts 제작

창세기전, 1995, 소프트맥스 제작

파이널 판타지 7, 1998, SquareSoft 제작

퍼스트 퀸 4, 1994, KSK 제작

페이블 1, 2004, Big Blue Box 제작

프린스 오브 페르시아, 1989, Broderbund 제작

히어로즈 오브 마이트 앤 매직 1, 1995, 3DO 제작

히어로즈 오브 마이트 앤 매직 2, 1996, 3DO 제작

히어로즈 오브 마이트 앤 매직 3, 1999, New World Computing 제작

히어로즈 오브 마이트 앤 매직 4, 2002, New World Computing 제작

히어로즈 오브 마이트 앤 매직 5, 2006, Nival Interactive 제작

상상력 공학 101
ⓒ 강인태, 2013

초판 1쇄 인쇄일 2013년 8월 16일
초판 1쇄 발행일 2013년 8월 20일

지은이	강인태
펴낸이	배문성
편집	홍영사

펴낸곳	나무+나무
출판등록	제2012-000158호
주소	경기도 고양시 일산서구 가좌동 19-5
전화	031-922-5049
팩스	031-922-5047
전자우편	likeastone@daum.net

ISBN 978-89-98529-02-4 03800

- 나무, 나무는 나무+나무의 출판브랜드입니다.
- 이 책의 저작권은 지은이와 나무+나무에 있습니다.
- 이 책 내용의 전부 또는 일부를 재사용하려면 반드시 양측의 동의를 받아야 합니다.

- 책값은 뒤표지에 있습니다.